信号继电器及检修

上　　册

胡耀华　主编

中　国　铁　道　出　版　社
2015 年 · 北京

内 容 简 介

《信号继电器及检修》一书分为上、中、下三册，共八篇、三十五章。上册介绍安全型继电器和脉冲电路器材及检修，中册介绍轨道电路继电器、电源屏继电器、灯丝转换继电器、机车信号继电器等其他类型继电器及检修，下册介绍JN系列继电器。

本书是上册，包括第一、第二、第三篇，从第一章至第十二章。本书对铁路信号设备上所使用的安全型继电器和脉冲电路器材，从结构、原理及检修方法等方面作了较系统的叙述，对安全型继电器测试设备（包括微机测试设备）的工作原理与组成原则作了一般介绍。文字通俗，简明扼要。

本书主要供信号工及信号检修人员阅读，也可作为其他信号工作人员的参考书。

图书在版编目(CIP)数据

信号继电器及检修．上册/胡耀华主编．—北京：中国铁道出版社，1998.9(2015.12 重印)
ISBN 978-7-113-03109-1

Ⅰ．信…　Ⅱ．胡…　Ⅲ．铁路信号-信号继电器-维修
Ⅳ．U284.71

中国版本图书馆 CIP 数据核字(1998)第 25074 号

书　　名：信号继电器及检修（上册）
著作责任者：胡耀华
出版・发行：中国铁道出版社（100054，北京市西城区右安门西街 8 号）
责 任 编 辑：崔忠文
封 面 设 计：马　利
印　　刷：中国铁道出版社印刷厂
开　　本：787×1092　1/32　印张：11.25　插页：3　字数：255 千
版　　本：1976 年 10 月第 1 版　1999 年 3 月第 2 版　2015 年 12 月第 5 次印刷
书　　号：ISBN 978-7-113-03109-1
定　　价：32.00 元

前　言

《信号继电器及检修》一书，由中国铁道出版社1976年出版，1980年第二次印刷。该书由原铁道部工电局委托原西安铁路局电务处及宝鸡电务段组织，由胡耀华、张焕瑞执笔编写。该书出版后，对推动铁路信号继电器的科学检修，起到了积极作用。经过20年的发展，信号继电器在铁路上的使用发生了很大的变化：安全型信号继电器已成为信号设备中的主型继电器，在全路安装使用近500万台；安全型继电器在实践中不断改进，在规格上又有若干变化；而20世纪70年代使用的座式与插入式继电器已全部被淘汰；80年代初，为配合电气化铁路的发展研制了25Hz相敏轨道电路和不对称脉冲站内轨道电路及其配套的轨道继电器；80年代末期，为配合微机-组匣式电气集中设备的需要，研制和生产了JN系列继电器，在一定范围内得到推广使用；为改善电气集中电源屏的工作条件，研制了安全型交、直流大功率继电器系列；由于近十年机车信号与道口信号的普及，研制了多种型号的机车信号与道口信号专用的继电器。因此，重新修订并改编出版《信号继电器及检修》一书很有必要。

经铁道部电务局确定，委托中国铁道出版社组织了新的编写小组，将此书改编为上、中、下三册出版：上册主要介绍安全型继电器和脉冲电路器材及检修，由胡耀华主编；中册主要介绍轨道电路继电器、电源屏继电器、灯丝转换继电器、机车信号继电器等其它类型继电器及检修，由王文学主编；下册主要介绍JN型继电器及检修，由周达三编。

本书是上册，由胡耀华主编，王文学校阅。除第九章第四节由景瑜编写外，其余各章节均由胡耀华编写。

铁道部电务局

1997年8月

目　录

第一篇　概　论……1

第一章　基本要求及分类……1

第一节　铁路对信号继电器的基本要求……1

第二节　铁路信号继电器的分类……2

第三节　信号继电器常用技术名词的定义及继电器代号的意义……4

第二章　检修的目的及管理……7

第一节　信号继电器检修的目的和要求……7

第二节　信号继电器检修工作的组织与管理……8

第二篇　安全型继电器及检修……9

第三章　JWXC 型无极继电器……9

第一节　构　　造……9

第二节　部　　件……15

第三节　动作原理及特性……29

第四节　合理调整方法的分析……47

第五节　检修与调整工艺……57

第六节　检修的辅助工艺……75

第七节　常见的电气特性故障的分析及处理……77

检修人员应知应会……83

第四章　JZXC 型整流式继电器……86

第一节　构造与部件……86

第二节　动作原理及特性……91

第三节　检修与调整工艺 …………………………… 96
第四节　常见的电气特性故障的分析及处理……… 101
检修人员应知应会………………………………… 104
第五章　JWJXC(H)型无极加强接点(缓放)继电器 … 105
第一节　构造与部件………………………………… 105
第二节　动作原理及特性…………………………… 112
第三节　检修与调整工艺…………………………… 124
第四节　常见的电气特性故障的分析与处理……… 130
检修人员应知应会………………………………… 133
第六章　JY(J)XC 型极性保持(加强接点)继电器 … 134
第一节　构造与部件………………………………… 134
第二节　动作原理及特性…………………………… 143
第三节　改进型继电器的磁路工作原理及特性…… 161
第四节　检修与调整工艺…………………………… 176
第五节　常见的电气特性故障的分析及处理……… 185
检修人员应知应会………………………………… 197
第七章　JPXC－1000 型偏极继电器与 JDBXC－1100
　　　　型单闭磁继电器…………………………… 199
第一节　构造与部件………………………………… 199
第二节　动作原理及特性…………………………… 204
第三节　偏极继电器的检修与调整工艺…………… 211
第四节　单闭磁继电器的检修与调整工艺………… 214
第五节　偏极继电器常见的电气特性故障的分析
　　　　及处理……………………………………… 215
第六节　单闭磁继电器常见的电气特性故障的分析
　　　　与处理……………………………………… 216
检修人员应知应会………………………………… 219

第八章　JSBXC－850型半导体时间继电器…………221
第一节　构造与工作原理……………………221
第二节　检修与调整工艺……………………227
第三节　常见的电气特性故障的分析及处理………230
检修人员应知应会………………………233
第九章　安全型继电器的测试设备……………234
第一节　安全型继电器电气特性测试的基本电路 …234
第二节　安全型继电器电气特性测试设备的主要组成部分……………………237
第三节　安全型继电器的综合测试台…………246
第四节　安全型继电器的微机测试设备………264
第三篇　脉冲电路器材及检修…………………280
第十章　发码器……………………………280
第一节　FD(C)型电动发码器的构造及特性………280
第二节　FD(C)型电动发码器的检修与调整工艺……………………………289
第三节　常见的电气特性故障的分析与处理………299
检修人员应知应会………………………301
第十一章　JM_2(C)型脉冲轨道继电器 …………302
第一节　构　　造……………………………302
第二节　动作原理及特性……………………304
第三节　检修与调整工艺……………………311
第四节　常见的电气特性故障的分析及处理………317
检修人员应知应会………………………321
第十二章　JCZ(C)型电码传输继电器 …………323
第一节　构造、部件及特性 …………………323
第二节　检修与调整工艺……………………328

第三节　常见的电气特性故障的分析及处理……… 333
检修人员应知应会…………………………………… 335
附录 1　安全型继电器机械特性汇总表 ……………… 336
附录 2　安全型继电器电气特性汇总表 ……………… 340
附录 3　安全型继电器型别盖板孔位图及汇总表 ……… 344
附录 4　安全型继电器接点组编号图 ………………… 345
附录 5　安全型继电器检修测试卡片 ………………… 347
附录 6　脉冲电路继电器电气特性汇总表 …………… 348
附录 7　脉冲电路继电器接点压力汇总表 …………… 349
附录 8　脉冲电路继电器接点电阻汇总表 …………… 349
附录 9　脉冲电路继电器接点间隙汇总表 …………… 349
附录 10　FD 型电动发码器检修测试卡片 …………… 350

第一篇　概　　论

第一章　基本要求及分类

第一节　铁路对信号继电器的基本要求

信号继电器是铁路信号设备中的主要器件之一。它在运用中的可靠和安全是保证各种自动控制、远程控制信号设备正常使用的必要条件，因此，铁路信号对继电器提出了严格的要求：继电器必须动作可靠、准确；使用寿命长；有足够的闭合和断开电路的能力；在周围介质温度和湿度差异很大的情况下，均能保持很高的电气绝缘强度；有稳定的时间和电气参数。

按照工作的可靠程度，信号继电器可分为三级：

1. 一级继电器。绝对不允许发生前接点与动接点之间的熔接；衔铁落下与前接点的断开由衔铁及可动部分的重量来保证；当任意一组前接点闭合时，所有后接点必须全部断开，反之亦然；衔铁处于落下位置时，应该稳定地工作，后接点压力主要由重力作用产生；有较高的返还系数：轨道继电器不小于 50%，一般继电器不小于 30%。

2. 二级继电器。衔铁依靠本身重量或接点弹片反作用力返还；返还系数不小于 20%；当任意一组前接点闭合时，所有后接点必须全部断开，反之亦然。

3. 三级继电器（电码型和电话型）。衔铁返还与后接点的压力均由动接点弹片的反作用力产生；前后接点均有熔接的可能。

在信号设备的执行电路中，如果继电器由于工作不正常而不能断开前接点时，将严重威胁行车安全，故设计时均采用一级继电器，又由于一级继电器的高度可靠性，在电路中就不再考虑用电路的方法来检查继电器衔铁的落下状态。因此，在检修一级继电器时，要求特别注意其可靠性，并严格保证其技术条件。

二级继电器使用在一般电路中，不直接控制对象，但也绝不允许降低对这类继电器可靠性的要求，因为它们工作的好坏直接影响信号设备的正常动作，对保证列车的安全运行具有同样的重要意义。

第二节　铁路信号继电器的分类

铁路信号继电器可按动作原理，工作电流的种类，动作速度等分类。

按照动作原理分为：

1. 电磁继电器。其原理是通过继电器线圈中的电流在电磁铁中产生的吸力驱使衔铁及可动部分动作，来改变接点系统的工作状态。如直流无极、有极继电器、交流继电器、二元差动继电器等。

2. 感应继电器。其原理是利用交变磁场与另一交变磁场在继电器可动部分的翼板中产生的电流的相互作用而动作。如交流二元二位继电器等。

3. 热力继电器。电流对双金属片加热、双金属片就有单向弯曲的物理特性，继电器就利用这个特性而动作的。

按照工作电流的种类分为：

1. 直流继电器。工作在直流电路中，大部分信号继电器属此类。

2. 交流继电器。工作在交流电路中，如交流灯丝转换继电器、FD型电动发码器、JRJC型二元二位继电器以及整流式继电器等。

3. 交直流继电器。在交直流电路中均能使用，如通用继电器，各种热力继电器等。

按照动作速度分为：

1. 速动继电器。衔铁动作时间小于0.1s。如JD型电码继电器和JM型脉冲继电器。

2. 正常动作继电器。衔铁动作时间0.1s～0.3s。大部分信号继电器属此范围。

3. 缓动继电器。衔铁动作时间超出0.3s。如无极缓放继电器、热力继电器、安全型半导体时间继电器等。

按照接点的结构分为：

1. 普通接点继电器。具有开断功率较小的接点，满足一般信号电路的要求。

2. 加强接点继电器。具有开断功率较大的接点，满足电压较高与电流较大的信号电路的要求。

曾使用在我国铁路信号设备中的继电器有座式、插入及安全型三大系列，它们都是重力式电磁继电器，可靠性都能达到一级继电器的要求，其各自的特点是：

1. 座式继电器。座式继电器为直流12V继电器系列，使用的历史较长，为20世纪50年代的主要产品，具有动作可靠、寿命长、安全系数高、温度稳定性能好等优点，但存在着体积大，结构复杂、笨重，消耗大量的有色金属以及线圈和接点的引出采用接线端子等一系列缺点，制造、施工及维修均不方便，因此，现已被淘汰并停止生产。

2. 插入式继电器。插入式继电器亦为直流 12V 继电器系列，使用的历史较短，为 50 年代末期至 60 年代初期的产品，具有座式继电器相同的优点，但体积较座式继电器小，而且线圈与接点的引出采用插接方式，因此，施工与维修较座式方便。但由于继电器结构上采用了分开的传动机构，可靠性降低；可动部分用铰接方式连接，旷动很大，因此，磁路利用系数不高；笨重而体积大仍为这类继电器的根本缺点。当我国自行设计的安全型继电器成批生产后，插入式继电器亦被淘汰，停止生产。

3. 安全型继电器。安全型继电器是我国自行设计和制造的一种新型直流 24V 继电器系列，它结构新颖，重量轻，体积小。经现场几十年运用的考验，证明安全可靠，性能稳定，能满足信号电路对继电器提出的各种要求，因此，目前已成为我国铁路信号继电器的主要定型产品。

第三节　信号继电器常用技术名词的定义及继电器代号的意义

一、常用技术名词的定义

1. 额定值——继电器工作时所接入的电源系统的电压或电流值。

2. 工作值——供给继电器，使其前接点全部闭合，并满足规定的接点压力的电压或电流值。

3. 释放值（或落下值）——向继电器线圈供以过负荷值的电压或电流，使前接点闭合后逐渐降低电压或电流，至前接点断开时的电压或电流值。

4. 转极值——向继电器线圈供以规定极性的电压或电流，使有极衔铁转极，而相应位置的接点（定位接点或反位接点)闭合,并满足规定的接点压力的电压或电流值。

5. 过负载值——继电器允许接入的最大电压或电流值(此值一般为工作值的4倍)。接入过负载值后,线圈不受损伤,电气特性亦无变化。

6. 吸起时间——向继电器线圈通以规定的电压或电流起至全部前接点闭合的时间。

7. 缓放时间——向继电器线圈通以规定的电压或电流后,切断电源,从断开电源时起至全部动接点离开前接点的时间。

8. 前接点——当线圈有电时,动接点与之闭合的接点,又称动合接点。

9. 后接点——当线圈无电时,动接点与之闭合的接点,又称动断接点。

10. 定位接点——当线圈通以规定的正方向电源,有极动接点与之闭合的接点。

11. 反位接点——当线圈通以与规定的正方向相反的电源时,有极动接点与之闭合的接点。

12. 工作安全系数——额定值与工作值之比。此值愈大,在额定电源下继电器工作愈稳定。

13. 返还系数——落下值与工作值之比。此值愈大,继电器愈灵敏;此值愈小,即使在电源波动大的情况下,继电器仍能稳定工作。

二、文字代号的含义

各种继电器文字代号的含义见表1—1。

举例:

(1)JWXC—1700,为安全型无极插入式继电器,有8组前后接点,线圈电阻为1700Ω。

(2)JCRC$-\frac{24.7k}{7.5k}$，为插入式二元差动继电器，有 2 组接点，头部线圈电阻为 24.7kΩ，尾部线圈电阻为 7.5kΩ。

(3)JTC$_1$－F6Z800，为插入式弹力防震继电器，有 6 组转换接点，线圈电阻为 800Ω。

表 1－1　继电器代号意义表

代号	含义		代号	含义	
	安全型	其他类型		安全型	其他类型
J	继电器、加强接点	继电器、交流	M		脉冲
W	无极	无极	T		通用、单灯、弹力
X	信号	信号	S	时间	灯丝
Z	整流	整流、组合、转换	Q	前接点	启动、前接点
Y	有极	有极	H	后接点，缓放	后接点，缓放
P	偏极		D	定位接点	定位接点、电码、电动
B	半导体	保持、摆式	F	反位接点	反位接点、发码、防震
DB	单闭磁		1	8 组接点	8 组接点，设计顺序号
C	插入	插入、传输、差动	2	6 组接点	4 组接点
R	热力	热力、二元	3	4 组接点	

第二章　检修的目的及管理

第一节　信号继电器检修的目的和要求

继电器在长期运用过程中，由于接点的烧损，可动部分的磨耗，线圈因受潮而绝缘降低，金属零件的氧化、龟裂、变形，永久磁铁的变化等，引起机械与电气特性的逐渐变化，如果不进行定期的预防性检修，就有可能因特性变坏而造成设备故障。因此，继电器检修的目的就是要克服继电器运用中产生的缺点，恢复其电气、机械特性，保证其可靠、安全地工作。

根据各种继电器不同的运用状态，它们在信号电路中动作的频繁程度以及长期的实践经验的积累，铁道部电务局规定了信号继电器的基本检修周期。按周期有计划地开展继电器检修工作，可以做到无病防病，有病根治，贯彻了铁路信号设备维修工作以预防为主的原则，因此，必须坚持实行。

继电器由电务段的电气信号检修所进行检修，检修所内必须建立严密的工作制度以保证继电器的检修质量。例如：必须对每台继电器建立检修卡片，作好检修记录；继电器在检修前应进行全面的电气性能测试，并把测试结果填入检修卡片上，作为考察继电器检修周期的原始根据；检修中必须做到细检细修，认真克服缺点，使继电器完全恢复标准的电气、机械特性；检修后应进行严格的验收，以杜绝检修不良的漏洞发生。总之，严密的检修制度是保证继电器检修质量的重要环节。

继电器在检修所内进行检修与调整时，必须有合理的检修作业程序。合理的作业程序来自理论与实践的紧密结合，因此，不断总结继电器检修和调整中的实践经验，并上升到理论的高度予以分析，是提高检修质量的有效方法。

第二节　信号继电器检修工作的组织与管理

电务段的信号检修所是信号器材的检修基地，除检修继电器外，还担负变压器、整流器、各种电源设备的检修任务，以及轨道电路测试，仪表校正等工作，因此，必须做好检修所的组织与管理工作。检修所应建立微机管理系统，对继电器台帐，如电务段管内运用中的继电器按类型、品种进行统计，然后按部定检修周期确定年度继电器检修任务，编好年度检修计划。根据年度计划及继电器检修工时定额，安排足够的检修人员，以保证年度计划的完成。

为了提高继电器的检修效率和保证检修质量，每个检修工人应配备检修继电器所必须的通用和专用工具及简易测试台；检修所应有各种综合性测试台，以备验收和进行较复杂的测试；应有测试绝缘电阻、接点电阻、线圈电阻、电容与电感的专用仪器和设备；应备有恒温箱，作烘烤线圈、接点热处理以及元件温升试验之用；应有钳工室，室内设有电动台钻及钳工工具；最好有真空压力浸漆设备，供新绕制的线圈作浸漆处理用。

检修所内应储备足够数量的备用器材，以满足周期性轮换检修时替换使用中设备的需要。

检修所的房舍应有充分的照明和自然采光，以满足继电器检修的需要；应有较好的空调及通风防尘设备，以保证工作场所的清洁。

第二篇　安全型继电器及检修

第三章　JWXC 型无极继电器

第一节　构　　造

安全型继电器为直流 24V 系列的重弹力式直流电磁继电器，其典型结构为无极继电器，其他各型继电器均由无极继电器派生而出，因此，绝大部分零件都能通用。继电器分为插入式（型号内带有 C 字）和非插入式两种。在信号设备中，插入式多单个使用，非插入式常使用在有防尘外壳的组匣式设备中（如半自动闭塞组匣）。因此，两者的区别仅在于：插入式继电器带有透明性能很好的外罩（聚甲基炳烯酸甲脂或聚碳酸脂），可以密封防尘；同时，为了与插座配合使用，插入式继电器安装在酚醛塑料制成的胶木底座上。

无极继电器的结构外形如图 3－1 所示。

无极继电器由直流电磁系统与接点系统两大部分组成。电磁系统的线圈 1 水平安装在铁心 2 上，分为前圈和后圈，以便分别使用。衔铁 3 靠蝶形钢丝卡 4 固定在轭铁 5 的刀刃上，结构简便，动作灵活。在衔铁的传动部分铆上重锤片 6，以保证继电器衔铁靠重力返回，其安装的重锤片的数量则由继电器接点系统的结构而定，应使衔铁的重量基本满足后接点压力的需要。

接点系统处于电磁系统的上方，通过接点架 7，螺钉 8 紧固在电磁系统的轭铁上，两者成为一个整体。用螺钉 9 将下止片 10、电源片单元 11、银接点单元 1 2、动接点单元 13 以及压

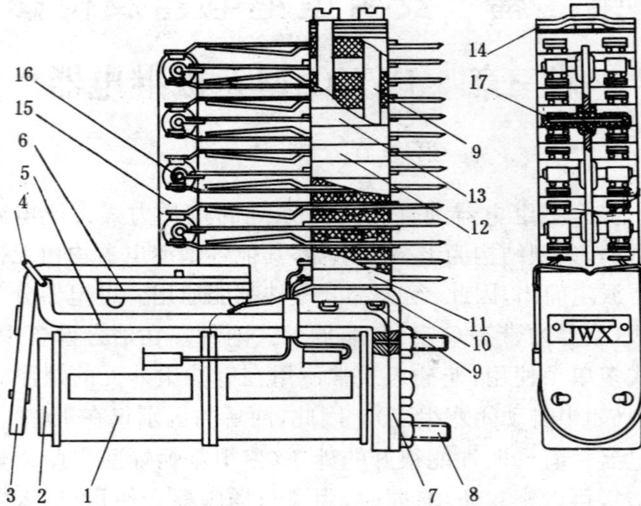

(a)非插入式

图 3-1　安全型无极继

片 14 按顺序组装在接点架上，在紧固螺钉以前，应将拉杆 15、绝缘轴 16、中(动)接点轴 17 与动接点组装好，衔铁就是通过拉杆的传动来带动动接点运动的。

插入式继电器是通过螺钉 8 将继电器安装在胶木底座 18 内。型别盖 19 的作用是为了插入式继电器与插座插接时，保证不同类型继电器不致插错位置。外罩 20 通过加封螺钉 21 紧固在胶木底座上，早期的产品则将外罩固定在底座的沟槽内，槽内有防尘的胶皮垫，保证继电器的密封。提把 22 由弹簧钢丝做成，安装在外罩的正面。继电器插在继电器架上使用

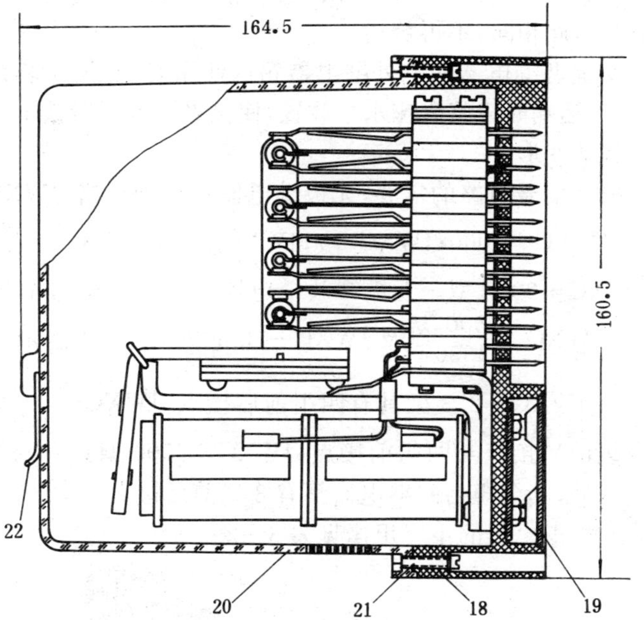

(*b*)插入式

电器的结构外形

时，提把与挂簧配合使插座插接牢固。

安全型继电器的外形尺寸及重量见表 3—1。根据新标准，

表 3—1　安全型继电器外形尺寸及重量表

型　号	体　　积　　mm			重量　　kg
	长	宽	高	
插入式	164.5	48.5	160.5	1.2～1.7
非插入式	131	36	138	1.0～1.5

压力的单位为牛顿(N)，但考虑到原有标准使用多年，本书在新标准的数据后面的括号内给出以“千克力(kgf)”为单位的数据，以便于参考。它们的关系为：1 千克力＝9.8 牛顿(1kgf

＝9.8N)，1 克力＝0.0098牛顿(1gf＝0.0098N)。以后各章节的情况与此相同，不再赘述。

安全型继电器在室外继电器箱内使用时，必须安装在防震架上。运输时应将底座水平放置，使接点不致因衔铁重力作用而震动变形。

根据信号电路的需要，无极继电器有六种规格，JWXC－1700；JWXC－1000；JWXC－7；JWXC－2.3；JWXC－$\frac{370}{480}$以及 JWXC－2000 型。无极缓放继电器有三种规格：JWXC－H340；JWXC－$\frac{500}{H330}$以及 JWXC－H660 如图 3－2 所示。

除 JWXC－2.3 型具有四组前后接点，JWXC－$\frac{370}{480}$型具有两组前后接点与两组前接点，JWXC－2000 型具有两组前后接点外，其余规格的继电器都有 8 组前后接点。

无极继电器的主要用途见表 3－2。

(*a*)JWXC－2.3 型继电器

图 3－2①

(b)JWXC－$\frac{370}{480}$型继电器

(c)JWXC－H340 型继电器

图　3－2②

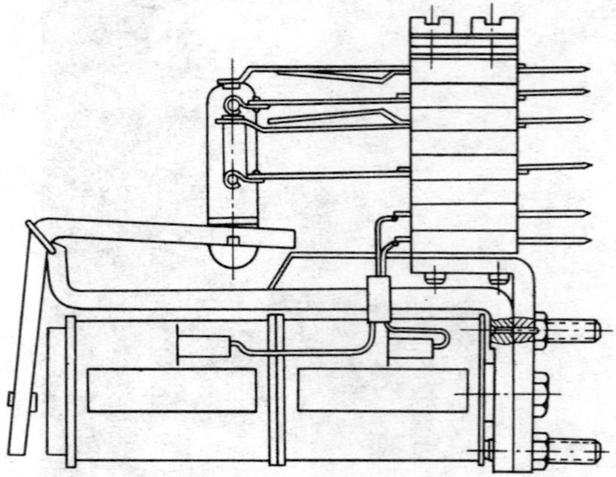

(*d*)JWXC－2000 型继电器

图 3－2③　安全型无极继电器

表 3－2　安全型无极继电器用途表

规　　格	接点组数	线圈联接	在信号电路中的主要用途	鉴别销号码
JWXC－1000	8*QH*	串联	通用继电器	11、52
JWXC－7	8*QH*	串联	通用及防空降压继电器	11、55
JWXC－1700	8*QH*	串联	通用及继电半自动闭塞电路中	11、51
JWXC－2.3	4*QH*	串联	直流轨道继电器	11、54
JWXC－$\frac{370}{480}$	2*QH* 2*Q*	分联	灵敏继电器	22、52
JWXC－H340	8*QH*	串联	通用继电器	12、52
JWXC－H600	8*QH*	串联	通用继电器	12、51
JWXC－$\frac{500}{H300}$	8*QH*	分联	通用继电器	12、53
JWXC－2000	2*QH*	串联	交流计数电码轨道电路中的轨道复示继电器。使用在 12V 直流电路中。	12、55

第二节　部　　件

一、电磁系统

无极继电器的电磁系统如图 3—3 所示。

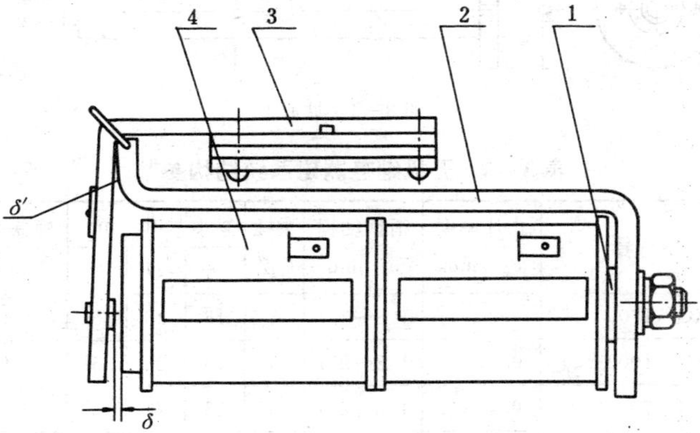

图 3—3　安全型无极继电器电磁系统

它是由铁心 1、L 形轭铁 2、角型衔铁 3、线圈 4 等组成，具有结构紧凑，线圈占用空间系数大，加工方便，传动比可以变动等优点。除主工作气隙 δ 外，尚在轭铁的刀口处增加第二工作气隙 δ' 的有效面积，减少了磁路的磁势降，从而提高了继电器的灵敏度。

电磁系统的零部件：

1. 铁心（见图 3—4，全书图中尺寸单位为 mm）

铁心由电工纯铁（DT4A）制成，外层镀锌防护。极靴是用冷镦法加粗的。

铁心的直径 D_T 与极靴的直径 D、厚度 H，根据继电器的规格不同而有区别，如表 3—3 所示。表中所列数字告诉我

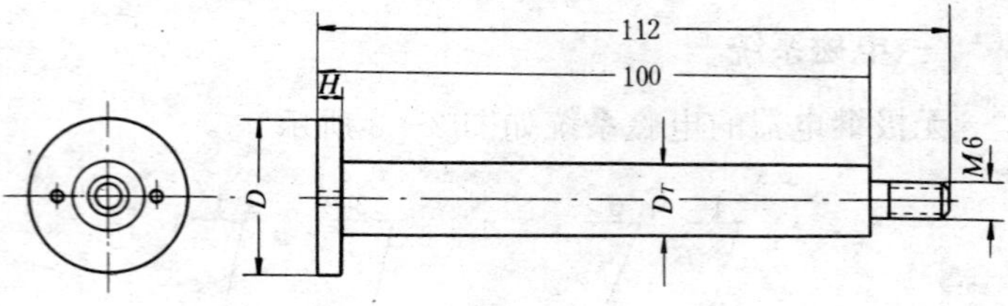

图 3－4　铁心

表 3－3　无极继电器磁系统结构参数

型　号	止片厚度 δ_0 mm	衔铁动程 δ mm	重锤片数	铁心尺寸 mm D_T	D	H	轭铁厚度 mm
JWXC－1700	$0.2_{-0.05}$	1.8～2.1	3	13	28	5	4
JWXC－1000	$0.4_{-0.04}$	1.8～2.1	3	13	28	5	4
JWXC－7	$0.4_{-0.04}$	1.8～2.1	3	13	28	5	4
JWXC－2.3	$0.6_{-0.04}$	1.8～2.1	1	13	25	5	4
JWXC－$\frac{370}{480}$	$0.3_{-0.03}$	1.7～1.9		15	30	3	5
JWXC－H340	$0.2_{-0.05}$	1.8～2.1	3	15	30	3	5
JWXC－H660	$0.2_{-0.05}$	1.8～2.1	3	13	28	5	4
JWXC－$\frac{500}{H330}$	$0.2_{-0.05}$	1.8～2.1	3	13	28	5	4
JWXC－2000	0.3	1.7～1.9		15	30	3	5

们，铁心的基本结构尺寸有三种：一种具有正常的结构尺寸，其铁心直径 D_T＝13mm，极靴直径 D＝28mm，而极靴的厚度 H＝5mm，大部分正常动作的安全型继电器采用它；另一种铁心则具有加大的结构尺寸：D_T＝15mm、D＝30mm、H＝3mm，一般缓动继电器（如 JWXC－H340 型）、灵敏继电器

(如 JWXC－$\frac{370}{480}$型),采用此种铁心,借以加大缓放时间或减少工作值,而在以后谈到的一些整流式继电器,有时为了增加返还系数(加高止片厚度)而不使工作值增加很多,也常采用此种加粗的铁心;第三种铁心为 JWXC－2.3 型所专用,其结构尺寸是:$D_T=13$mm、$D=25$mm、$H=5$mm,这种铁心的极靴较小,是为了提高这种直流轨道继电器的返还系数而特殊设计的。

在极靴的正面,钻有两个圆孔,是为了组装和检修时,紧固和拆装铁心用的。

2. L 形轭铁(见图 3－5)

轭铁由 4mm 或 5mm 的电工纯铁板(DT4A)冲压成型,外表镀多层铬防护。4mm 厚的轭铁与正常结构尺寸的铁心配合,使用在正常动作的继电器中;而 5mm 厚的轭铁则与加粗的铁心配合,使用在需要缓动或具有较高返还系数的继电器中。

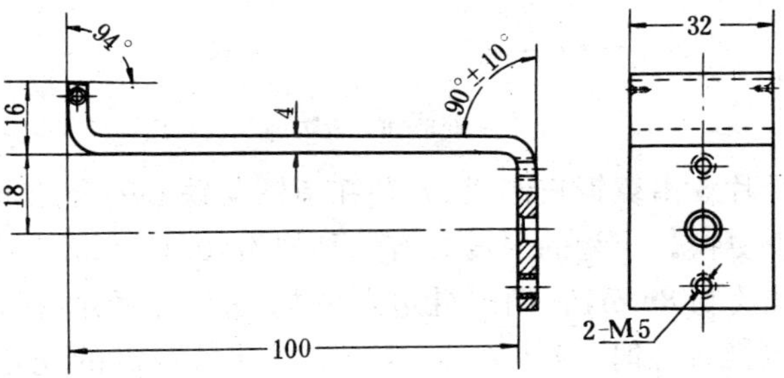

图 3－5　轭铁

3. 角形衔铁(见图 3－6)

衔铁 1 由 3.5mm 的电工纯铁(DT4A)冲压成型。衔铁上铆接有重锤片 2，重锤片由 2.5mm 厚的 B3 薄钢板制成（也可以用 1.5mm 和 1mm 的两块重锤片代替），其片数由接点组的多少决定，一般 8 组后接点用三片，6 组后接点用二片，4 组后接点用一片，2 组后接点则不用，详见表 3－3。重锤片与衔铁间嵌入了拉轴 3，然后用 3mm×4mm 的纯铜铆钉 4，将它们铆接成整体，拉轴由 1.5mm 的锡磷青铜丝制成或琴钢丝制成。

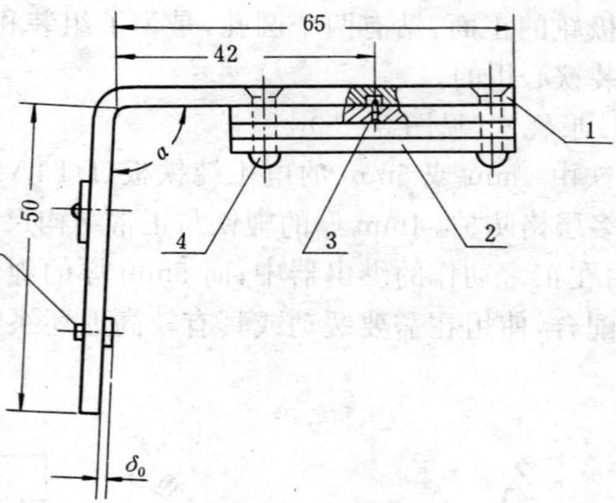

图 3－6　衔铁

止片 5 由黄铜皮制成，安装在衔铁与铁心闭合处，可以灵活取下更换。止片的厚度共有六种规格：0.15、0.2、0.3、0.4、0.6 以及 0.8mm，它们因继电器的规格不同而异，在检修中需要更换止片时，应按表 3－3 中有关止片厚度的规定更换，表中给出了止片厚度的负公差，使用中的止片厚度不允许小于负公差的范围，而正公差未作规定，视继电器的电气特性而定。无极继电器的衔铁角度 α 的标准为 93°30′。

图 3－7 给出了角形衔铁的各种零件图。

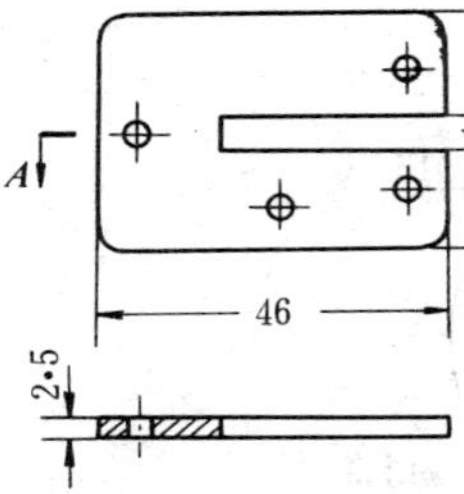

(*a*) 重锤片

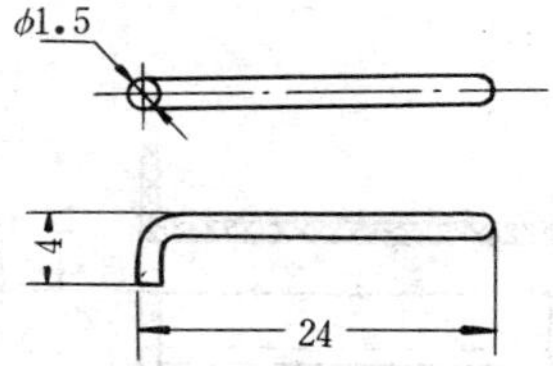

(*b*) 拉轴

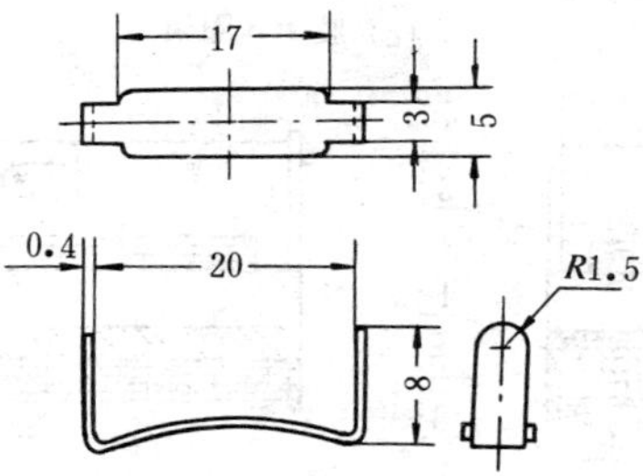

(*c*) 止片

图 3—7　衔铁附件

表 3—3 给出了无极继电器磁系统的结构参数。

4. 线圈(见图 3—8)

线圈绕在如图 3—8(*a*)所示的线圈架上,无极继电器线圈架由酚醛树脂压制而成,但 JWXC—H340 型继电器为了增加缓放时间,采用了铜质阻尼线圈架,用 T3 纯铜制成,其表面用环氧粉末流化床工艺进行绝缘封闭,使其具有很好的绝缘强度。铜质线圈架相当于一个短路的铜环,当线圈断电后,其内产生涡流以阻止铁心内磁通的消失,因此,增加了继电器的缓放时间。

线圈用高强度漆包线密排绕制,见图 3—8(*b*)、(*c*),抽头焊有引线片,外层用尼龙线捆扎。线圈绕制成后进行真空浸漆处理,表面刷灰漆防护。规格与厂标用聚脂薄膜包在最外层,便于辨认。

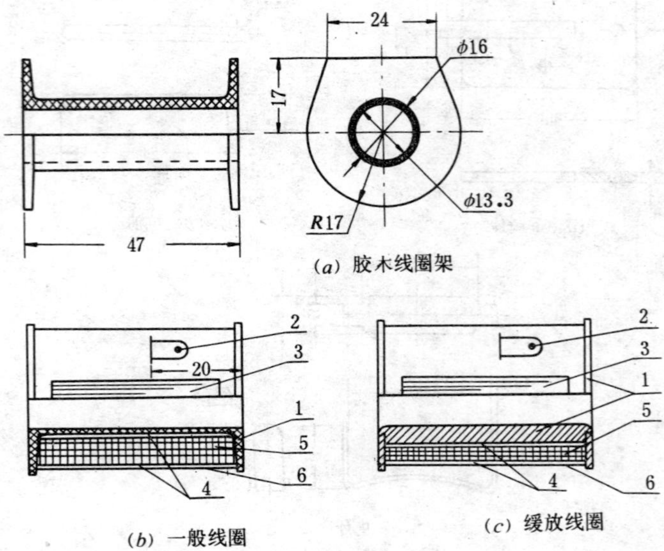

图 3—8 线 圈

1—线圈架(c 图为铜质);2—引线片;3—规格表;

4—聚脂薄膜;5—漆包线;6—尼龙线。

线圈与电源片的连接如图 3—9 所示。

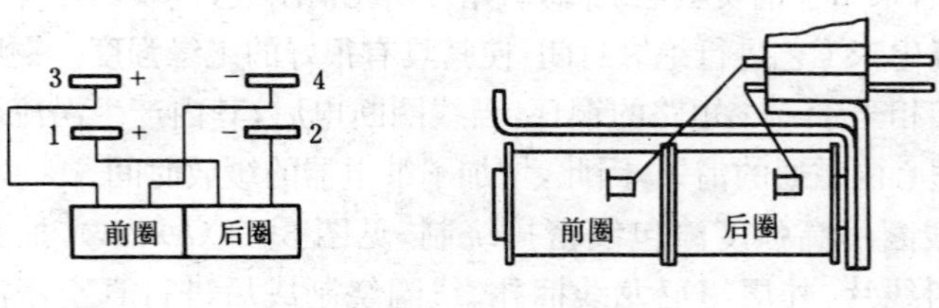

图 3—9 无极、有极、偏极继电器线圈与电源片的连接

线圈的参数见表 3—4。

表 3—4　无极继电器线圈参数表

型　　号	线径　　mm	匝　　数	电阻　　Ω
JWXC—1000	0.16	8000×2	500×2
JWXC—7	0.59	760×2	3.5×2
JWXC—1700	0.14	10000×2	850×2
JWXC—2.3	0.8	450×2	1.15×2
JWXC—$\frac{370}{480}$	$\frac{0.18}{0.17}$	$\frac{7000}{8000}$	$\frac{370}{480}$
JWXC—$\frac{500}{H300}$	$\frac{0.16}{0.18}$	$\frac{8000}{5100}$	$\frac{500}{300}$
JWXC—H600	0.18	5100×2	300×2
JWXC—H340	0.19	3000×2	170×2
JWXC—2000	0.14	12000×2	1000×2

二、接点系统

如图 3—10 所示，无极继电器接点系统采用了两排纵列式联动结构，因此，接点组数只能成偶数增减；而拉杆传动中心线与接点中心线一致，从而减少了不必要的传动损失；同时，为了减少接点组组装时的积累公差，采取将接点片与托片组合压在酚醛塑料内以形成单元块，单元块之间为平面接触，易于控制公差，这对插入式继电器是非常重要的，同时提高了接点组之间的绝缘强度。单元块给组装工作也带来了很大的方便。

1. 银接点单元（见图 3—11）

由 0.37mm 厚的锡磷青铜带制成的接点片与由 1mm 厚的黄铜制成的托片，两组对称地压在胶木内，胶木块上有与动接点单元配合安装的定位孔。在接点簧片的端部，开一条0.5 mm 宽的细长槽口，在槽的两边用点焊机各焊一个银接点(由直径 1.5mm 的银丝制成)，这样形成了一个簧片上有两个接触点的并联接触方式，从而大大提高了触头接触的可靠性。

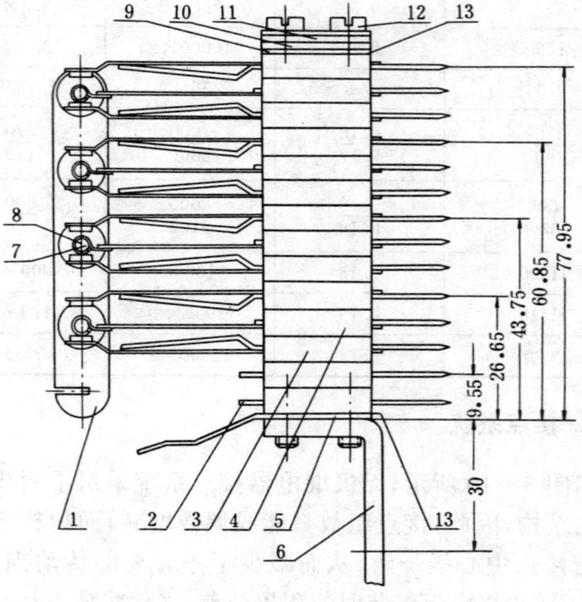

图 3－10　无极继电器接点系统

1－拉杆；2－电源片；3－银接点单元；4－动接点单元；5－下止片；6－接点架；7－绝缘轴；8－动接点轴；9－绝缘垫；10－下压片；11－上压片；12－螺钉；13－隔垫。

接点接触时碰撞会产生颤动，这种颤动将产生接触电弧，由于此时接点间隙小，电流大，此种电弧对接点的破坏作用比断开时大的多。为了消除这种颤动必须设置托片。在调整继电器时，可以在接点片与托片间加一个初压力，保证接点刚接触时可动部分的动能被接点片吸收，这样既可以消除颤动，又可以缩短接点的完全闭合时间，从而大大减轻了接点的烧损。

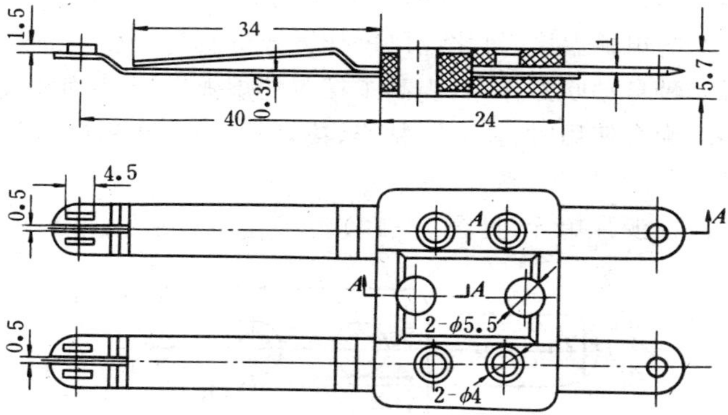

图 3—11　银接点单元

2. 动接点单元(见图 3—12)

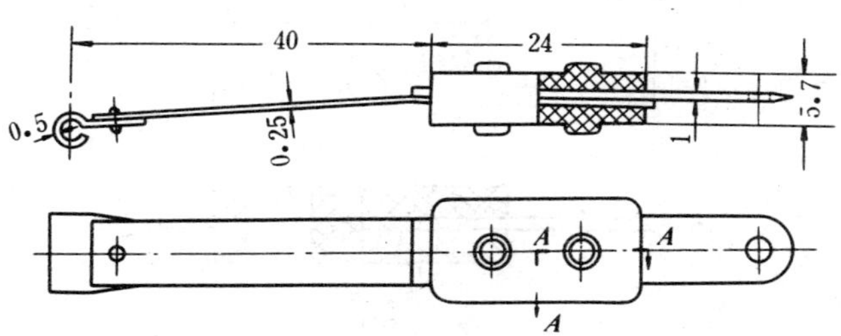

图 3—12　动接点单元

由 0.25mm 的锡磷青铜带制成的动接点簧片与 1mm 黄铜板制成的补助片压制在酚醛塑料胶木内。胶木块上凸出的圆柱是配合银接点组装时定位用的。动接点簧片端部焊有动接点，动接点由厚 0.5mm 的银氧化镉制成。银氧化镉是一种银镉合金，用金属陶制法（即粉末冶金法）制成，基本物质为银（85%～88%）起导电作用，而氧化镉（12%～15%）则起导热作用，这样就获得了导电和导热性能的最好配合，在高温下（990℃的电弧温度）氧化镉以爆炸方式分解为镉和氧的蒸气，形成一种自动吹弧作用，提高了接点的熄弧性能，特别是它与银接点配合使用时，具有防粘连，接触电阻小等特点，因此，是一种理想的接点材料。

3. 电源片单元（见图 3—13）

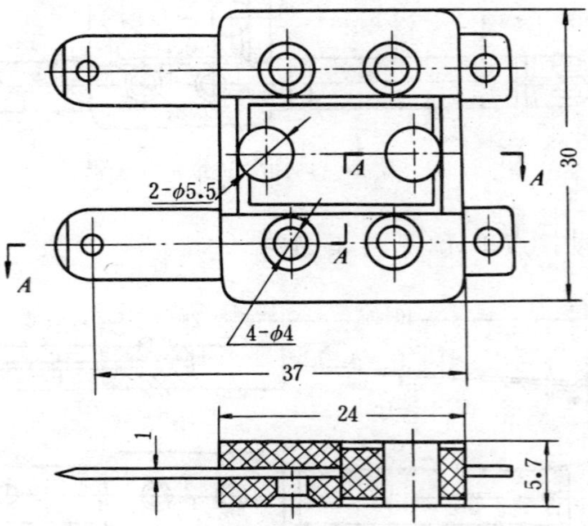

图 3—13　电源片单元

由 1mm 的黄铜制成的电源片压在胶木内，胶木上同样有定位孔。

4. 拉杆（见图 3—14）

使用中的拉杆有 3 种，一种是铁制的，一种是塑料制的，一种是铜制的。

铁拉杆由压有酚醛塑料的拉杆夹片(材料为 2mm 厚的 A3 型薄钢板)制成,装配后它与陶瓷绝缘轴共同保证接点组之间以及接点对地的良好绝缘。为了消除动接点组装时不完全一致而产生的扭力,以致影响继电器的灵活动作,拉杆的中间轴孔采用扁长形,而上下两个轴孔为圆形,起定位作用。拉杆的下端有一槽口,使拉杆与衔铁上的拉轴作铰链联接。

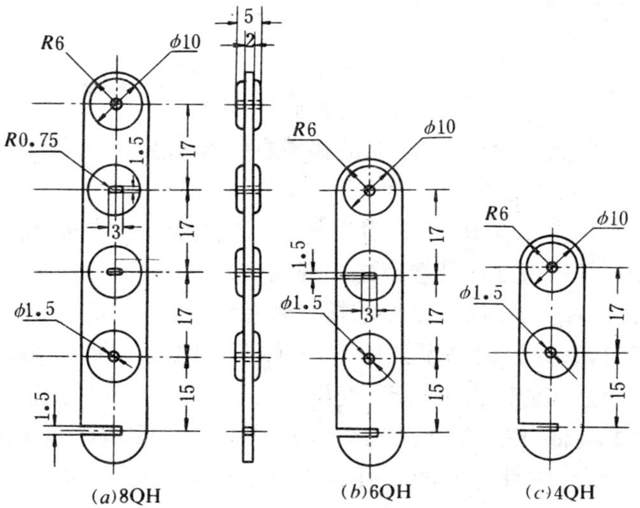

图 3—14 拉 杆

塑料拉杆由耐磨与耐热性能均较好的聚炭酸脂材料压塑而成,简化了生产工艺,提高了零件的加工精度。其结构尺寸与铁拉杆相同,但重量较轻,因此,在衔铁上相应地增加了0.5 mm 厚的重锤片一片。

5. 绝缘轴与动(中)接点轴(见图 3－15)

绝缘轴用冻石瓷料制成，这种新型的陶瓷材料的抗冲击强度 29.4N(3kgf)～49N(5kgf)。作为继电器的动接点传动零件，它的强度是足够的，并且采用热塑铸造制成，尺寸上也保证了继电器的技术要求。

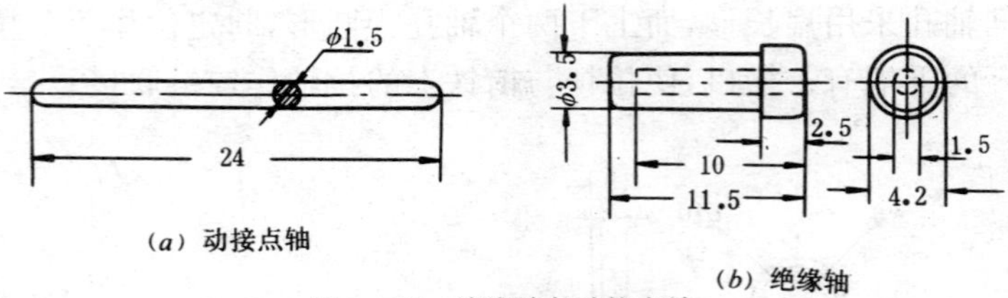

图 3－15　绝缘轴与动接点轴

动接点轴由 1.5mm 粗的锡磷青铜线制成。

6. 压片(见图 3－16)

压片由 1.5mm 的弹簧钢板冲压成弓形，组装时分上、下两片。其作用是保证接点组的稳固性。

接点组的稳固性是要求接点组在组装调整、安装、运输和检修时，在允许的高温条件下，零件不得因人力扭动、震动以及不受损伤的冲击下松动、变位。由于材料的膨胀系数不同，温度的高低、空气的干湿都会造成零件松动，影响接点组的稳固性，而紧固件之间的弹性越大，就越能适应较大的尺寸变化，因此，紧固螺钉与接点之间通过弓形压片的作用，保证一定的弹性，从而增加了接点组的稳固性。

实验证明，接点组加 588N(60kgf)压力，则有足够的稳固性，故在继电器生产中，先用 1372N(140kgf)顶压力压紧接点组，然后拧紧螺钉。因此，在检修继电器时，若需卸开接点组，则重新组装时，必须用 250mm 以上的大螺丝刀拧紧螺钉，至上、下压片在螺钉处密合为准，否则压力是不够的。但螺钉也不宜拧得过紧，否则上、下压片在两侧变形弯曲，失去弹性，使接点组的稳固性遭到破坏。

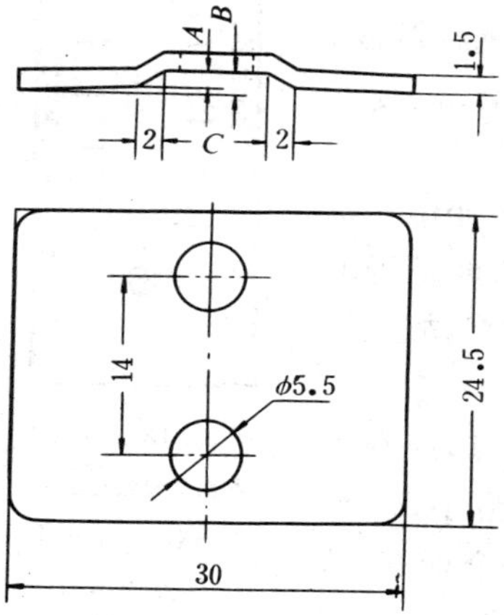

尺寸 mm / 名称	A	B	C
上压片	2.6	1.3	10
下压片	1.2	1.6	8

图 3—16　压　片

7. 下止片与接点架(见图 3—17)

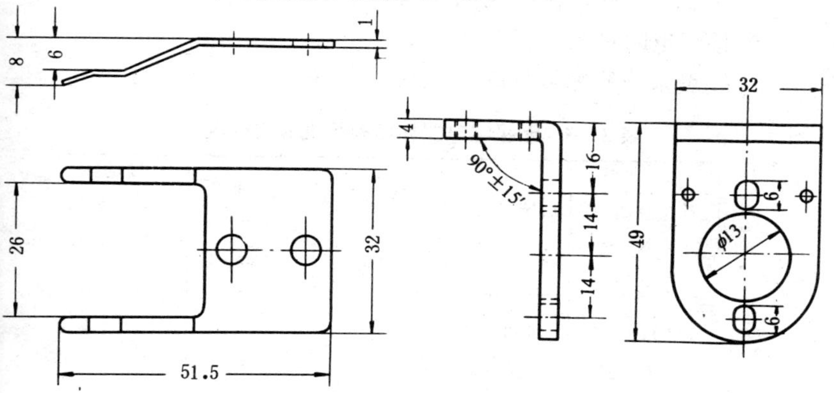

(a)下止片　　(b)接点架

图 3—17　下止片与接点架

下止片由1mm锡磷青铜板制成，外层镀亮镍，它在衔铁落下时起限位作用。

接点架由4mm厚的A3钢板制成，板上留有1.5mm稳钉孔两个，在接点架与轭铁装好后，在轭铁上钻同样的两孔，打进稳钉，以保证接点架不变位。接点架的安装尺寸是否标准，角度是否准确，对继电器的调整有很大影响，故在检修中要特别注意。

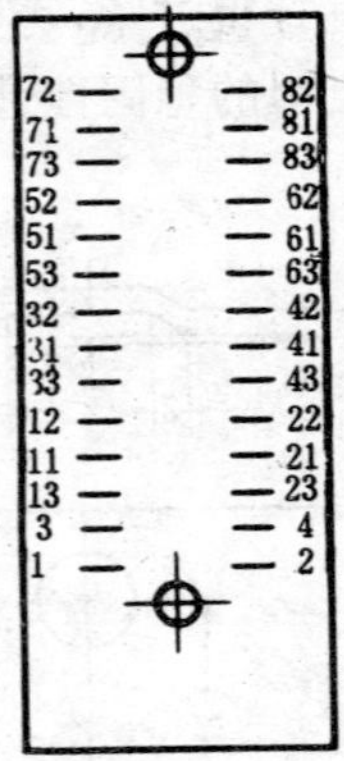

图3－18 JWXC、JWXC—H、JDBXC、JSBXC型继电器接点组编号

无极继电器均为普通接点，应在直流24V、1A的电阻负荷电路中，动作100万次后，接点电阻仍应符合标准，接点压力允许变化20%，电气特性允许变化10%。

接点系统的机械特性见表3－5。

接点电阻见表3－6。

接点系统的编号见图3－18。

表3－5 无极继电器接点系统机械特性表

类型	前接点压力 N	后接点压力 N	接点间隙 不小于 mm	托片间隙 不小于 mm	动接点自由动程 不小于 mm
各型	$0.294^{+0.098}_{-0.049}$ ($30gf^{+10}_{-5}gf$)	$0.196^{+0.098}_{-0.049}$ ($20gf^{+10}_{-5}gf$)	1.3*	0.35	0.5

* JWXC－$\frac{370}{480}$型继电器的接点间隙为1.2mm。

表 3—6　安全型继电器接点电阻表

种类 标准	普通接点			加强接点	引线片-插座
	旧式		前后接点（银-银氧化镉）	（银氧化镉-银氧化镉）	
	前接点（银-银碳）	前后接点（银-银）			
接触电阻不大于 Ω	0.3	0.03	0.1	0.15	0.03

第三节　动作原理及特性

一、磁路的工作原理及电磁牵引特性曲线

无极继电器的磁系统为无分支磁路，如图 3—19 所示，在线圈上加上直流电压后，线圈中的电流 I 使铁心磁化，在铁心内产生工作磁通 ϕ，它由铁心极靴处经过主工作气隙 δ 进入衔铁，又经过第二工作气隙 δ' 而进入轭铁，然后回到铁心，形成一闭合回路。在工作气隙 δ 处，由于 ϕ 的作用，铁心与衔铁间产生电磁吸力 F_D，当 F_D 大到足以克服机械负载的阻力 F_j 时，衔铁即与铁心吸合。

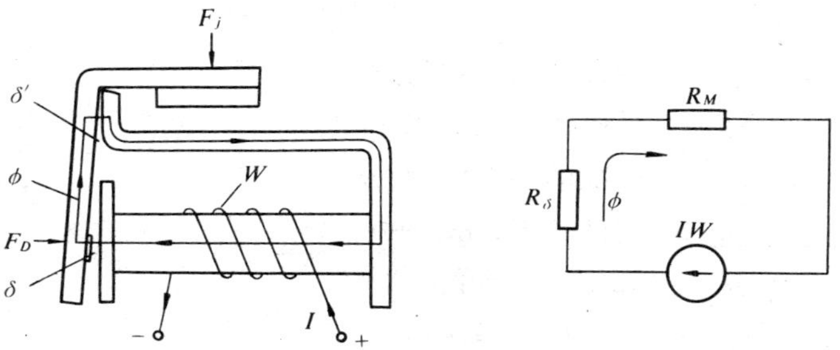

(a) 基本磁路　　(b) 等效磁路

图 3—19　无极继电器磁路

为了加深认识磁路特性对继电器调整的影响，可以简要地，定性地从理论上说明磁路中吸力 F_D 与工作气隙 δ 的关系，即

$$F_D=f(\delta)$$

如图 3－19(*b*)所示，无分支磁路可视为导磁体磁阻与气隙磁阻的串联磁路，则工作磁通 ϕ 与磁势 IW 的关系由下式决定：

$$\varphi=\frac{I\cdot W}{R_M+R_\delta} \quad \text{(式 3－1)}$$

式中 R_M——导磁体中的磁阻；

R_δ——气隙磁阻。

而磁阻的计算公式如下：

$$R_M=\frac{L_M}{\mu S_M} \quad \text{(式 3－2)}$$

$$R_\delta=\frac{\delta}{\mu_0 S_\delta} \quad \text{(式 3－3)}$$

式中 L_M——导磁体的等效长度，cm；

S_M——导磁体的截面积，cm^2；

S_δ——气隙的等效面积，cm^2；

δ——气隙长度，cm；

μ_0——真空导磁率；

μ——导磁体的导磁率。

由式 3－2、式 3－3 可知，磁阻与磁路的长度成正比，与磁路的截面积和导磁率成反比。当衔铁处于释放位置时，气隙

δ 较大，而铁心的导磁率 μ 常比 μ_0 大 1000 倍以上，故 $R_M \ll R_\delta$，可以忽略。将式 3－3 代入式 3－1 中，得：

$$\phi \approx \frac{IW\mu_0 S_\delta}{\delta} \qquad \text{（式 3－4）}$$

考虑漏磁的影响，吸力 F_D 与磁通的关系可由下列公式求出：

$$F_D = \left(\frac{\phi}{\sigma}\right)^2 \frac{9.8}{S_\delta \times 5000^2}(\mathrm{N}) \qquad \text{（式 3－5）}$$

式中　ϕ——主磁通；

　　　σ——漏磁系数。

将(4)式代入(5)式，得：

$$F_D \approx \frac{9.8\mu_0^2 S_\delta}{(5000\sigma)^2}\left(\frac{IW}{\delta}\right)^2(\mathrm{N}) \qquad \text{（式 3－6）}$$

在一定的安匝及磁路结构下，有：

$$F_D \approx K \cdot \frac{9.8}{\delta^2}(\mathrm{N}) \qquad \text{（式 3－7）}$$

式中　$K = \dfrac{\mu_0^2 S_\delta IW^2}{(5000\sigma)^2}$ 为一常数。

由式 3－7 可知，电磁力 F_D 与气隙 δ 的倒数的平方成正比。因此，δ 的微小变化都将引起 F_D 的急骤变化，在调整继电器时，正确调整衔铁动程 δ 是非常重要的，道理就在这里。

典型的安全型无极继电器的电磁牵引特性曲线如图 3－20 所示。由图可知，在不同的线圈电压作用下，$F_D = f(\delta)$ 的曲线也将不同。随着电压的升高(即 IW 增加)，F_D 也将增加，形成了一组曲线族，而每条曲线随气隙的变化都有相同的规律，即随着气隙的变小，F_D 显著增长。

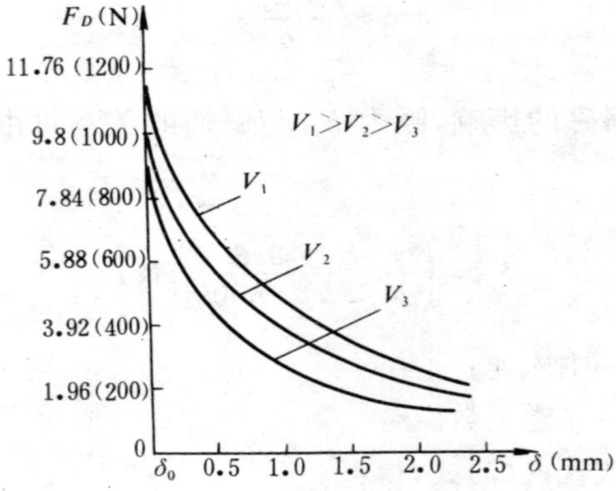

图 3－20　典型的无极继电器电磁牵引特性曲线

实测的各种规格(JWXC—2000 型除外)的无极继电器电磁牵引特性如表 3－7 和表 3－8(表中括号内数据单位为 gf，下同)所示。

无极继电器的电气特性列于表 3－9。

二、无极继电器的机械特性曲线

无极继电器的机械特性曲线就是表示随着磁路工作气隙 δ 的变化，机械反作用力 F_j(换算到铁心中心处)的变化规律，用公式：

$$F_j=f(\delta)$$

来表示。继电器的机械反作用力由两部分构成：衔铁的重量和接点系统的机械力，前者是不变的，而后者是变化的。将它们

表 3—7 无极继电器在工作安匝下的电磁牵引特性

单位:N

型　号	工作安匝	δ_0	δ_1	δ_2	δ
JWXC—1000	230	14.7(1500)	9.016(920)	3.724(380)	2.744(280)
JWXC—7	228	11.564(1180)	7.35(750)	3.136(320)	2.156(220)
JWXC—1700	198	14.896(1520)	7.84(800)	3.626(370)	2.94(300)
JWXC—2.3	169	6.468(660)	4.998(510)	1.372(140)	1.029(105)
JWXC—$\frac{370}{480}$	84/92	4.802(490)/5.194(530)	2.156(220)/2.45(250)	1.372(140)/1.666(170)	1.029(105)/1.176(120)
JWXC—$\frac{500}{H330}$ *	192/225	14.896(1520)/12.054(1230)	7.84(800)/6.86(700)	2.94(300)/2.646(270)	2.058(210)/1.764(180)
JWXC—H660	220	13.328(1360)	8.23(840)	3.528(360)	2.548(260)
JWXC—H340	203	14.896(1520)	9.016(920)	3.332(340)	2.744(280)

* 按原电气特性测试

表 3－8　无极继电器在额定落下安匝下的电磁牵引特性　　单位:N

型　　号	落下安匝	δ_0	δ_1	δ_2	δ
JWXC－1000	68.8	4.508(460)	1.666(170)	0.392(40)	0.196(20)
JWXC－7	68.4	2.744(280)	1.274(130)	0.392(40)	
JWXC－1700	40	4.508(460)	1.568(160)	0.294(30)	0.196(20)
JWXC－2.3	84.6	2.058(210)	1.176(120)	0.392(40)	0.294(30)
JWXC－$\frac{370}{480}$	26.6/28.8	1.47(150)/1.176(120)	0.882(90)/0.784(80)	0.196(20)/0.196(20)	0.098(10)/0.098(10)
JWXC－$\frac{500}{H330}$ *	38.4/44	3.43(350)/4.9(500)	1.078(110)/4.410(150)	0.196(20)/0.392(40)	0.049(5)/0.098(10)
JWXC－H660	44	3.626(370)	1.176(120)	0.392(40)	0.294(30)
JWXC－H340	41.6	2.352(240)	0.784(80)	0.294(30)	0.196(20)

* 按原电气特性测试

表 3—9 无极继电器电气特性表

型号	电气特性				时间特性 单位:s	
	充磁值	释放值 不小于	工作值 不大于	反向工作值 不大于	吸起 不大于	缓放 不小于
JWXC—1000	58V	4.3V	14.4V	17.2V		
JWXC—7	600mA	45mA	150mA	180mA		
JWXC—1700	67V	3.4V	16.8V	20V		
JWXC—2.3	750mA	实测工作值的 50%	170mA～188mA	225mA		
JWXC—$\frac{370}{480}$	$\frac{48}{46}$mA	$\frac{3.8}{3.6}$mA	$\frac{12}{11.5}$mA	$\frac{14.4}{13.8}$mA		
JWXC—$\frac{500}{H300}$	$\frac{48}{54}$V	$\frac{2.7}{2.7}$V	$\frac{13.5}{13.5}$V	$\frac{\leqslant 16.2}{16.2}$V		24V 0.16s
JWXC—H600	52V	2.6V	13V	15.6V		24V 0.32s
JWXC—H340	46V	2.3V	11.5V	13.8V	18V 0.35s 24V 0.3s	18V 0.45s 24V 0.5s
JWXC—2000	30V	2.4V～3.2V	7.5V			

综合起来可得出如图3—21的典型的机械特性曲线。图3—21中括号内数据单位为gf，以后各章节情况与此相同，不再赘述。

如图3—21所示，随着工作气隙δ的变小，机械反作用力F_j将不断上升，但它的变化不是连续的曲线，而是由一些折线段组成，包括六个转折点和五个工作过程。其中六个转折点是：

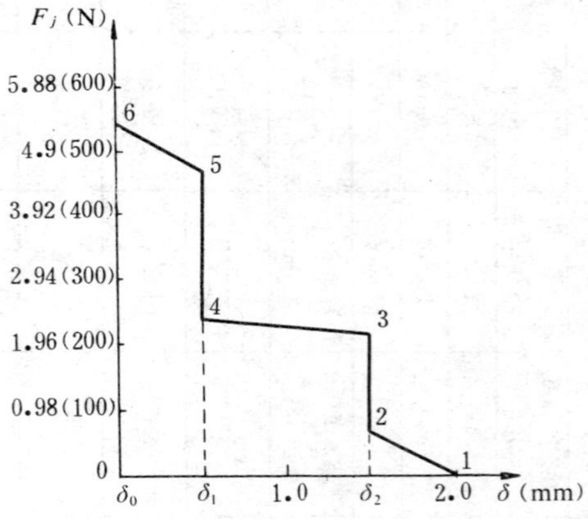

图3—21　无极继电器的机械特性曲线

第1转折点——后接点在工作位置。

此时衔铁的重力与后接点压力平衡，继电器处于稳定的落下位置，对应的衔铁与铁心间的工作气隙δ称为衔铁的动程。

第2转折点——后接点与托片接触瞬间。

此时动接点与后接点将离开但仍接触，它们之间具有初压力，但无共同行程。对应的磁路工作气隙δ_2称为衔铁的动、后离间隙。

第3转折点——动接点与后接点分离瞬间。

此时动接点与后接点刚分离，它们之间既无压力，又无间隙。衔铁仍处在动、后离间隙 δ_2 的位置上。

第 4 转折点——动接点与前接点接触瞬间。

此时动接点与前接点将接触，它们之间既无间隙，又无压力。对应的磁路工作气隙 δ_1 称为衔铁的动、前接间隙。

第 5 转折点——前接点离开托片瞬间。

此时动接点与前接点刚接触，具有初压力，但无共同行程。衔铁仍处于动、前接间隙 δ_1 的位置上。

第 6 转折点——前接点在工作位置。

此时动接点与前接点间由于走完了共同行程而具有终压力，对应的磁路工作气隙称为衔铁的闭合间隙 δ_0，此间隙由止片的厚度来决定。

机械反作用力的五个工作过程如下：

当衔铁由释放状态（铁心间隙为 δ）运动到动、后离间隙 δ_2（即由图 3－21 所示的机械特性曲线的 1 点移动到 2 点），由于动、后接点间共同行程的缩小，后接点的压力相应减少，与衔铁重量已无法平衡，因此反作用力逐渐上升，其变化规律由后接点片的弹性变形来决定。基本上是一条直线。这是第一工作过程。

当衔铁运动到使动、后接点分离（即由机械特性曲线的 2 点转变到 3 点），反作用力由于后接点压力的突然消失而骤然增加，出现了一次大的突变，其数值等于衔铁重量和动接点的弯曲变形所产生的反作用力之和。这是第二工作过程。

当衔铁由 δ_2 运动到 δ_1（即由机械特性曲线的第 3 点至 4 点），由于动接点片的挠度变形，反作用力又呈直线上升，其陡度由动接点片的弹性变形来决定。这是第三工作过程。

当衔铁运动到使前接点片与托片刚分离（即由机械特性

曲线的第 4 点转变为第 5 点)，由于前接点的初压力突然加上，又出现了一次反作用力的大突变，其数值等于衔铁重量，动接点弯曲变形的反作用力，以及前接点初压力之和。这是第四工作过程。

第五个工作过程则是衔铁由 δ_1 运动到 δ_0(即机械特性曲线的第 5 点移动到第 6 点)，此时由于动、前接点间共同行程的增加，两者的弹性变形又使反作用力呈直线上升，至衔铁完全闭合时，反作用力的大小由衔铁重量、动接点挠度变形的反作用力与前接点压力之和来确定。

经过理论计算，可以得出各种接点组的无极继电器机械特性曲线，见表 3－10、表 3－11、表 3－12(表中括号内数据单位为 gf)。表中所列数字均已换算到铁心中心处。

表 3－10　具有 8 组 *QH* 接点的继电器机械特性曲线

转折点	衔铁动程 δ	衔铁重力 N	动接点压力 N	后接点压力 N	前接点压力 N	反作用力和 N
1	δ	1.4308(146)	0.5096(52)	－1.9404(－198)	0	0
2	δ_2	1.4308(146)	0.637(65)	－1.4602(－149)	0	0.6076(62)
3	δ_2	1.4308(146)	0.637(65)	0	0	2.0678(211)
4	δ_1	1.4308(146)	0.882(90)	0	0	2.3128(236)
5	δ_1	1.4308(146)	0.882(90)	0	2.4304(248)	4.7432(484)
6	δ_0	1.4308(146)	1.0976(112)	0	2.9204(298)	5.4488(556)

表 3－11　具有 4 组 *QH* 接点的继电器机械特性曲线

转折点	衔铁动程 δ	衔铁重力 N	动接点压力 N	后接点压力 N	前接点压力 N	反作用力和 N
1	δ	0.8232(84)	0.147(15)	－0.9702(－99)	0	0
2	δ_2	0.8232(84)	0.2156(22)	－0.7252(－74)	0	0.4116(42)

续上表

转折点	衔铁动程 δ	衔铁重力 N	动接点压力 N	后接点压力 N	前接点压力 N	反作用力和 N
3	δ_2	0.8232(84)	0.2156(22)	0	0	1.0388(106)
4	δ_1	0.8232(84)	0.3626(37)	0	0	1.1858(121)
5	δ_1	0.8232(84)	0.3626(37)	0	1.2152(124)	2.401(245)
6	δ_0	0.8232(84)	0.441(45)	0	1.4602(149)	2.7244(278)

表 3—12　具有 2 组 *QH* 接点的继电器机械特性曲线

转折点	衔铁动程 δ	衔铁重力 N	动接点压力 N	后接点压力 N	前接点压力 N	反作用力和 N
1	δ	0.3234(33)	0.1666(17)	−0.49(−50)	0	0
2	δ_2	0.3234(33)	0.2352(24)	−0.3626(−37)	0	0.196(20)
3	δ_2	0.3234(33)	0.2352(24)	0	0	0.5586(57)
4	δ_1	0.3234(33)	0.3822(39)	0	0	0.7056(72)
5	δ_1	0.3234(33)	0.3822(39)	0	1.2152(124)	1.9208(196)
6	δ_0	0.3234(33)	0.4606(47)	0	1.4602(149)	1.2442(229)

安全型无极继电器机械特性的计算(简化法),以 8*QH* 接点组继电器为例说明如下:

已知条件:

(1)角型衔铁重力为 0.9604N(98g),其中磁路工作部分重 0.392N(40g),非磁路工作部分重 0.5684N(58g)。

(2)重锤片三片,每片重 0.245N(25g)。

(3)前接点初压力 0.245N(25gf),终压力 0.294N(30gf)。

(4)后接点初压力 0.147N(15gf),终压力 0.196N(20gf)。

(5)实测 $8QH$ 动接点组(连同拉杆等重力元件)每弯曲 1mm,需外力 0.196N(20gf),平均每组接点片弯曲 1mm 需外力 0.0245N(2.5gf)。

(6)设计要求衔铁动程 $\delta=1.8\text{mm}\sim2.1\text{mm}$,计算时取 $\delta=2.0\text{mm}$。

(7)继电器衔铁动程与接点动程之比为传动比 K,对于安全型继电器 $K=1.24$。

根据上述已知条件,可以逐项计算机械力 F_j 在继电器工作过程中的变化。

1. 重力 F_G 的计算

(1)角形衔铁两部分重力的作用点如图 3-22 所示。

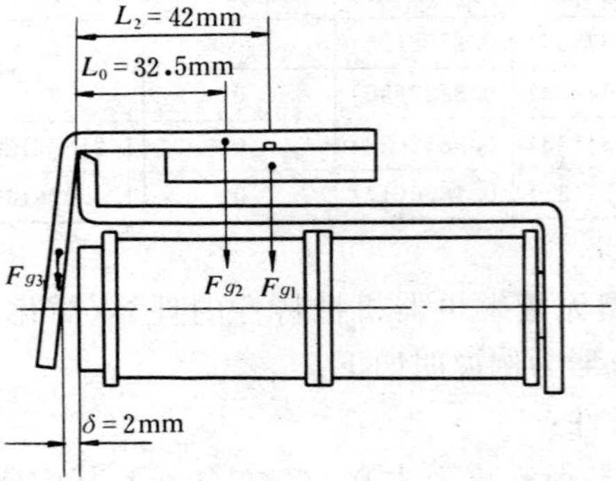

图 3-22 衔铁重力换算示意图

将此两部分重力换算到拉杆中心处:

$$F_{g_1}=F_{g_2}\times\frac{L_0}{L_2}-F_{g_3}\times\frac{\delta}{L_2}$$

$$=58\times\frac{32.5}{42\times0.0098}-40\times\frac{2}{42\times0.0098}$$

$\approx 0.4212N(43gf)$

(2)重锤片重力的作用点即在拉杆中心处：

$$F'_{g1}=25\times 3\times 0.0098=0.735N(75gf)$$

(3)在拉杆中心处的总重力 F_g：

$$\begin{aligned}F_g &=F_{g1}+F'_{g1}\\ &=43\times 0.0098+75\times 0.0098\\ &=1.1564N(118gf)\end{aligned}$$

(4)将 F_g 换算到铁心中心处：

$$\begin{aligned}F_G &=F_g\times K\\ &=118\times 0.0098\times 1.24\\ &\approx 1.43039N(146gf)\end{aligned}$$

重力 F_G 在衔铁运动过程中是不变化的。

2.动接点反作用力 F_{jz}的计算

(1)当衔铁处于释放位置，对于具有 $8QH$ 接点组的继电器需要动接点预压力 0.416N(42gf)(详见第四节的分析)，换算到铁心中心处：

$$\begin{aligned}F_{jz\delta} &=42\times 0.0098\times K\\ &=42\times 0.0098\times 1.24\\ &\approx 0.5104N(52gf)\end{aligned}$$

(2)当衔铁处于吸合位置时，动接点的反作用力在衔铁中心处为 $F_{jz\delta 0}$：

$$F_{jz\delta_0}=F_{jz\delta}+\Delta F_{jz}$$

$$\begin{aligned}\Delta F_{jz} &=2.5\times 0.0098\times 8\times \delta\times K^2\\ &=2.5\times 0.0098\times 8\times 2\times 1.24^2\\ &\approx 0.6027N(62gf)\end{aligned}$$

$$F_{jz\delta_0}=52\times 0.0098+60\times 0.0098$$

$=1.0976\text{N}(112\text{gf})$

F_{jz}在衔铁吸合过程中，按线性规律上升。

3. 前接点反作用力 F_{jQ}的计算

在拉杆中心处，前接点初压力：$25\times8\times0.0098=1.96\text{N}$ (200gf)；前接点终压力：$30\times8\times0.0098=2.352\text{N}(240\text{gf})$

换算到铁心中心处：

初压力：$F_{jQ\delta_1}=200\times0.0098\times K$

$=2.4304\text{N}(248\text{gf})$

终压力：$F_{jQ\delta_0}=240\times0.0098\times K$

$\approx298\times0.0098$

$=2.9204\text{N}(298\text{gf})$

4. 后接点反作用力 F_{jH}的计算

在拉杆中心处，后接点初压力：$-15\times8\times0.0098=-1.126\text{N}(120\text{gf})$；后接点终压力：$-20\times8\times0.0098=-1.568\text{N}(160\text{gf})$。

换算到铁心中心处：

初压力：$F_{jH\delta_2}=-120\times0.0098\times K$

$\approx-1.4582\text{N}(149\text{gf})$

终压力：$F_{jH\delta}=-160\times0.0098\times K$

$\approx-1.9443\text{N}(198\text{gf})$

其中"－"号表示后接点反作用力与重力方向相反。

5. 将上述各项机械力相加，所得的代数和即为表 3—10 所列的数据。

4*QH* 与 2*QH*、2*Q* 接点组的机械特性曲线计算方法与此相同，只是各项机械力的数值不同而已。表 3—11 与表 3—12 中已列出。

三、电磁牵引特性曲线与机械特性曲线的配合

把表 3—7、表 3—8 所实测到的电磁牵引特性与表 3—10、表 3—11、表 3—12 计算所得的机械特性用曲线的形式画在同一坐标内，就得到了如图 3—23(图中括号内数据单位为 gf)所示的各种无极继电器电磁牵引特性曲线与机械特性曲线的配合图，图上画出了继电器电磁系统与接点系统之间对立与统一的规律。当电磁吸力 F_D 在整个衔铁动程范围内均大于机械反作用力 F_j 时，衔铁可靠地吸合，如图 3—23 中工作安匝下的电磁牵引特性曲线 $F_{D1}=f(\delta)$ 即是；相反，当电磁吸力 F_D 在整个衔铁动程范围内均小于机械反作用力 F_j 时，衔铁就可靠地落下，如图 3—23 中释放安匝的电磁牵引特性曲线 $F_{D2}=f(\delta)$ 即是。而继电器调整的目的，就是要达到电

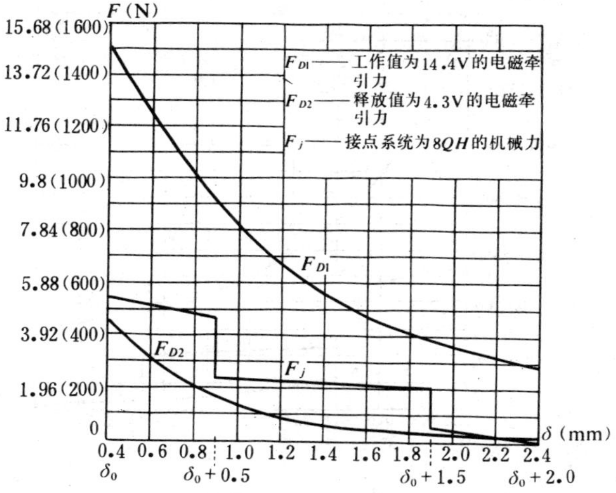

(a)JWXC—1000 型继电器

图 3—23①

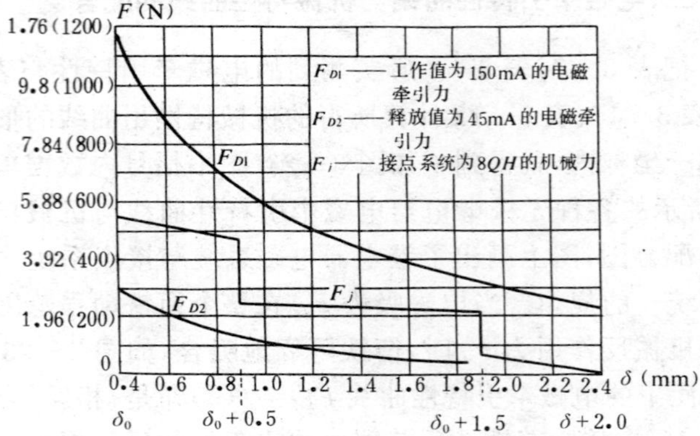

(b)JWXC—7 型继电器

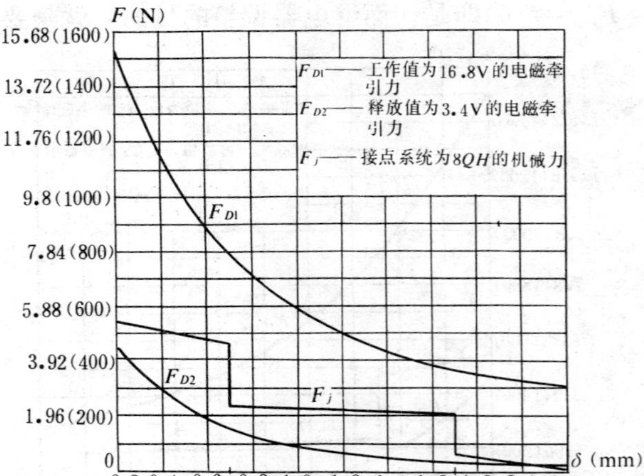

(c)JWXC—1700 型继电器

图 3-23②

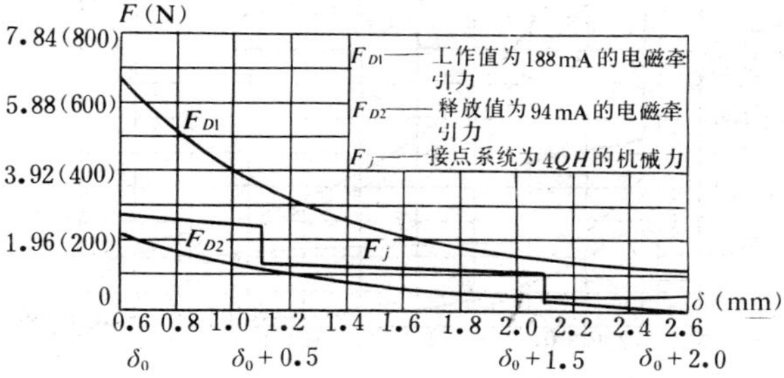

(*d*)JWXC—2、3 型继电器

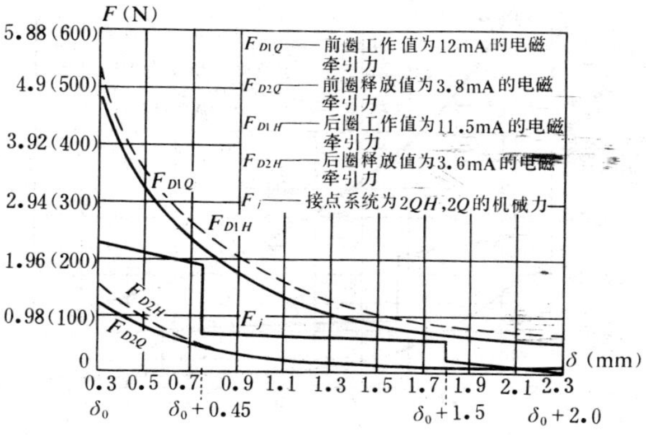

(*e*)JWXC—$\frac{370}{480}$型继电器

图 3—23③

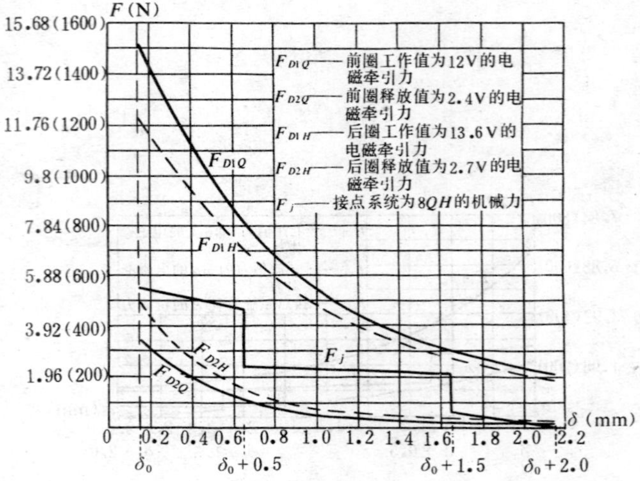

(f)JWXC—$\frac{500}{H330}$型继电器

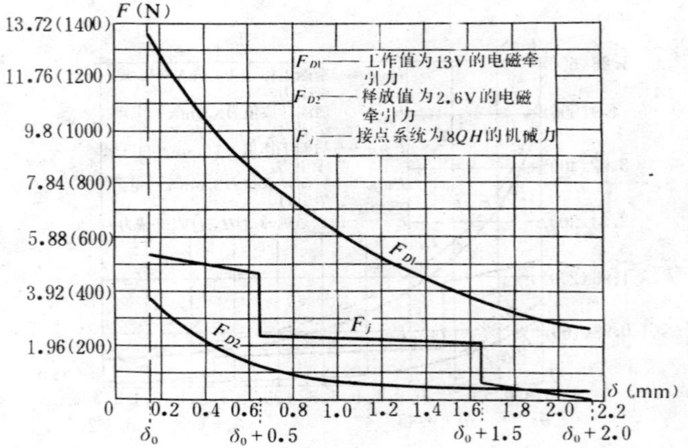

(g)JWXC—H600 型继电器

图 3—23④

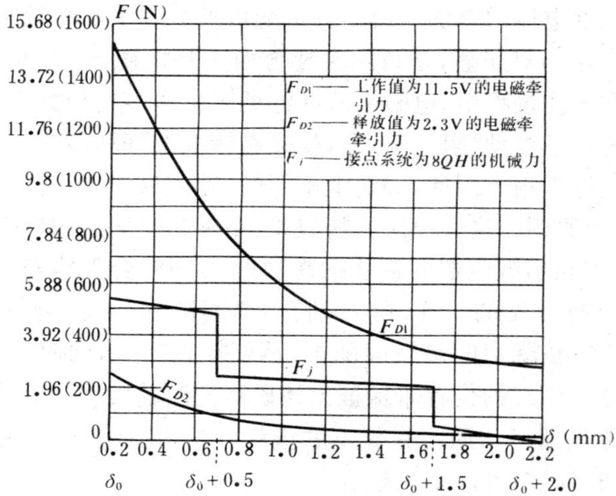

(*h*)JWXC—H340 型继电器

图 3－23⑤　无极继电器 $F_D=f(\delta)$与 $F_j=f(\delta)$配合曲线

磁牵引特性曲线与机械特性曲线的最好配合，使继电器处于最佳的工作状态。

怎样通过对继电器的合理调整，以达到两者的最好配合呢？下面的一节将作具体的说明。

第四节　合理调整方法的分析

上一节已经说明，继电器调整的目的，就是要达到电磁牵引特性与机械特性的最好配合，那么，如何才能实现这一目的呢？

在无极继电器内部存在着各种矛盾，例如：动接点与静接点之间；接点间隙与接点行程之间；线圈与磁路之间；可动部分的灵活与旷动之间等等，但其中起领导与决定作用的主要矛盾是电磁系统与接点系统之间的矛盾，它们的对立与统一构成了继电器的特殊本质。分析无极继电器中磁路系统与接点系统这一对矛盾，矛盾的主要方面则是电磁系统，因为，继电器在工作过程中，电磁系统始终处于主动（牵引）方面，而接点系统处于被动（阻力）方面，故磁路特性的好坏，对继电器工作起主导作用。因此，调整继电器时，就应该实行“先磁路、后接点”的原则。这一原则的特点是：用理论与实践相结合的办法，预先找出继电器的最佳衔铁动程 δ，同时合理地安排机械特性转折点处的工作气隙（动、后离间隙 δ_1 与动、前接间隙 δ_2），然后在既定的磁路间隙下，调整接点系统，同时，反过来又用接点系统的位置来保证上述磁路间隙的实现。这种基于电磁继电器基本原理指导下的调整方法，可以达到电磁牵引特性与机械特性的最佳配合。

一、选择磁路的最佳间隙

1. 衔铁动程 δ 的选择

衔铁动程受两方面的因素制约：一方面受继电器工作值的限制，调整继电器时总希望工作值较标准值低一些才好，因此，要求衔铁动程尽可能小一些；但另一方面，衔铁动程又受接点系统的间隙、共同行程的限制，这又要求衔铁动程尽可能大一些。由于这两个对立因素的相互制约，最佳的衔铁动程 δ 应该是：在首先保证接点系统机械特性的前提下，使继电器的工作值最小。因此，可以事先根据接点系统的机械特性，计算出所需的最小衔铁动程，然后通过电磁牵引特性与机械特性的配合加以校核，确定衔铁最佳动程。在具体调整时，用后接点的落下位置来保证这一最佳动程的实现。

最小衔铁动程应满足接点间隙和共同行程的需要。计算如下：

(1)接点共同行程(ΔS)的标准值在托片处测量应不小于0.35mm。如图3—24所示，调整时取0.35mm～0.5mm，用简化法换算到接点中心处为$\Delta S'$：

$$\Delta S' = \Delta S \times \frac{L_1}{L_4}$$

式中　$L_1 = 40$mm，为接点至接点片根部之距离；

　　$L_4 = 31$mm，为托片端部至接点片根部的距离。

因此

$$\Delta S' = (0.35 \sim 0.5) \times \frac{40}{31} = 0.45\text{mm} \sim 0.65\text{mm}$$

(2)接点间隙S：标准值为1.3mm(见表3—5)，调整时取$S = 1.3$mm～1.4mm。

(3)动接点动程S'：为接点中心处共同行程$\Delta S'$与接点间隙S之和。

$$S' = S + \Delta S' = (1.3 \sim 1.4) + (0.45 \sim 0.65) = 1.75\text{mm} \sim 2.05\text{mm}$$

(4)衔铁附加动程$\Delta S''$：考虑到接点拉杆与动接点轴、动接点轴与绝缘轴、拉杆与衔铁拉轴之间的旷动，根据零件公差计算出衔铁的附加动程：

$$\Delta S'' = 0.26\text{mm} \sim 0.39\text{mm}$$

随着继电器使用时间的增长，可动部分的磨耗增加，这一项附加动程是逐渐增加的，这里只根据零件公差来计算。

(5)衔铁在拉杆处的总动程S''：

$$S'' = S' + \Delta S'' = (1.75 \sim 2.05) + (0.26 \sim 0.39)$$

$$\approx 2.01\text{mm} \sim 2.44\text{mm}$$

(6)换算到铁心中心处衔铁最小动程 δ_{min}：

$$\delta_{min} = S'' \times \frac{1}{K}$$

$$= S'' \times \frac{L_3}{L_2}$$

式中 $K = \frac{L_3}{L_2} = \frac{42}{34} = 1.24$，为传动比；

$L_2 = 42\text{mm}$，为拉杆中心至轭铁刀刃处之距离。

$L_3 = 34\text{mm}$，为铁心中心至轭铁刀刃处之距离。

因此 $$\delta_{min} = (2.01 \sim 2.44) \times \frac{1}{1.24}$$

$$\approx 1.63\text{mm} \sim 1.97\text{mm}。$$

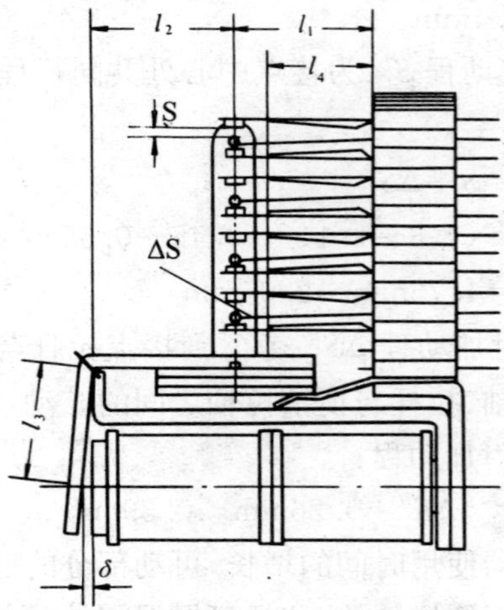

图 3—24 接点行程、间隙换算示意图

通过上面的计算，得出了衔铁最小动程 δ_{min} 为 1.63mm～1.97mm，而表 3—5 中给出的设计与制造标准值为 1.8mm～

2.1mm，因此完全可以满足接点系统的机械特性要求；同时，由图 3－23 中的特性曲线配合来复核，也可以说明在上述动程下，电磁牵引特性与机械特性得到了最好的配合。因此，调整无极继电器时，衔铁的动程一般应取：

$$\delta = 1.8\text{mm} \sim 2.1\text{mm}$$

2. 动、前接间隙 δ_1 的选择

δ_1 由前接点的共同行程确定，将共同行程换算到衔铁中心处：

$$\begin{aligned}\delta_1 &= \Delta S' \times \frac{1}{K} \\ &= (0.45 \sim 0.65) \times \frac{1}{1.24} \\ &\approx 0.36\text{mm} \sim 0.53\text{mm}\end{aligned}$$

调整时取 $\delta_1 = 0.45\text{mm} \sim 0.5\text{mm}$，此间隙在调整时由动接点与前接点接触瞬间的位置来保证。

3. 动、后离间隙 δ_2 的选择

将衔铁动程 δ 减去在衔铁处的后接点共同行程与衔铁附加动程，即得：

$$\begin{aligned}\delta_2 &= \delta - (\Delta S' + \Delta S'') \cdot \frac{1}{K} \\ &= (1.8 \sim 2.1) - [(0.45 \sim 0.65) + \\ &\quad (0.26 \sim 0.39)] \times \frac{1}{1.24} \\ &\approx 1.32\text{mm} \sim 1.3\text{mm}\end{aligned}$$

调整时取 $\delta_2 = 1.3\text{mm} \sim 1.5\text{mm}$，此间隙在调整时由动接点与后接点离去瞬间的位置来保证。

二、调整接点系统的机械特性

1. 接点系统的主要技术指标（见表 3－5）

(1)接点压力。其作用是减少接点接触电阻,保证接点可靠和稳定地工作。

(2)接点共同行程。其作用是形成接点接触面的相对滑动,借以清除接触面的污物,降低接触电阻;同时,保证继电器长期运用后,在接点烧损与弹性变形的情况下,接点仍然可靠接触。当继电器受到轻微的振动时,由于有了共同行程,接点不会断开,即具有一定的防震性能。

(3)接点间隙。其作用是保证接点在切断允许的开断功率时能可靠的断弧。

2. 接点系统的调整方法

接点系统的调整目的,就是要保证上述指标的全部实现。调整的基本方法是:按照上面已选择好的磁路最佳间隙 δ、δ_1 及 δ_2,将衔铁固定死,首先将前、后及动接点位置调整好,然后调整接点压力与行程。

(1)后接点的调整

后接点的位置对应于磁路的动、后离间隙 δ_2。用塞尺把衔铁固定在 δ_2 的位置,将后接点调到与动接点刚接触,此时即得后接点应处的位置。

后接点压力主要由衔铁重量产生,不足部分由动接点预压力补足。无极继电器的后接点压力与衔铁重量,动接点预压力的关系见表 3—13(表中括号内数据单位为 gf)。

由表 3—13 可知,后接点的压力主要部分为衔铁重量。因此,调整无极继电器的后接点压力,实质上就是将衔铁重量平均分配到每组接点上。在调整上应分为两个步骤:首先,调好后接点的初压力(即接点片对托片的压力),此压力约为后接点压力标准值的 3/4,视后接点片的强度而定,无极继电器后接点的初压力一般在 0.147N(15)左右;然后,调整后接点组与动接点组之间的接触齐度，接触不齐度应小于 0.2mm。这样，在衔铁落下时，保证各组动接点与各组后接点几乎在同一时间内接触，衔铁重量的 3/4 左右将平均地被后接点初压力平衡，而剩下 1/4 的重量将使后接点片弯曲，产生所需的共同行程，并使后接点的终压力达到标准值。

表 3—13　不同接点组的无极继电器
后接点压力与衔铁重量的关系表

后接点组数	衔铁重力组成　单位：N			每组接点所得重力 N	动接点每片预压力 N
	重锤片重	衔铁自重	总　重		
8 组	0.735(75)	0.441(45)	1.176(120)	0.147(15)	0.049(5)
4 组	0.245(25)	0.441(45)	0.686(70)	0.1715(17.5)	0.0245(2.5)
2 组	0	0.2548(26)	0.2548(26)	0.1323(13.5)	0.0343(3.5)

(2)前接点的调整

前接点的位置对应于磁路的动、前接间隙 δ_1，用塞尺把衔铁固定在 δ_1 的位置，将前接点调到与动接点刚接触，此时即得前接点应处的位置。

前接点压力的调整方法和后接点相同，即先调好初压力[0.245N(25gf)左右]，然后调同时接触齐度。这样，当衔铁闭合时，就会产生足够的前接点压力和共同行程。

(3)动接点的调整

动接点的位置由衔铁动程 δ 与所需之预压力来共同确定。当继电器不需要动接点预压力时，则动接点位置与衔铁动程 δ 相对应；若继电器需要动接点预压力(见表 3—13)，则动接点位置视所需预压力大小决定，应在与衔铁动程 δ 相对应的位置上，再将动接点下压至适当位置，然后通过调整后接点，强迫动接点向上弯曲，产生一定的挠度，给后接点一定的反作用力，从而补足了后接点的压力不足。因此，动接点的调整关键在于找出其受力弯曲时的挠度规律。

按标准的动接点尺寸，并经过挠度计算，得出动接点片每弯曲 1mm，需外力 0.03773N(3.85gf)，但目前生产的安全型继电器的动接点片均较薄，因此，实测出动接点片每弯曲 1mm 的挠度，需外力约 0.0245N(2.5gf)左右。但是，在实际调整继电器时，怎样来衡量预压力的大小呢？因为继电器的动接点组已与拉杆组装为一整体，因此，可以用拉杆底部至轭铁顶面的间隙 Δ 作为对动接点预压力大小的衡量，如图 3－25 所示。

如图 3－25 所示后接点与托片间塞上一垫块，使动接点与后接点脱离而处于自由状态。由图可知，Δ 愈大，动接点预压力越小；反之，Δ 愈小，动接点预压力越大。

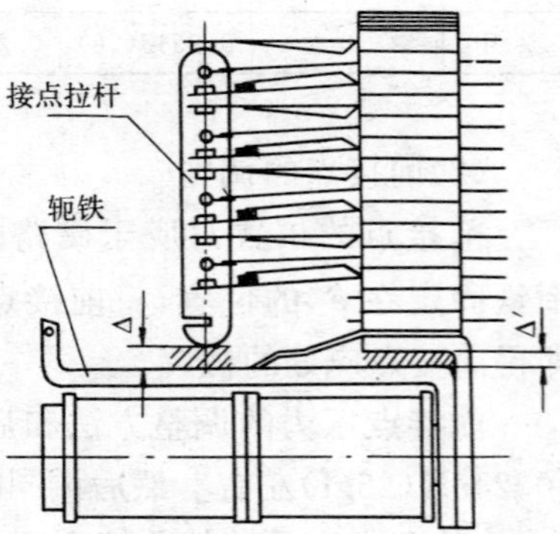

图 3－25　间隙 Δ 与 Δ′位置示意图

Δ——接点拉杆底部与轭铁顶面间隙；

Δ′——接点架底面与轭铁顶面间隙。

根据实践经验的积累，并按上述动接点弯曲变形的挠度规律，以及继电器的标准结构尺寸等进行复核，将此间隙的标准值列于表 3－14(表中括号内数据单位为 gf)。

由于继电器制造时的组装公差，接点架的安装高度往往不标准，或高或低，而接点架角度 β，或大或小。因此，接点架底面与轭铁顶面的间隙Δ′（见图3—25）是变化的。标准的Δ′值为4mm，若Δ′>4mm，则整个接点组位置上升，因此拉杆间隙Δ也应随之增大；若Δ′<4mm，则Δ也应随之变小。

表3—14　各型无极继电器拉杆间隙Δ的标准值表

继电器类型	动接点数	动接点片预压力 N	动接点组预压力 N	动接点片挠度 mm	Δ mm
JWXC—1000	8	0.049(5)	0.392(40)	2	5
JWXC—7	8	0.049(5)	0.392(40)	2	5
JWXC—1700	8	0.049(5)	0.392(40)	2	5
JWXC—2.3	4	0.0245(2.5)	0.098(10)	1	6
JWXC—$\frac{370}{480}$*	4	0.0343(3.5)	0.1372(14)	1.5	4.5
JWXC—$\frac{500}{H300}$	8	0.049(5)	0.392(40)	2	5
JWXC—H600	8	0.049(5)	0.392(40)	2	5
JWXC—H340*	8	0.049(5)	0.392(40)	2	4

*因JWXC—H340型与JWXC—$\frac{370}{480}$型继电器的轭铁厚为5mm，故Δ较正常轭铁的继电器减去1mm。

Δ′的变化也同时要求衔铁角度α随之改变，因为衔铁的标准角度$\alpha=93°30'$是根据接点架间隙$\Delta'=4$mm计算出来的。当Δ′增大使接点组升高，若不将衔铁角度α随之增大，则衔铁动程δ将变小，造成工作值小，保证不了接点间隙的要求〔见图3—26(*a*)〕；反之，Δ′的减少使接点组安装高度降低，若α不随之变小，则衔铁动程δ将变大，造成工作值过大。同样的道理，接点架角度β的变化对Δ及δ也产生影响，见图3—26(*b*)，即β增加，Δ增大，而δ变小。反之，β减小，Δ减小，而δ增大。这就是为什么调整安全型继电器时，经常需要改变衔铁角度的原因。

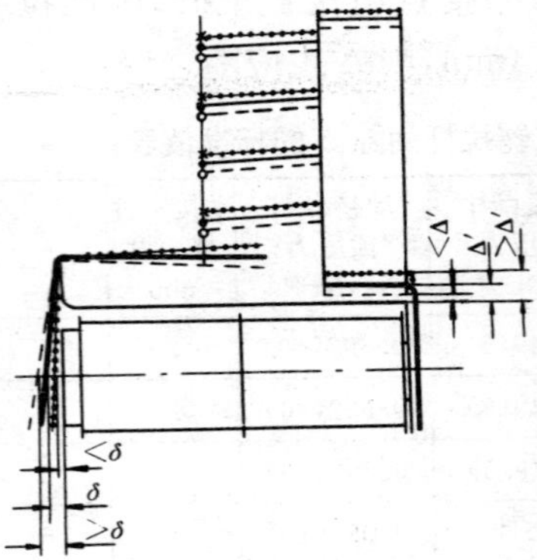

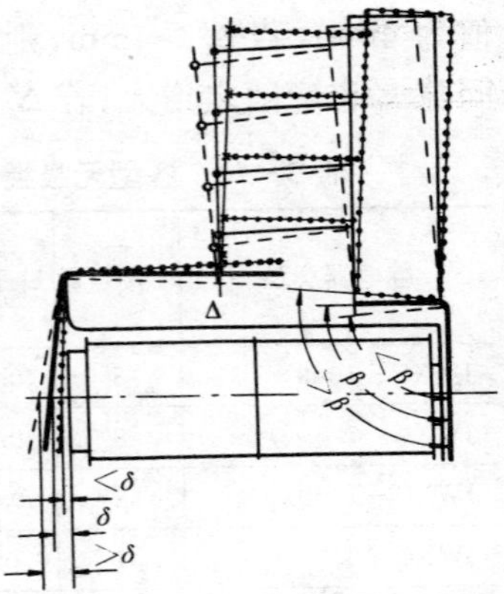

(*a*)接点架安装高度对衔铁动程的影响　　(*b*)接点架角度对衔铁动程的影响

图 3－26　接点架安装高度和角度对衔铁动程的影响

经过计算，Δ′的变化引起 Δ 及 α 的变化规律见表 3－15。

表 3－15　Δ′、α、Δ 关系表

Δ′ * mm	α	Δ　单位：mm			
		8*QH*	4*QH*	2*QH* 2*Q*	JWXC －H340
2	90°5′～91°20′	3	4	2.5	2
2.5	91°30′～92°	3.5	4.5	3	2.5
3.0	92°10′～92°40′	4	5	3.5	3
3.5	92°50′～93°20′	4.5	5.5	4	3.5
4.0	93°30′～94°	5	6	4.5	4
4.5	94°10′～94°40′	5.5	6.5	5	4.5
5.0	94°50′～95°20′	6	7	5.5	6

* 对于 JWXC－H340 与 JWXC－$\frac{370}{480}$型继电器，因轭铁厚为 5mm，故 Δ′均相应减 1mm。

应该提醒一点，在检修中用敲打的办法改变衔铁角度来调整磁路是不合适的，因为这种方法对衔铁将带来机械损伤，因此，检修中不宜过多采用，而应该将接点架的安装尺寸调标准，使 $\Delta'=4$mm，这样使继电器在标准的结构尺寸下工作，对继电器最为有利。

根据上面的分析，我们可以总结出安全型无极继电器的磁路及接点系统合理的调整作业程序，这将在下一节中详细叙述。

第五节　检修与调整工艺

一、检修前的准备工作

1. 检修工具及用品的准备

个人通用工具：150mm 调簧钳；150mm 尖嘴钳；75mm、150mm 螺丝刀；14mm×100mm 活口扳手；4mm～11mm 套筒扳手；75W 电烙铁；什锦锉；小铁镦子；镊子；测牛（克）计；小手锤。

个人专用工具（自制）：启封螺丝刀〔见图 3－27(*a*)〕；叉口螺丝刀〔见图 3－27(*b*)〕；接点爪调整器〔见图 3－27(*c*)(*d*)〕；黄铜塞尺（0.1，0.15，0.2，0.3，0.35，0.4，0.45，0.5，0.6，0.8，1.2，1.3，1.5，1.8，2.5，3.2，4，5，6，7；单位：mm）〔见图 3－27(*e*)〕和卡簧塞尺〔见图 3－22(*f*)〕；根据需要自制的其他工具（图中 *A*、*B*、*C*、*D* 为塞尺厚度，尺寸根据需要而选定）。

个人检修用品：白布带；白绸带；银砂纸（金相砂纸）；400# 水砂纸；酒精；汽油。

2. 外部清扫、检查

目的：清扫脏物、检查破损，以利于检修。

程序：

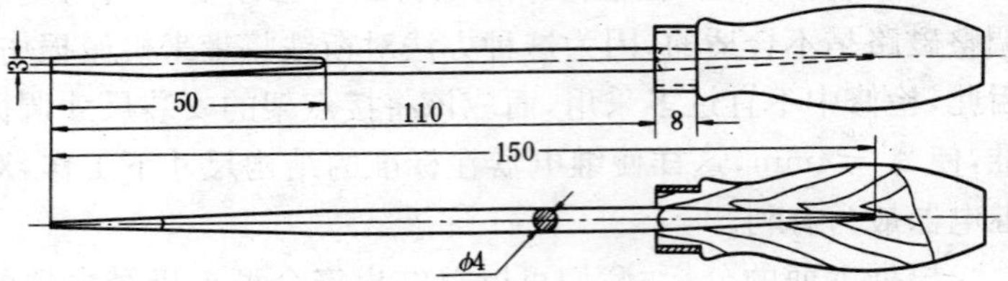

(*a*)启封螺丝刀

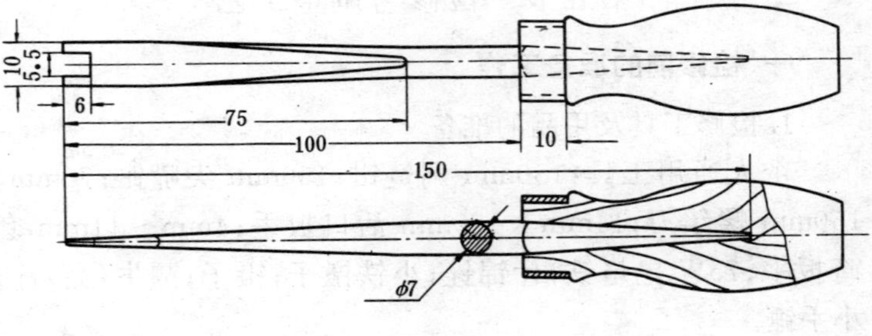

(*b*)叉口螺丝刀

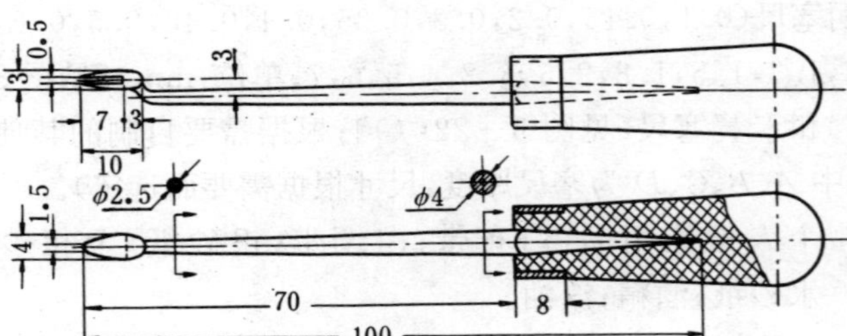

(*c*)接点爪调整器之一

图　3－27①

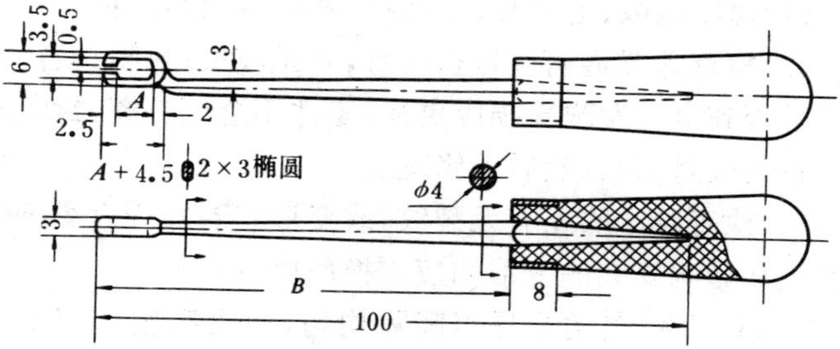

(*d*)接点爪调整器之二

安全型用$A=6$　　座式用　$A=8.5$

$B=70$　　　　　　$B=100$

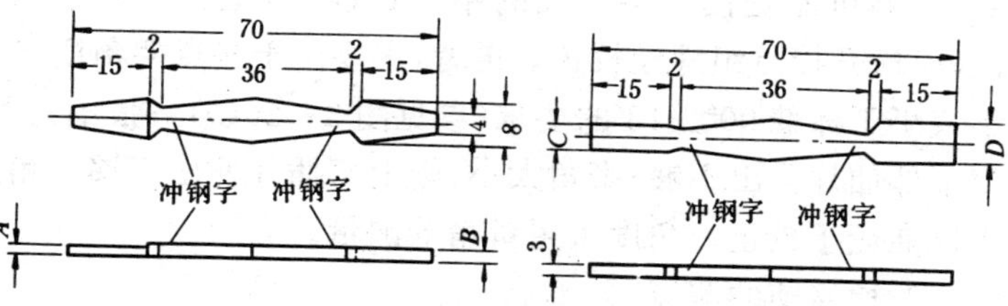

***A、B、C、D*为塞尺厚度(尺寸根据需要而定)**

(*e*)黄铜塞尺

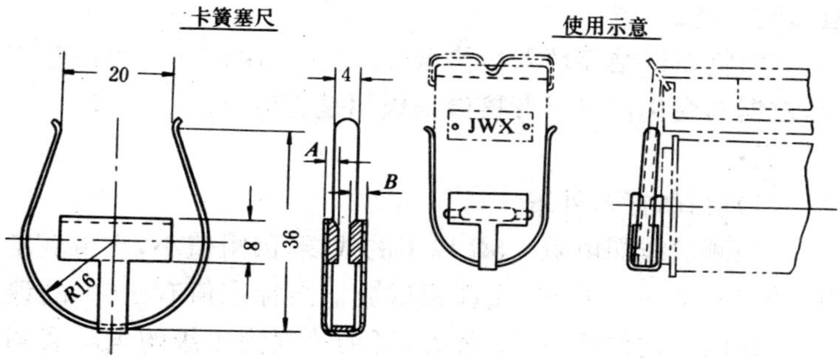

(*f*)卡簧口

图 3－27②　安全型继电器检修工具

(1)用吹风鼓、毛刷和抹布清扫外部尘土和污物。

(2)检查外罩透明性是否良好,有无破损;封印是否完整;零件是否齐全。发现破损应更换,零件不全应补齐,封印不完整应查明破封原因,然后再修理。

(3)检查胶木底座有无裂纹,或变形。若发现有影响强度的裂纹和影响安装的变形均应更换底座。

(4)检查接点插片是否间隔均匀,伸出底座外应不小于8mm。当插片伸出底座不足8mm时,将影响与插座的接触深度不够而造成接触不良,因此检修中应予克服。其原因有两方面:一则可能是接点组安装的不平行度大,造成插片前后错位,应松开接点组螺丝校正。再者,主要由于接点架角度 β 大于或小于标准 $90°\pm13'$ 的要求〔参见图3—26(*b*)〕;张角太大,则下部插片伸出不够;张角太小,则上部插片伸出不够。角度不标准应予校正。角度可用量角器测量。

3. 检修前的测试

目的:

(1)全面检查继电器的电气特性,以判断存在的问题,供检修时参考。

(2)将测试结果填入检修卡片,与上一次检修后的特性比较,根据其变化情况以考核检修周期是否恰当。

程序:

(1)启封,打开外罩。

(2)测试线圈电阻。5Ω以下的线圈,因阻值小,应用直流电桥测试;在+20℃时,允许测试数值与标准值有±5%的误差。5Ω以上的线圈,因阻值大,可用精度为1级的电阻表测试;允许误差:+20℃时±10%。

测试时应用手捏紧线圈各部分(特别是引线片处),观察表针有无摆动。若摆动，说明线圈内部有短路现象，应进一步用线圈短路测试仪检查，或打开线圈作直观检查。对于直流继电器的线圈，允许存在不使线圈电阻值超出标准的局部短路现象。

如果测试时的室温不是+20℃，可按下列公式换算：

$$R=\frac{R_t}{1+\alpha(t-20)}$$

式中 R——线圈在+20℃时的电阻值，Ω；

R_t——室温下测得的线圈电阻值，Ω；

t——测试时的周围环境温度，℃；

α——铜的电阻温度系数为$\frac{1}{250}$。

(3)测试接点电阻。用电流电压法测试接点电阻值，即在被测试的接点上通以 0.5A 的直流，测出接点上的电压降，然后换算为接点电阻值(一般使用已按电阻刻度的专用仪表)。接点电阻的标准见表 3－6。应测三次，取平均值。

(4)测试绝缘电阻。用 500V 兆欧表测试线圈对铁心、接点对铁心以及接点间的绝缘电阻，应大于 20MΩ。

接点之间的绝缘电阻测试，往往容易被忽略，但接点间的绝缘破损可以形成漏电而引起信号电路的错误动作，这是很危险的，因此，应该重视这一项测试。

(5)测试电气特性。电气特性的测试顺序应该是：先将电源升至充磁值，在继电器吸合状态下，逐渐降低电压至前接点离开，衔铁释放，读出释放值；然后断开电源 1s 后，再升高电压至继电器完全吸合，读出工作值。改变电源极性，测试反向工作值；而后测试时间特性；将测试结果填入检修卡片，并与表 3—9 所列标准值进行比较，以确定继电器电气特性存在的问题。

上述测试均可在简易及综合测试台上进行，详见第九章。

二、电磁系统检修

1. 线圈检查

线圈架应无破损和龟裂，在不影响机械强度的情况下，破损处可用环氧树脂粘补，配方见表 3-16。

表 3－16　环氧树脂粘结剂配方

成分	比例(g)
环氧树脂	100
二丁脂	15～20
乙二胺	6～8
填充料	20

核对线圈引线与电源片的连接是否符合图 3－9 的要求；用镊子检查线圈引线应无假焊、断股，发现断股应重新焊接。

2. 磁路检修

(1)卸下钢丝卡检查，钢丝卡应无裂纹，弹力充足。将其放置平台(或玻璃板)上，应平整密贴，三点(如图 3－28 中所注 a、b、c 三点)一面，即沿衔铁轴向的三个支点应在同一平面上。弹力不足的钢丝卡应予更换，而三点若不在同一面内可造成衔铁安装后别劲，应用调簧钳调整标准。

(2)检查轭铁。轭铁转角处应无裂纹，衔铁安装处的刀刃应良好，如发现刃角圆钝，可用细锉修成锐角。

检查铁心。铁心安装应正直、牢固，若铁心松动，则应卸开型别盖板螺丝，从底座上取下继电器，用铁心紧固扳手〔见图 3－29(a)〕插进极靴面的两圆孔内，然后用活口扳手拧紧铁心螺帽，如图 3－29(b)所示。

轭铁及铁心的镀层应完整，小面积的损坏可用淡黄色漆涂刷防护，配方见表 3－17。若镀层大面积剥离，则应重新电镀处理。

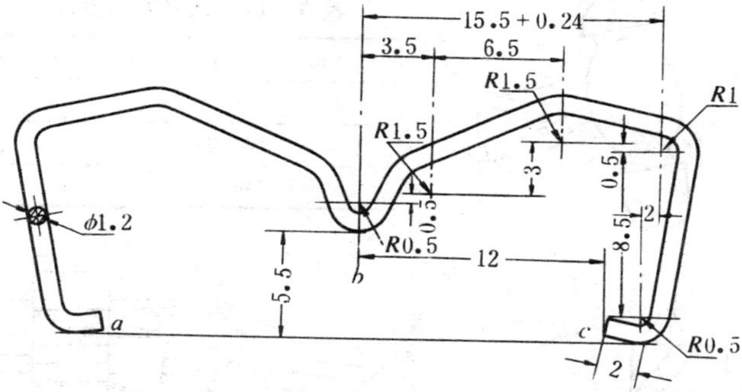

图 3—28　蝶形钢丝卡

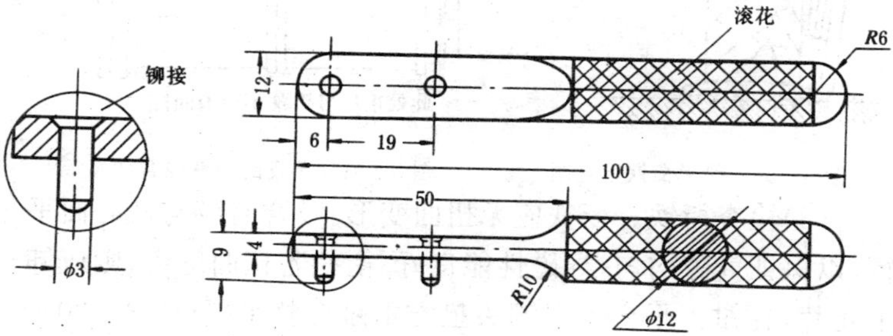

(*a*)铁心紧固扳手

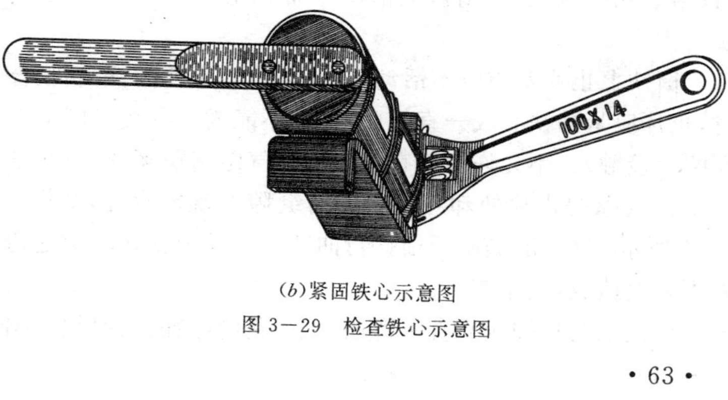

(*b*)紧固铁心示意图

图 3—29　检查铁心示意图

表 3—17　淡黄色漆配方

成　　分	比　　例 g
酒　　精	100
干漆片(虫胶漆片)	5～10
淡黄粉	1

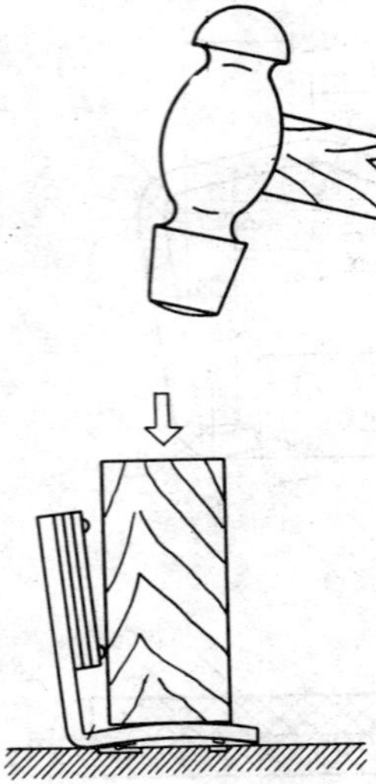

图 3—30　整平衔铁示意图

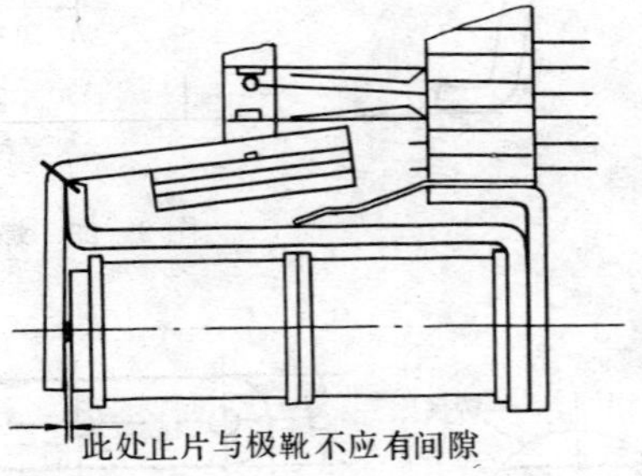

图 3—31　不良的衔铁吸合状态

(3)检查衔铁。衔铁应无扭曲变形,吸合时应与铁心面平行,以保证气隙均匀,导磁性能良好。衔铁若扭曲厉害,则应卸下止片,在钳工平台上用锄头垫方木敲打整平(见图 3—30)。衔铁刃口应尖锐,若因磨耗而造成圆角时,同样用细锉修成锐角;当磨耗严重,影响衔铁灵活动作而又无法修复时,应予更换。

衔铁上止片安装应不活动,止片转角处无硬伤。衔铁吸合时,止片应紧贴铁心成一直线(厚止片不能成一直线时应至少有两点接触)。不允许衔铁在第二工作气隙密贴轭铁,而在第一工作气隙的止片处却与铁心间有缝隙的现象存在,如图 3—31 所示。这一般是由于衔铁弯曲变形以及轭铁在转角处角度不垂直造成,应予校正。

衔铁上的拉轴应平直不弯曲,无严重的磨耗。若磨耗影响强度则应更换，更换时先去掉重锤片的铆钉，卸下重锤片才能取出，更换后再铆接牢固。

衔铁安装在轭铁上，应保证 0.2mm 的轴向游程，与铁心闭合时应盖住极靴，不允许极靴边缘露出衔铁外沿，两者闭合时的间隙(止片厚度)应符合表 3—3 之规定。

(4)磁系统擦洗去污。磁系统检修完毕后，用白布带蘸汽油擦洗衔铁、轭铁和极靴，达到明亮有金属光泽，衔铁与轭铁、铁心的极靴间没有粘性的脏物残留。

三、接点系统的检修

1. 检查接点片及托片有无硬伤，镀层是否完好，有影响强度的钳伤时应更换接点单元。

2. 用镊子检查银接点(或炭接点)。银接点与接点片焊接牢固；炭接点应与炭杯紧固不活动，且炭头完整无缺损。

3. 检查动接点与银接点的接触位置。银接点应位于动接点的中间，若偏离中心时，则接触处距动接点边缘不得少于 1mm；银接点伸出动接点外也不得少于 1.5mm(见图 3—32)。若达不到上述最低标准时，应松开接点组，调整银接点单元的位置，若调整不过来，往往是由于银接点单元的接点片间平行度不良，形成内、外八字，或接点片长度不标准等，则应更换接点单元。

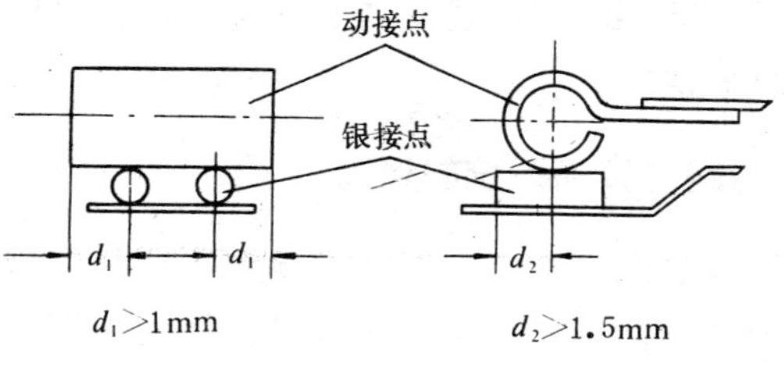

图 3—32　接点接触的正确位置

4. 检查拉杆、动接点轴及绝缘轴。拉杆安装应平直，不允许过分的前倾与后仰。发生前倾后仰的原因，主要是接点架张角不标准造成，也有因为轭铁角度不正所致，应予校正。

绝缘轴无破裂，应与拉杆靠紧，但不能磨卡别劲，绝缘轴应与拉杆相垂直。中接点轴过长（标准为 24mm）或弯曲，绝缘轴端面不平，容易造成绝缘轴与拉杆密贴不良、互相不垂直，应松开接点组，取出中接点轴检查。可在钳工平台（或玻璃板）上转动以检查中接点轴的弯曲程度，并用木榔头整平直，轴过长时在砂轮上磨标准。

拉杆位置应处于轭铁中心，偏差不得超过 0.5mm。同时，拉杆应处于衔铁槽口中心，衔铁运动过程与拉杆均有一定的间隙，不产生磨卡和别劲。

5. 检查各种单元块的胶木绝缘。应无影响强度的裂纹和较大的破损残缺。

6. 检查接点组紧固螺丝。应有足够的紧固压力以保持接点组的稳固性。

7. 接点系统擦洗去污：

(1) 用汽油刷洗接点系统各部分，达到无脏物存留。

(2) 用酒精（或四氯化碳）擦去接点片上氧化物，使接点片明亮有光泽。

(3) 用银砂纸（或水砂纸）擦去接点面污物与烧损的麻点，使接点面平整。

四、磁路与接点系统的调整

在第四节中我们已分析了磁路与接点的调整中应遵循的基本原则，将这些原则归纳起来，可以得出下面的作业程序：

1. 用塞尺检查接点架与轭铁间隙 Δ′。Δ′应为 4mm，达不到此标准值应从底座内取出继电器，松开接点架紧固螺丝，取出稳钉并调整安装高度或整正接点架角度，调整标准后，紧固螺丝并重新打眼装稳钉。

2. 检查衔铁角度 α。去掉钢丝卡，取下衔铁，用量角器检查衔铁角度，α 应为 93°30′，但允许在 91°～94°30′之间，视 Δ' 值而定，可参照表 3－15 进行调整。改变 α 的办法如图 3－33 所示。

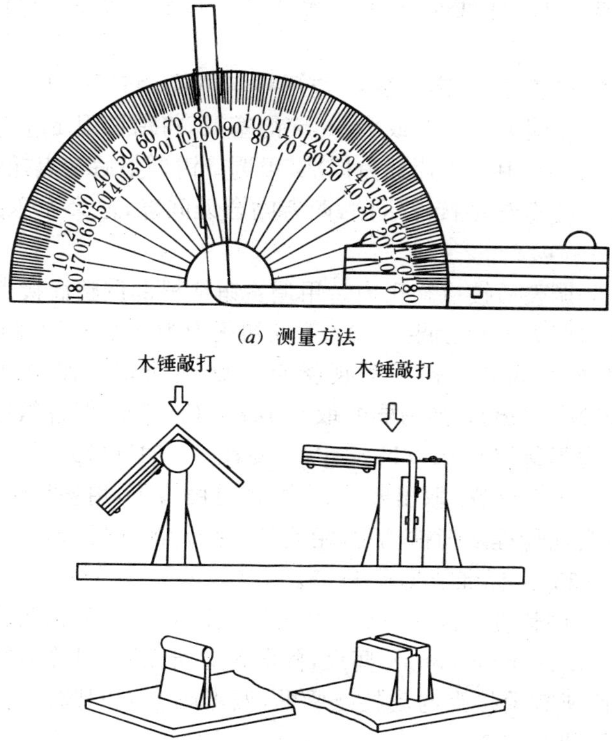

（a）测量方法

（b）扩大张角　（c）缩小张角

图 3－33　衔铁张角的测量及调整方法

3. 检查拉杆与轭铁的间隙Δ。用垫块将后接点移开，使之与动接点不接触，用塞尺测量拉杆底部至轭铁面的间隙（参见图3－25），Δ的标准值见表3－14。若Δ′不标准时，可参照表3－15对Δ进行修正。调整的方法是均匀地调整动接点片，使拉杆上升或下降。

4. 将动接点片调平直。用调簧钳调整动接点片，注意不要造成钳伤，并使动接点片无弯背、扭曲，达到平直一条线。

5. 调整动、后离间隙δ_2与后接点位置。将衔铁上好，在衔铁与铁心间夹上1.3或1.5mm的塞尺，将衔铁固定死。塞尺以放在铁心中心止片处为标准。用调簧钳调整后接点托片，使所有后接点与动接点紧贴，两者吻合无间隙，但又无压力〔见图3－34(*a*)〕。

6. 调整后接点初压力。用调簧钳从根部调整后接点片对托片的压力（不能调托片），达到初压力为0.098N（10gf）～0.147N（15gf）。初压力视接点片弹性而定，弹力强的取0.098N（10gf），弹力弱的取0.147N（15gf）。但各组接点间初压力不得差0.0196N（2gf）〔见图3－34（*b*)〕。

7. 松开衔铁，取出塞尺，让衔铁自由落下，用塞尺检查：后接点共同行程及衔铁动程，用测牛（克）计测量后接点压力（见图3－35）。标准值见表3－5。

8. 调整动、前接间隙δ_1及前接点位置。在衔铁与铁心间夹上0.4mm～0.5mm塞尺，将衔铁固定死。调整前接点托片，使所有前接点与动接点紧贴，两者吻合无间隙，但又无压力（见图3－36）。

9. 调整前接点初压力。接点片与托片之间的压力为0.196N（20）～0.245N（25），各组接点间初压力不得差

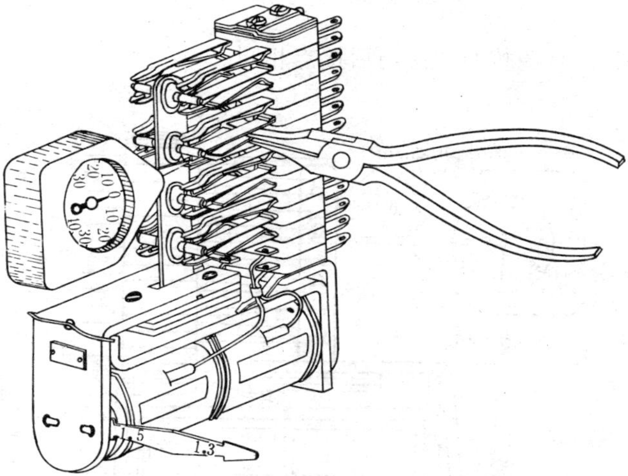

(*a*)动、后离间隙与后接点位置的调整

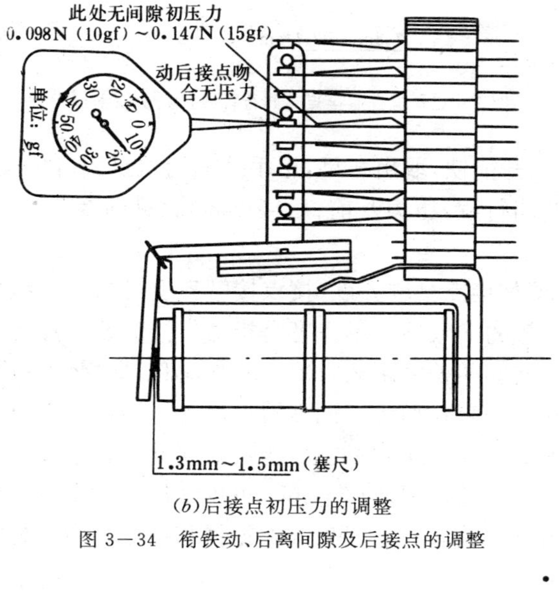

(*b*)后接点初压力的调整

图 3－34　衔铁动、后离间隙及后接点的调整

0.0294N(3),调整的方法与后接点相同。

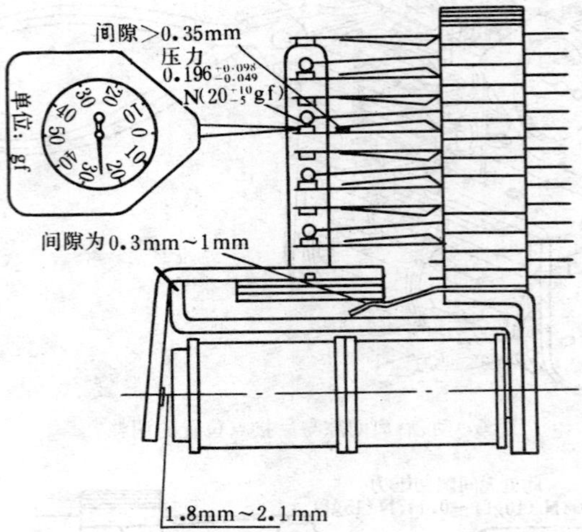

图 3—35 检查后接点共同行程、压力、衔铁动程

10. 松开衔铁,取出塞尺,用手推动衔铁至闭合位置,检查前接点共同行程,压力及前、后接点间隙(见图 3—37)。标准见表 3—5。

11. 调整接点接触齐度(接点接触齐度是指接点组接通过程同时接触的一致性;不齐度是指最先接触的接点与最后接触的接点之间相差的距离,用 mm 作单位)。用调簧钳把前、后接点片调平直;用尖口调整器把接点爪调得上下、左右一致〔见图 3—38 (*a*) (*b*)〕。各组接点应同时接触,不齐度应小于0.2mm,最好调到 0.1mm,可用塞尺并配合测试台上的接点表示灯来检查,塞尺仍放在衔铁与铁心的中心处。检查后接点接触齐度时，当塞上 1.25mm 塞尺时表示灯应全灭，而塞上1.4mm 塞尺时，表示灯应全亮；检查前接点接触齐度时，当塞上 0.55mm 塞尺时，表示灯全灭，而塞上 0.4mm 塞尺，表示灯 全 亮。这 样 调 出 的 接 点 不 齐 度 一 定 小 于 0.2mm。

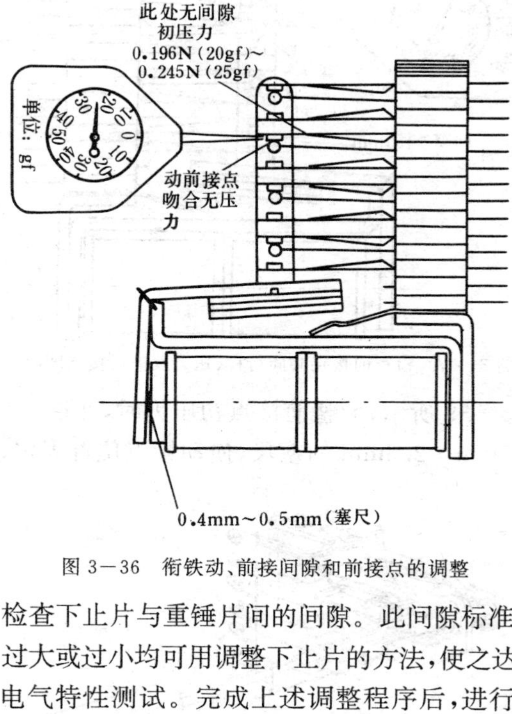

图 3—36　衔铁动、前接间隙和前接点的调整

12. 检查下止片与重锤片间的间隙。此间隙标准为0.3mm～1mm,过大或过小均可用调整下止片的方法,使之达到标准。

13. 电气特性测试。完成上述调整程序后,进行一次全面的电气特性测试,方法与检修前测试相同。一般情况下,经上述程序调整后的继电器特性均能合格,达到检修调整一次完成的目的。个别情况下出现电气特性不合格时按第七节所述方法进行克服。

应该指出，在贯彻“先磁路、后接点”原则的前提下，完成上述检修作业程序的具体方法和检修工具可以多种多样。例如在上述用塞尺固定磁路间隙，然后调整接点系统的方法中，还可以补充用塞尺调整前接点、后接点初压力。

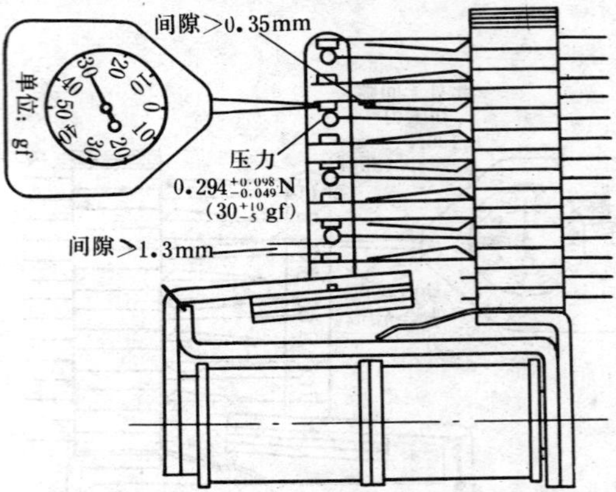

图 3—37　检查前接点共同行程、压力及前后接点间隙

如图 3—39 所示，调整前接点初压力时，在衔铁与铁心间夹一个 2.2mm～2.3mm 的塞尺，使动接点位置固定，然后用

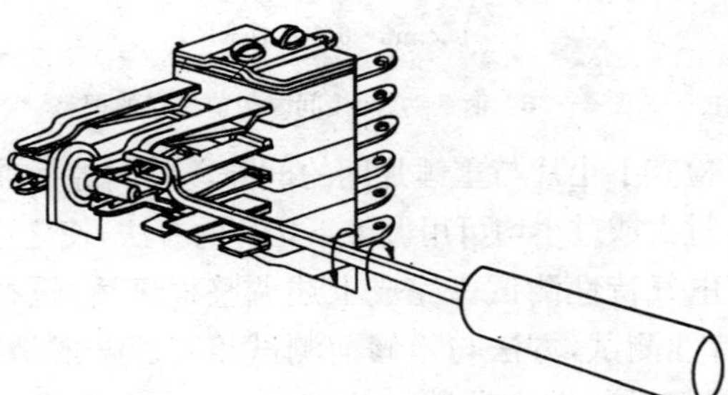

(*a*)接点爪水平整正

图　3—38①

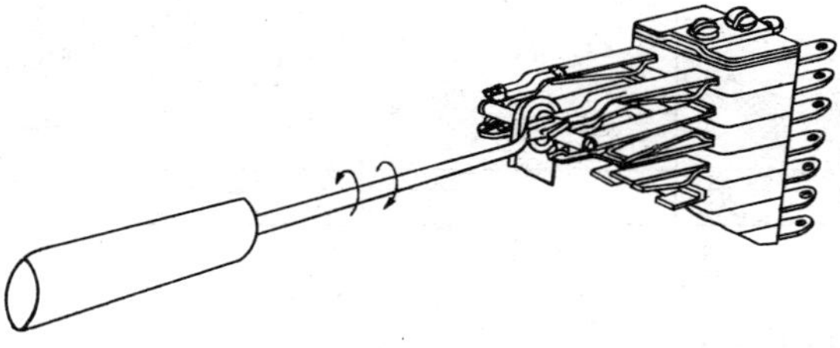

(*b*)接点爪扭曲整正

图 3－38② 接点接触齐度调整示意图

调簧钳移开托片并弯曲前接点片，边调整边观察，使之与动接点间相距 0.15mm 的间隙（此间隙为了便于观察而设），此时前接点片被托片弯曲的挠度约 2.1mm～2.2mm，产生约 0.245N(25gf)的初压力。

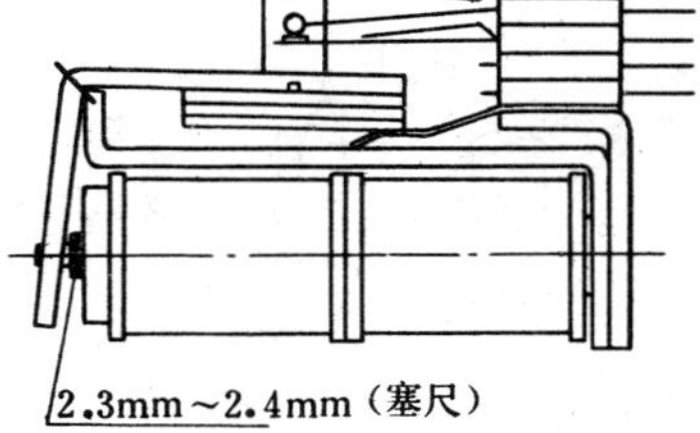

图 3－39 用塞尺调前接点初压力

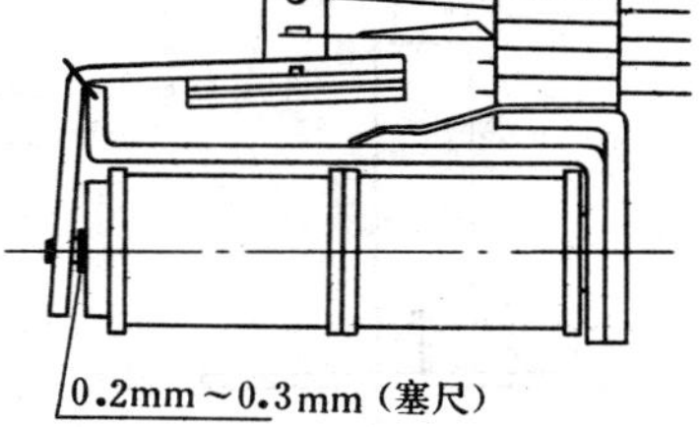

图 3－40 用塞尺调后接点初压力

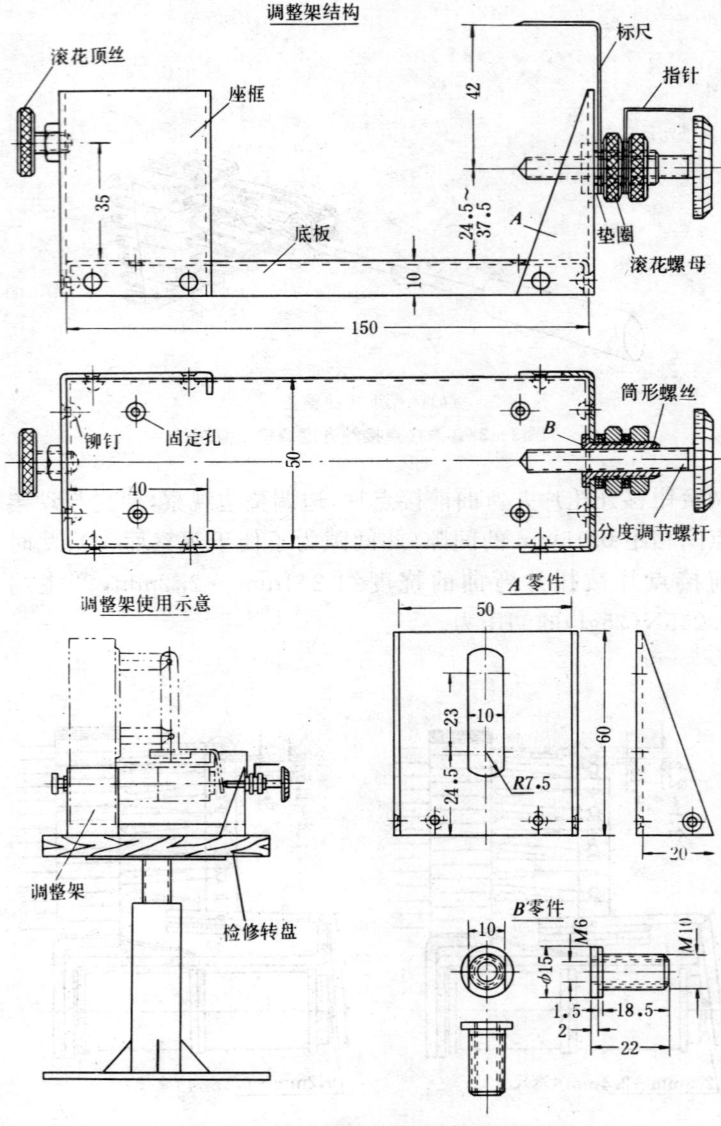

图 3—41　安全型继电器调整架及使用示意

同理，图 3－40 所示为后接点压力的调整。此时塞尺采用 0.2mm～0.3mm，后接点片被托片弯曲 1.5mm，产生约0.147 N(15gf)的初压力。

这种用弹片挠度衡量初压力的方法，由于受接点片厚度的影响，最后仍应用测牛(克)计检查压力的大小。

另一种固定磁路间隙的方法是使用图 3－41 所示的工具——安全型继电器调整架。通过调整架上的分度调节螺杆，可以方便地调整和固定磁路间隙。使用时先将调节螺杆拧至衔铁与铁心闭合位置，在分度盘上将指针对好零点，然后拧出螺杆调整磁路间隙，此间隙的尺寸由螺杆的旋转角度与螺距大小决定，可直接在分度盘上显示。

分度调节螺杆不仅前后位置可以调整，而且上下位置可以移动。当调整接点位置时，螺杆应对准铁心中心，而调整接点齐度时，需将螺杆位置下降到距轭铁刃口 42mm 处(将图中标尺对准刃口即可)，此时分度盘即直接显示接点齐度的数值，调整接点齐度时同样配合测试台上接点表示灯进行。

必须说明，调整架上的调节螺杆与分度盘一定要有较高的加工精度才能使用。

第六节　检修的辅助工艺

一、恒温处理

将检修完毕、电气特性合格的继电器放入恒温箱内进行恒温处理。根据实践经验，恒温处理的目的有两个：一是对线圈加热，排除内部潮气；二是对已调整好的接点进行低温热处理，消除因调整时弯曲弹片而带来的接点片的内应力，巩固调整的效果，不使其有过多的内应力变形。恒温处理的温度、时间有两种掌握方法：一种是＋60℃，24h；另一种是＋80℃，

8h。恒温时应注意将继电器放置成接点处于不受力状态，对于无极继电器，将底座水平放置即可。

二、动作试验

经恒温处理的继电器，冷却后进行动作试验。试验的方法：将继电器放在专用的动作试验架上，然后线圈上通以每分钟 20 次左右的脉冲电源，动作 10min。动作试验的目的，是考察检修好的继电器有无机械磨卡，动作是否灵活，动作后的继电器有无电气、机械特性的明显变化，从而进一步保证检修的质量。

三、微　　调

经恒温与动作试验后的继电器，有可能产生紧固零件的局部松动，接点的微小变形，因此，应进行微微的调整。

1. 紧固各部螺丝，并在螺丝处点防松磁漆。

2. 微调接点组，以校正恒温、动作试验后的微小变形，若变形过甚，应重新调整。

3. 再一次测试电气特性、接点电阻、绝缘电阻，确认全部合格后，由检修者交验收员验收。

四、验　　收

继电器检修后进行验收，是保证检修质量的必不可少的环节。验收员应做到：

1. 在综合验收测试台上对验收的继电器进行全面的电气、机械特性检查与测试，并按部颁标准严格要求。

2. 将验收结果，认真填入继电器检修卡片，存档。

3. 签发验收合格证。

五、加　　封

由检修者将验收合格的继电器装上外罩。外罩应用清水洗干净,明亮,切忌用有机溶剂洗涤,后者对有机玻璃外罩有腐蚀作用;将验收合格证粘贴在外罩适当位置;然后紧固螺丝,保证继电器的密封,加上封印,等候送到现场使用。

第七节　常见的电气特性故障的分析及处理

继电器的电气特性中包含着一些矛盾的因素,例如,工作值与释放值,释放值与缓放时间,电气特性与机械特性等。往往由于调整不当,一种特性达到了标准,而另一种特性却超过了规定要求,这大都是由于继电器电磁牵引特性曲线与机械特性曲线配合不当所致,现分析如下:

故障举例 1

故障现象:工作值大而释放值标准。

故障原因:衔铁动程过大,引起主工作气隙的磁阻增大,电磁吸力 F_D 显著下降,这样在线圈工作安匝下,电磁力无法克服机械阻力,只有继续增加线圈安匝,才能使衔铁闭合,这样工作值就超过了标准,如图 3－42 所示。

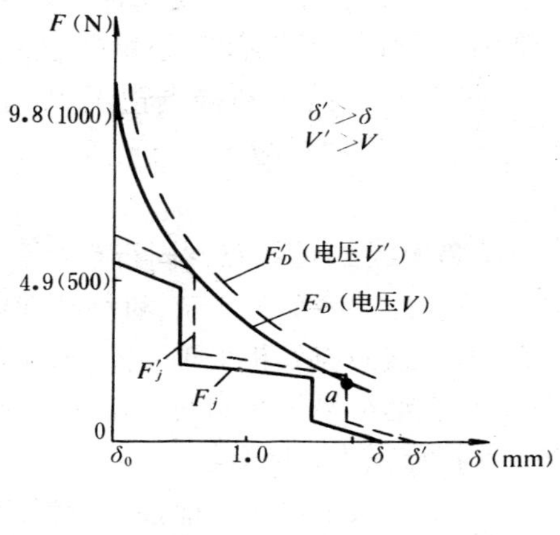

图 3－42　衔铁动程 δ 加大对工作值的影响

图中 F_D（实线）为标准工作安匝（电压 V）下的电磁牵引特性曲线，F_j（实线）为标准衔铁动程 δ 下的机械特性曲线，两者的配合是很好的。而 F'_j（虚线）则是衔铁动程加大到 δ' 以后的机械特性曲线，显然，F_D 曲线与 F'_j 折线在动、后离间隙处的 a 点相交，此处 $F'_{j2}>F_{D1}$，衔铁不能吸合；只有继续增加线圈安匝，将电压升至 V'，使电磁牵引特性曲线上升至 F'_D（虚线）位置，衔铁才能工作。而 $V'>V$，因此，继电器工作值大于标准值了。

处理方法：缩小衔铁动程 δ：若衔铁角度 α 标准，则可改变后接点位置（向上抬）以减小 δ；若 α 过大，则缩小衔铁张角，使 δ 变小。

故障举例 2

故障现象：工作值大而释放值也大。

这种现象一般有三种可能性：

故障原因 1：动接点预压力过强，使机械特性曲线陡峻，如图 3－43 所示。图中虚线代表的 F'_j（动接点预压力过强）与标准的 F_D 在动、后离间隙处相交于 a 点，衔铁不能吸合。

处理方法：减少动接点预压力，使机械特性曲线恢复到 F_j 的位置。但注意减少动接点预压力时，应充分保证后接点压力。

故障原因 2：前接点共同行程过大、压力过强。如图 3－44 中 F_j 曲线的虚线部分所示，机械特性曲线与电磁牵引特性曲线在动、前接间隙处相交于 a 点，形成衔铁的二步动作而不能吸合，只有继续增加线圈的工作安匝使电磁力上升，衔铁才能克服前接点压力而闭合。

处理方法：适量减少前接点行程和压力，使机械特性恢复到标准位置。

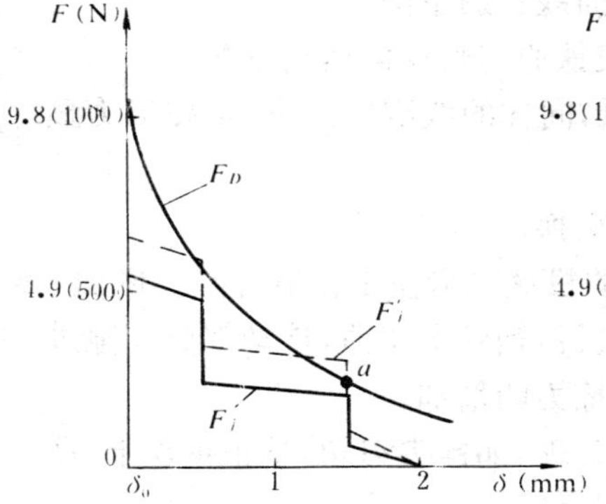

图 3—43　动接点预压力过大对工作值的影响

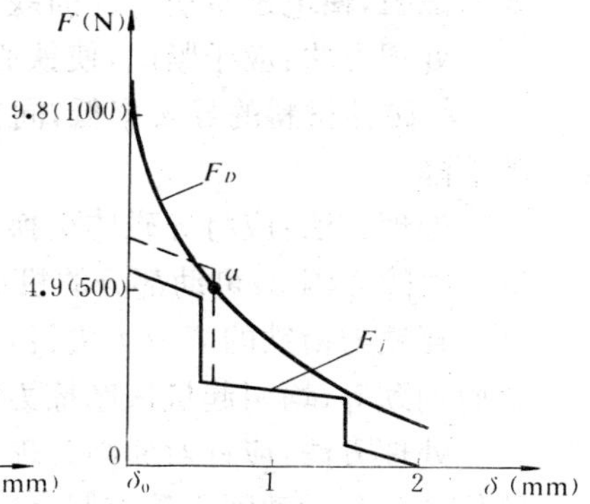

图 3—44　前接点压力、行程过大对工作值的影响

故障原因 3：电磁系统有缺陷。电磁系统缺陷对工作值的影响如图 3—45 所示。

如果继电器的工作值与标准值相差很大，而动程、前接点压力、动接点预压力都标准，这种故障一般因为下列电磁系统缺陷造成：

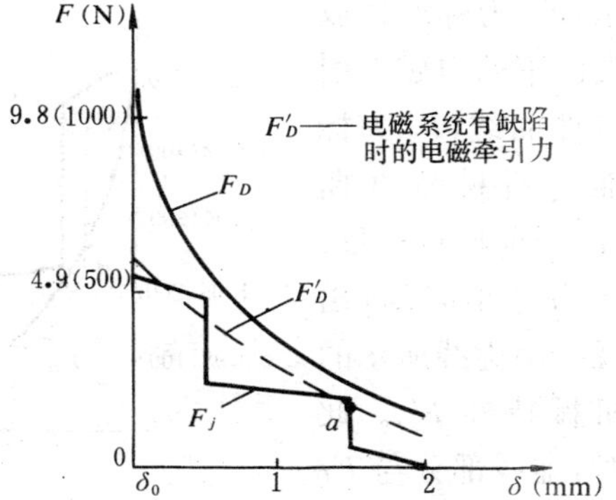

图 3—45　电磁系统缺陷对工作值的影响

a. 线圈绕制不标准，线圈内有短路现象，引起线圈匝数的显著减少。

处理方法：应打开线圈检查，重新绕制。

b. 磁路的铁心与轭铁面紧固不好，接触不良，增加了接触

处的磁阻，使电磁牵引特性曲线普遍下降。

处理方法：应予紧固，使铁心与轭铁面达到密贴。

c. 磁性材料的导磁率低，同样的线圈安匝下，电磁吸力显著下降。

处理方法：应将导磁体更换。

故障原因 3：可动部分的机械阻卡使工作值升高。例如轭铁与衔铁的刀刃不尖锐，钢丝卡扭曲，传动部分间隙过紧而别劲等，均引起机械摩擦力的增加。

处理方法：应针对原因处理，如锉尖刃角，整正钢丝卡，调整传动部分活动间隙等克服之。

故障举例 3

故障现象：释放值小。

故障原因 1：前接点行程小、压力小。

如图 3—46 所示，F_D 为标准释放安匝下的电磁牵引特性曲线，F_j 为标准的机械特性曲线。当前接点行程、压力过小时，将出现图中虚线所示的机械特性 F'_j。此时，虚线部分与 F_D 曲线相交，衔铁不能释放，必须继续降低线圈安匝，才能可靠落下，使释放值超过标准值。

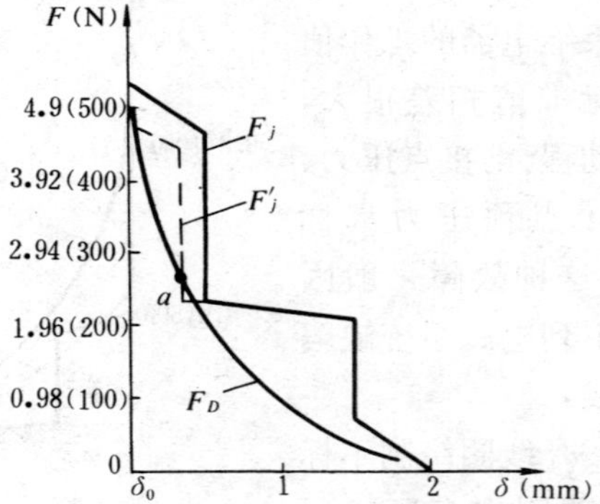

图 3—46　前接点压力、行程过小对释放值的影响

处理方法：加大前接点行程和压力，使机械特性恢复到标

准位置。但对于缓放继电器，应同时考虑缓放时间不应小于标准规定。

故障原因 2：动接点预压力小或弹性不足，使机械特性过于平坦。如图 3－47 中虚线所示，机械特性曲线与电磁牵引特性曲线在动、前接间隙处相交，使释放值下降。

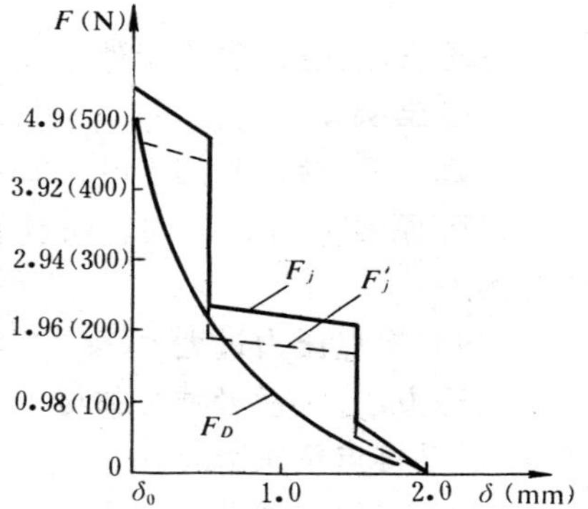

图 3－47　动接点预压力过小对释放值的影响

处理方法：应加大动接点预压力，或更换标准的动接点片以保证充足的弹性。但要注意不要使工作值超过标准。

故障原因 3：止片太薄。这将引起磁路吸合时的电磁吸力显著上升，而使释放值变小，如图 3－48 所示。δ_0 为标准止片的间隙，δ'_0 为薄止片间隙，后者使机械特性曲线平行移动而与电磁牵引特性曲线在动、前接间隙处相交，衔铁不能释放。

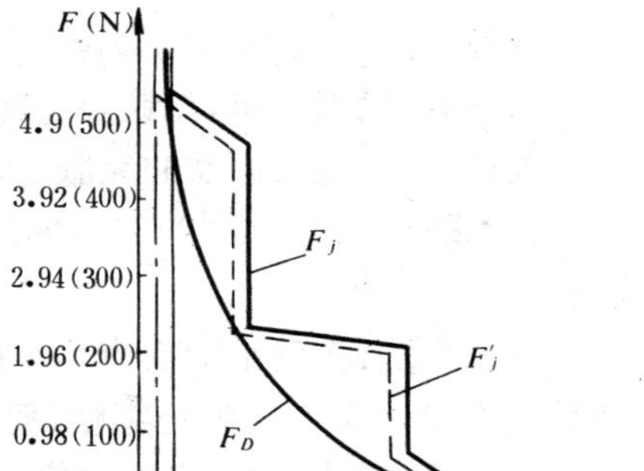

图 3－48　止片厚度对释放值的影响

处理方法：更换成标准的止片。

故障原因 4：磁路缺陷。当前接点压力已达到 0.392N

(40gf)，止片厚度又标准，而释放值仍很低，说明磁路元件的剩磁太大。

处理方法:更换磁路元件。

故障举例 4

故障现象:缓放时间不够。

故障原因 1:释放值大。通过上面的分析可知，释放值大的原因有：

(1)前接点压力过大。

处理方法:应适量减少前接点压力。

(2)动接点预压力大。

处理方法:应减少预压力。

(3)止片太厚。

处理方法:应更换止片，使止片达到标准值。

但调整中应不使释放值低于标准值。

故障原因 2:电磁系统缺陷。

(1)铁心紧固不牢，在铁心与轭铁接触处间隙过大。

处理方法:应紧固铁心克服之。

(2)衔铁处于吸合状态时，间隙不均匀，止片与铁心呈点接触。

处理方法:应整平衔铁使其不扭曲。特别应注意衔铁与轭铁是否在第二工作气隙处密贴，而使衔铁与铁心在第一工作气隙处离开，遇此情况，应按前述方法检查修理。

(3)铁心材质不良，导磁率低，使磁通小，从而减少了缓放时间。

处理方法:应更换不良的导磁体。

(4)铜线圈架材质不良，电阻率高，使涡流小，缓放时间减小。

处理方法:应更换铜线圈架。

故障举例 5

故障现象:接点电阻大。

故障原因 1:接触面不清洁。

处理方法:应用金相砂纸打磨。

故障原因 2:接点压力不够,接触面积小。

处理方法:应加大接点压力。

故障原因 3:接点初压力太大,使共同行程过小,一方面形成接点虚接,造成接点电阻不稳定,同时,接点面失去了相对滑动所形成的清扫作用,引起接点面脏,增加了接点电阻。

处理方法:应减小初压力,加大共同行程。

故障原因 4:接点与接点片假焊,焊接处接触电阻增高。

处理方法:应更换接点片。

故障原因 5:炭接点则常发生与炭杯铆接不牢,使接点电阻增大。

处理方法:应用调簧钳轻轻夹紧炭接点与炭杯,使二者铆接牢固。

检修人员应知应会

1. 安全型继电器在结构上有哪些特点?为什么说它是一种重弹力式继电器?

2. 安全型无极继电器的磁系统有哪几种?它们为什么在结构尺寸上有差别?

3. 无极继电器的接点系统在结构上有哪些特点?由哪些单元块组成?

4. 为什么银接点单元的接点片端部开一槽口?又为什么必须设置托片?

5. 动接点在传动上有哪些特点？接点拉杆的中间轴孔为什么呈扁长形而两端轴孔呈圆形？

6. 上、下弓形压片在接点组装配上起什么作用？怎样才能保证接点组的稳固性？

7. 什么是无极继电器的电磁牵引特性曲线？试从磁路的工作原理说明衔铁工作气隙 δ 的微小变化将引起电磁吸力 F_D 急骤变化的道理。

8. 什么是无极继电器的机械特性曲线？它的六个转折点与五个工作过程是怎样形成的？对应于机械特性转折点处的磁路间隙叫什么名称？

9. 为什么说继电器调整的目的就是要达到 $F_D=f(\delta)$ 与 $F_j=f(\delta)$ 的良好配合？怎样才能达到两者的最佳配合？

10. 为什么继电器调整中要实行“先磁路、后接点”的原则，怎样实行这一原则？

11. 衔铁动程 δ 如何选择？它受到哪些因素的制约？无极继电器的衔铁动程应该是多大？

12. 衔铁动、前接间隙 δ_1 怎样选择？它与接点系统中哪些机械特性参数有关？无极继电器 δ_1 的数值是多少？

13. 衔铁动、后离间隙 δ_2 怎样选择？它与接点系统哪些机械特性参数有关？无极继电器 δ_2 的数值是多少？

14. 怎样调整继电器的后接点？如何通过调整后接点来保证 δ_2 的实现？后接点压力是怎样产生的？在调整方法上怎样把衔铁重量平均分配到各组后接点上？

15. 怎样调整前接点？怎样用前接点的位置来保证 δ_1 的实现？

16. 怎样调整动接点？无极继电器动接点的挠度规律是怎样的？为什么安全型继电器需要动接点预压力？用什么来衡

量动接点预压力的大小？

17. 接点架的安装高度是怎样影响动接点预压力的大小和衔铁动程 δ 的？接点架间隙 Δ' 与拉杆间隙 Δ、衔铁角度 α 之间存在什么依赖关系？

18. 检修安全型继电器时应准备哪些通用工具、专用工具及检修用品？

19. 检修前测试的目的是什么？测试的项目与内容是什么？电气特性测试应遵循什么步骤？

20. 检修无极继电器电磁系统的主要项目及内容是什么？对衔铁、铁芯的安装、对钢丝卡、止片等的安装提出哪些具体要求？

21. 检修接点系统时应注意哪些重点问题？对各种零件的安装提出了哪些具体要求？

22. 试述调整磁路与接点系统的作业程序与方法。

23. 继电器检修中有哪些辅助工艺？它们的作用是什么？

24. 继电器检修中常遇到哪些电气特性故障？工作值大、释放值小，缓放时间不够等是哪些原因造成的？怎样克服？

第四章　JZXC 型整流式继电器

第一节　构造与部件

一、构　　造

整流式继电器使用在信号交流电路中。继电器通过内部的半波或全波整流电路将电路中的交流变为直流，以动作直流电磁式继电器，而后者可以直接采用安全型无极继电器。这样就避免了安全型继电器系列中，采用结构形式完全不同的交流继电器，提高了产品系列化、通用化的程度。

根据信号电路的需要，整流式继电器共有四种规格：

(*a*)JZXC－H62 型继电器

图　4－1①

(*b*)JZXC－H156 型继电器

图 4－1② 整流式继电器

JZXC－H62（JZXC－H18 为其代替品）与 JZXC－H156 型整流式继电器如图 4－1 所示。两者为具有缓放时间的整流式继电器，其电磁系统具有正常尺寸的磁路结构，接点系统为 4QH 接点组，但采用了铜线圈架以满足缓放时间的需要（0.1s～0.15s）。在接点组上方，安装

图 4－2 JZXC－480 型整流式继电器

有硒整流片或晶体二极管组成的桥式全波整流器。

图 4－2 所示为 JZXC－480 型整流式继电器，具有与 JWXC－11H340 型无极缓放继电器相同的磁系统，即磁路具有加大的尺寸，但线圈架不是铜质的，而衔铁的止片较厚。前面已说明，这样的结构安排是为了大幅度地提高返还系数，使工作值不致过分增加。JZXC－480 型具有不规则的 4QH 与 2Q 接点组。在接点组的上方，安装有硅二极管 2CP25 组成的桥式全波整流器。

图 4－3　JZXC－0.14 型整流式继电器

图 4－3 所示为 JZXC－0.14(0.56)型继电器，其磁系统与 JZXC－480 型相同，两个线圈是并联连接，接点系统为 4QH 接点组，接点系统上方安装的是由 2CZ－1 型硅元件组成的半波整流器。

整流式继电器的主要用途见表 4－1。

表 4—1 整流式继电器规格及主要用途表

规　　格	接点组数	线圈连接	在信号电路中的主要用途	鉴别销号码
JZXC—H62	4*QH*	串联	大站电气集中信号灯丝监督继电器	13、53
JZXC—H156	4*QH*	串联	单线自动闭塞电路中的区间监督继电器	22、53
JZXC—480	4*QH* 2*Q*	串联	交流轨道及交流事故继电器	13、55
JZXC—H18	4*QH*	串联	*XDJ* 电路中，取代 JZXC—H62	13、53
JZXC—0.14	4*QH*	并联	小站电气集中及自动闭塞区间局部供电的灯丝监督或转换继电器	13、54
JZXC—0.56	4*QH*	串联	小站电气集中信号灯丝监督继电器	13、54

二、部　　件

整流式继电器的电磁系统与无极继电器相同，零部件全部通用，只是磁路结构参数有所不同，见表 4—2。

表 4—2 整流式继电器磁系统结构参数表

型　　号	止片厚度 δ_0 mm	衔铁动程 δ mm	重锤片数	铁心尺寸 mm		
				D_T	D	H
JZXC—H62	$0.8_{-0.00}$	1.8～2.1	1	13	28	5
JZXC—H156	$0.6_{-0.04}$	1.8～2.1	1	13	28	5
JZXC—480	$0.6_{-0.04}$	1.8～2.1	1	15	30	3
JZXC—H18	$0.6_{-0.04}$	1.8～2.1	1	13	28	5
JZXC—0.14(0.56)	$0.4_{-0.04}$	1.8～2.1	1	15	30	3

整流式继电器的线圈参数见表 4—3。

表 4—3 整流式继电器线圈参数表

型号	线径 mm	匝数	电阻 Ω
JZXC—H62	0.33	1800×2	31×2
JZXC—H156	0.25	2800×2	78×2
JZXC—480	0.2	5800×2	240×2
JZXC—H18	0.44	930×2	9×2
JZXC—0.14(0.56)	1.12	200×2	0.28/2

整流元件的电气参数见表 4—4。

表 4—4 整流元件电气参数表

型号	最大整流电流	最大反向工作电压峰值 V	最大反向工作电流	正向电流 mA	最大整流电流下的正向压降 V	最高工作频率 kHz
2CP25	300mA	500	20℃±5℃时 ≤5μA 100℃±5℃时 ≤250μA	正向电压为 1V 时 300	≤1	30
2CZ5/30	5A	30	≤2mA	/	≤0.65	/

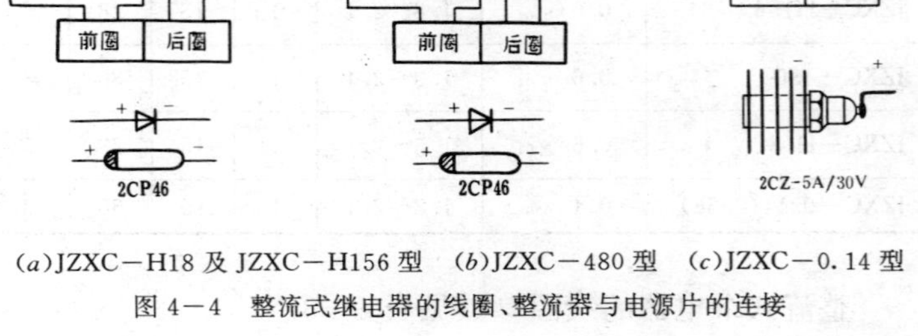

(*a*)JZXC—H18 及 JZXC—H156 型 (*b*)JZXC—480 型 (*c*)JZXC—0.14 型

图 4—4 整流式继电器的线圈、整流器与电源片的连接

整流式继电器的线圈、整流器与电源片的连接如图 4—4 所示。

整流式继电器的接点系统结构与无极继电器相同，零部件全部通用，接点的机械特性，接点电阻的标准也完全一致(见表 3—5 和表 3—6)，只是接点系统的编号有区别，见图4—5。

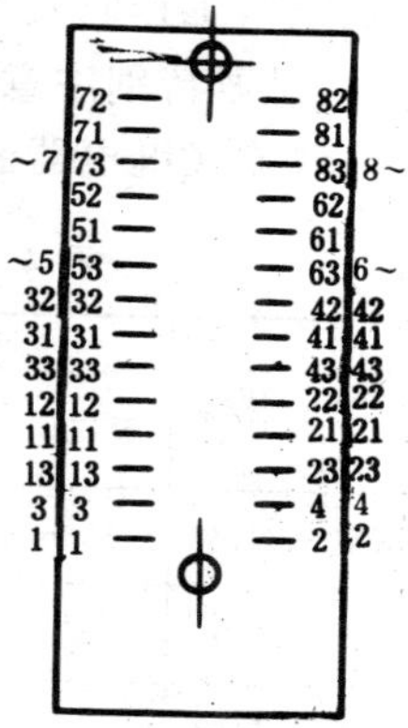

JZXC型

图 4—5　整流式继电器接点组编号

第二节　动作原理及特性

整流式继电器磁路的工作原理与无极继电器相同，但由于交流电源通过整流后动作继电器，在线圈上加上的实际上是一种全波或半波的脉动直流，如图 4—6 所示，其直流输出电压(或电流)的平均值与交流输入电压(或电流)的有效值之间，存在着一个整流系数的关系：对于全波整流电路，整流系数为 0.9，而半波整流电路的整流系数为 0.45。正由于这种脉动的直流使磁路中的磁通也存在交变的成分，使电磁吸力产生脉动(特别是

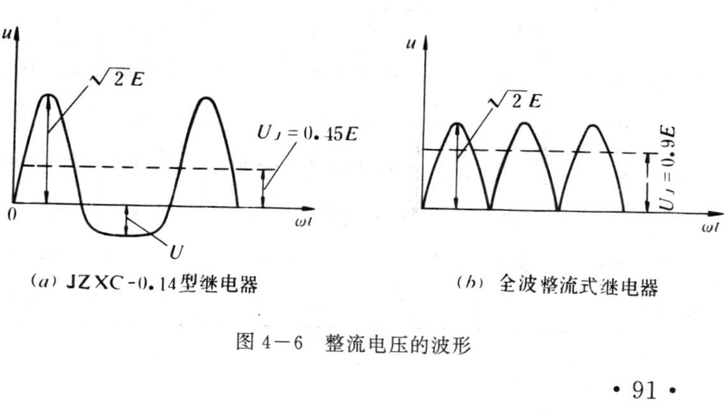

(a) JZXC-0.14型继电器　　(b) 全波整流式继电器

图 4—6　整流电压的波形

对于高返还系数的轨道继电器与半波整流的灯丝继电器)，引起继电器工作时发出响声，对继电器的正常工作带来不利影响，这是要特别注意的。

整流式继电器的电气特性列于表4—5。

表4—5 整流式继电器电气特性表

型　　号	电气特性				时间特性 s	
	充磁值	释放值不小于	工作值不大于	反向工作值	缓吸	缓放
JZXC－H156	～136mA	～12mA	～34mA			
JZXC-480	～37V	～4.6V	～9.2V			～34mA　>0.15
JZXC－H18	～400mA	～40mA	～100mA			～100mA　>0.15
JZXC－0.14	～2160mA	～400mA	～1100mA	串联12V25W灯泡试验		

实测所得的部分整流式继电器的交流电磁牵引特性见表4—6和表4—7。

表4—6 整流式继电器在工作安匝下的电磁牵引特性曲线

型　　号	工作安匝		不同磁路间隙下的 F_D　单位:N			
	$AW\sim$	$AW-$	δ_0	δ_1	δ_2	δ
JZXC－H156	190	196	5.635(575)	3.283(335)	1.519(155)	1.029(105)
JZXC－480	222	168	7.35(750)	4.116(420)	1.764(180)	1.225(125)
JZXC－480	205	150	5.782(590)	2.94(300)	1.274(130)	0.098(100)
JZXC－0.56	180	—	9.457(965)	3.92(400)	1.519(155)	0.098(100)
JZXC－H18	186	191	5.5076(562)	3.2046(327)	1.4798(151)	0.9996(102)
JZXC－0.14	220	—	11.5542(1179)	4.7824(488)	1.8522(189)	1.1956(122)

表 4—7 整流式继电器在落下安匝下的电磁牵引特性曲线

型号	落下安匝		不同磁路间隙下的 F_D 单位:N			
	$AW\sim$	$AW-$	δ_0	δ_1	δ_2	δ
JZXC—H156	67	84	1.323(135)	0.735(75)	0.343(35)	0.294(30)
JZXC—480	111	75.4	2.3128(236)	1.078(110)	0.4704(48)	0.3528(3.6)
JZXC—480	102	66	2.058(210)	1.078(110)	0.392(40)	—
JZXC—0.56	72	—	1.078(110)	0.343(35)	0.098(10)	—
JZXC—H18	74.4	90	1.47(150)	0.8134(83)	0.3724(38)	0.3234(33)
JZXC—0.14	80	—	1.1956(122)	0.3724(38)	0.1078(11)	—

整流式继电器的机械特性与具有 4*QH* 接点组的无极继电器相同，见表 3—11。但 JZXC—480 型继电器具有 4*QH* 及 2*Q* 接点组，其计算后的机械特性见表 4—8。

表 4—8 具有 4*QH*、2*Q* 接点的继电器机械特性曲线

转折点	衔铁动程 δ	衔铁重力 N	动接点压力 N	后接点压力 N	前接点压力 N	反作用力和 N
1	δ	0.9212(94)	0.049(5)	−0.9702(−99)	0	0
2	δ_2	0.9212(94)	0.147(15)	−0.7252(−74)	0	0.343(35)
3	δ_2	0.9212(94)	0.147(15)	0	0	1.0682(109)
4	δ_1	0.9212(94)	0.343(35)	0	0	1.2642(129)
5	δ_1	0.9212(94)	0.343(35)	0	1.8228(186)	3.087(315)
6	δ_0	0.9212(94)	0.441(45)	0	2.1854(223)	3.4496(352)

将表 4—6、表 4—7、表 4—8 所列的特性曲线画在同一图(见图 4—7)中，得整流式继电器电磁牵引特性曲线与机械特

性曲线的配合图。由图 4-7 可知，在工作安匝下，衔铁可以克服机械阻力而可靠吸合；在落下安匝下，能可靠地释放。图中的动程 δ 为 2.0mm；动、后离间隙 δ_2 为 1.5mm；动、前接间隙为 0.5mm。这些间隙的选择与无极继电器相同。

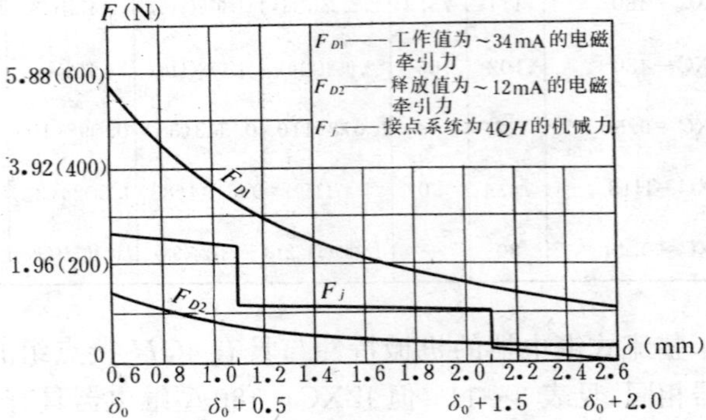

(a)JZXC－H156 型继电器

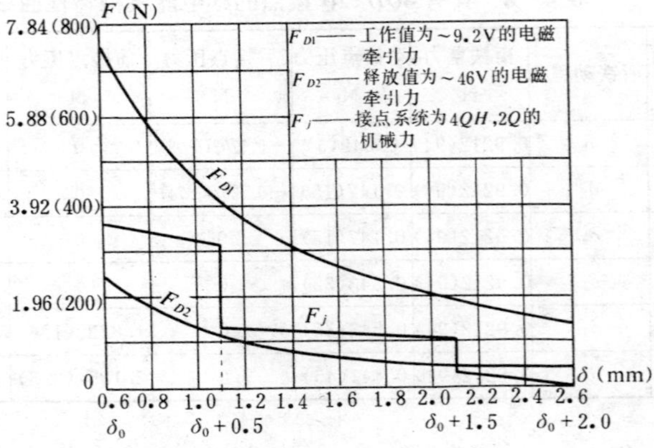

(b)JZXC－480 型继电器

图 4－7①

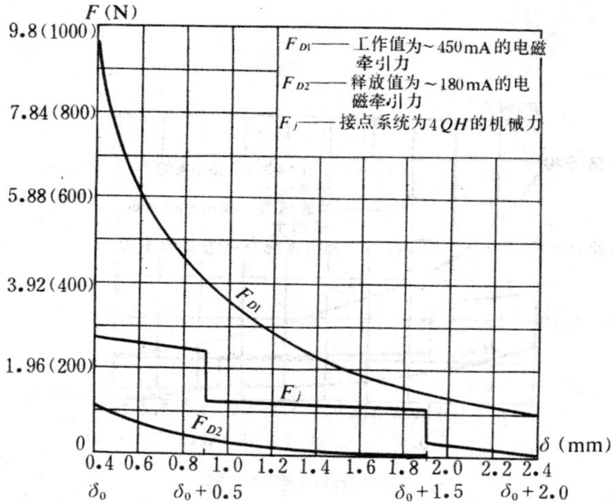

(c)JZXC－0.14(0.56)型继电器

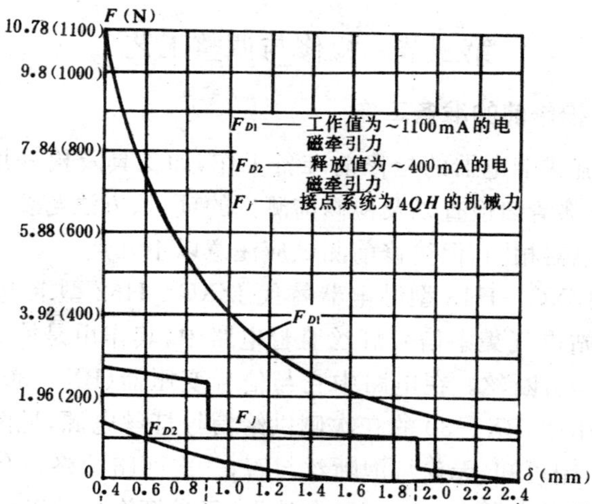

(d)JZXC－0.14 型继电器

图 4－7②

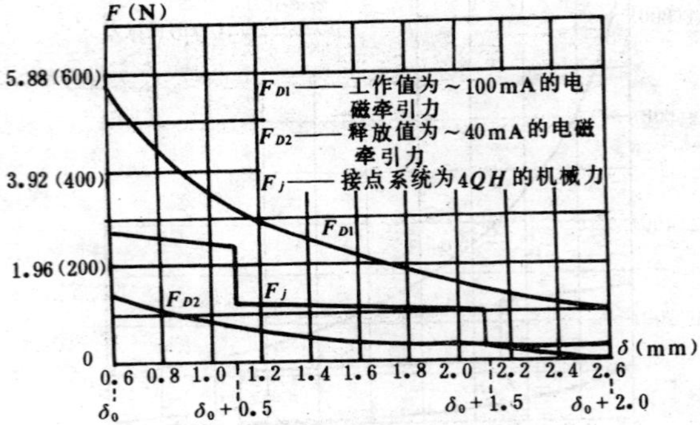

(e)JZXC－H18 型继电器

图 4－7③ 整流式继电器 $F_D=f(\delta)$与 $F_j=f(\delta)$曲线

第三节 检修与调整工艺

一、检修前的准备工作

整流式继电器的检修前准备工作，如工具及检修用品的准备，外部清扫检查以及检修前测试的项目、方法与要求均与无极继电器相同，但检修前测试应注意以下几点：

1. JZXC－H18 型继电器替代 JZXC－H62 型继电器，使用在大站电气集中信号灯丝监督电路中，其作用是检查信号机灯泡是否断丝。在电路中它与信号变压器(BX－30 型)的一次侧串联，BX－30 的二次侧供给信号灯丝电源，见图 4－8(a)。由图可知，无论灯泡断丝与否，一次回路始终是有电的，灯丝监督继电器上的电压不会消失，只是灯泡断丝以后，使信号变压器一次回路阻抗显著增高，迫使灯丝继电器上电压显著降低，此电压将小于继电器释放电压，使继电器处于落下状态。如果电源线间漏泄电量较大时，JZXC－H62 有可能不落下，因此改为低阻抗的继电器 JZXC－H18。这种电路对继电器提出以下要求：当信号灯泡灯丝完整时，即使电源电压降到 110V，15W 灯丝处于冷丝状态（取 15W 冷丝状态，是因为 15W 灯丝电阻大，反射到变压器一次侧的阻抗高，继电器上电压最低），继电器应可靠吸起；相反，当信号灯泡处于断丝状态，即使电源电压升高到 240V，灯泡容量 25W（取 25W 灯丝的目的是使变压器一次侧阻抗最低，继电器上电压最高），继电器应保证可靠落下。因此，此种规格的继电器的工作值与落下值的规定与一般继电器不同，应按规定的方法进行测试。

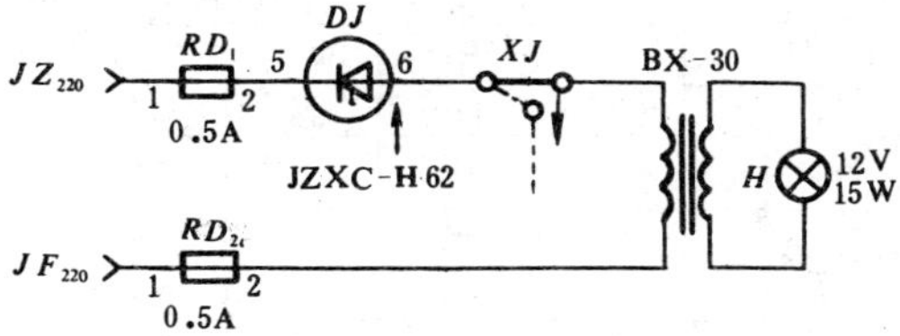

(*a*)JZXC－H18 型作灯丝继电器

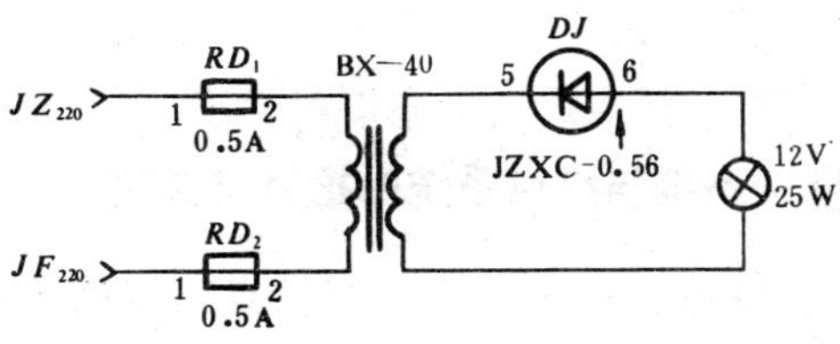

(*b*)JZXC－0.14 型作灯丝继电器

图 4－8　整流式继电器在信号点灯电路中的应用举例

2. JZXC－0.14 型继电器替代 JZXC－0.56 型继电器，使用在小站电气集中、色灯电锁器联锁以及自动闭塞区间信号点等局部供电的灯丝回路中，采用半波整流，作监督灯丝断丝用〔见图 4－8(*b*)〕，电路中与 10V10W 单灯机构信号灯泡或 12V25W 多灯机构信号灯泡串联使用。因此，测试时不能直接与交流电源接通，以免电源被整流元件短路，造成元件的烧损，而应模拟实际电路，与 12V25W 灯泡串联后进行测试。

3. 整流元件的测试。为了检查整流元件的好坏，应按表 4－4 所给出的电气参数，进行整流元件的正向压降与反向电流测试，然后对整流器进行整体特性测试。各种规格继电器整流器的特性可参考表 4－9。

表 4－9　各型继电器的整流器特性表

型　　号	交流输入		直流输出		继电器线圈负载	备　注
	电压 V	电流 mA	电压 V	电流 mA	Ω	
JZXC－H62	～5.4		3.5	54	62	工作值
JZXC－H156		～34 ～12		35 15	156	工作值 释放值
JZXC－480	～9.2 ～4.6		7 3.1	14.5 6.5	480	工作值 释放值
JZXC－0.56		～450		270	0.56	工作值

二、电磁系统与接点系统的检修与调整

整流式继电器的电磁系统与接点系统的检修方法、程序和要求与无极继电器相同，只是磁路的结构参数应按表 4－2 进行检查；而磁路与接点系统的调整原则也与无极继电器基本一致，只是磁路间隙的选择，动接点预压力大小，均因磁路结构不同而有差别，其作业程序于下：

1. 检查接点架(与轭铁面之间)间隙 Δ'。JZXC－H18(62)型与 JZXC－H156 型继电器因采用正常尺寸的磁系统，故 Δ'

的标准值为4mm；而JZXC－480型、JZXC－0.14(0.56)型继电器因采用了加大尺寸的磁系统，故Δ′的标准值为3mm。用塞尺测量。

2. 检查衔铁角度α。去掉钢丝卡，取下衔铁后用量角器测量，其角度以93°30′为标准值，允许在91°～94°30′之间，视Δ′之大小而定，可参照表4－10检查。

表4－10 整流式继电器的Δ′、α、Δ关系表

Δ′* mm	α	Δ			
		JZXC－H18(62)	JZXC－H156	JZXC－480	JZXC－0.14(0.56)
2	90°50′～91°20′	4	4	3.3	3
2.5	91°30′～92°	4.5	4.5	3.8	3.5
3	92°10′～92°40′	5	5	4.3	4
3.5	92°50′～93°20′	5.5	5.5	4.8	4.5
4	93°30′～94°	6	6	5.3	5
4.5	94°10′～94°40′	6.5	6.5	5.8	5.5
5	94°50′～95°20′	7	7	6.3	6

*对于JZXC－480，JZXC－0.14型继电器Δ′应减少1mm。

3. 检查拉杆(与轭铁面之间)间隙Δ。用垫块将后接点移开，使之与动接点不接触，用塞尺测量。整流式继电器的Δ值见表4－11。

表4－11 整流式继电器拉杆间隙Δ表(标准值)

型号	动接点数	动接点组预压力 N	动接点片预压力 N	动接点片挠度 mm	Δ mm
JZXC－H18	4	0.098(10)	0.0245(2.5)	1	6
JZXC－H156	4	0.098(10)	0.0245(2.5)	1	6
JZXC－480	6	0.098(10)	0.01666(1.7)	0.7	5.3
JZXC－0.14	4	0.098(10)	0.0245(2.5)	1	5

当 Δ' 不标准时，应将 Δ 值按表 4—10 进行修正。同时，将动接点片调平直。

4. 调整动、后离间隙 δ_2 与后接点位置。此间隙对于具有正常尺寸磁路的继电器取 1.3mm～1.5mm，对于具有加大尺寸磁路的继电器可取 1.5mm～1.7mm。用塞尺固定死衔铁位置，然后调整后接点托片，使后接点与动接点刚接触，但两者间无压力。

5. 调整后接点压力、共同行程。首先调整后接点片对本身托片的压力，以形成后接点的初压力，标准值为 0.098N(10)～0.147N(15)，各接点组间的初压力的压力差不得大于 0.0196N(2)。然后，松开衔铁使继电器处于垂直位置，检查后接点的托片间隙(即后接点行程)，应大于 0.35mm，如果不足，说明动接点预压力不够，应适当加大。当行程合格后，检查衔铁动程，应在 1.8mm～2.1mm 之间。

6. 调整动、前接间隙 δ_1 及前接点位置。此间隙的选择与无极继电器相同，取 0.4mm～0.5mm。用塞尺将衔铁固定死，调整前接点托片，使前接点与动接点接触，两者吻合无压力。

7. 调整前接点压力与共同行程。首先调整前接点片对托片的压力，使初压力为 0.196N(20)～0.0245N(25)，接点组间初压力均匀，相差不大于 0.0294N(3)；然后松开衔铁，用手推动衔铁至吸合位置，检查前接点托片间隙，应大于 0.35mm；测量前接点压力，应大于 0.294N(30)，若不足应加大初压力；检查后接点间隙应大于 1.3mm，若不足应加大衔铁动程，重新调整。上述检查完毕后，释放衔铁，检查前接点间隙，应大于 1.3mm，同时，检查动接点自由动程，应不小于 0.5mm。

8. 调整接点接触齐度。方法与要求和无极继电器相同。

9. 检查下止片与重锤片之间的间隙。检查方法与要求与无极继电器相同。

10. 电气特性测试。测试方法与检修前测试相同，其标准值见表 4—5。

三、检修后的辅助工艺

整流式继电器检修后的辅助工艺，如恒温处理、动作试验、微调、验收及加封等均与无极继电器相同。但应注意在进行恒温处理前，需将整流元件卸下，以免高温将其损坏。恒温处理后，则需先将整流器装上，然后进行动作试验。

第四节　常见的电气特性故障的分析及处理

整流式继电器常见的一般性电气特性故障，如工作值大、释放值小、缓放时间不够以及接点电阻大等，均与无极继电器相同，可参照第三章第七节所述方法处理。但由于整流式继电器存在整流元件，故又有其特殊性。

故障举例 1

故障现象：工作值超出标准值一倍以上。

故障原因 1：JZXC—480 与 JZXC—H156 型继电器的桥式整流器中有一个整流元件被击穿短路或假焊断路，两者均使桥式全波整流变为半波整流，整流效率降低一半，如图 4—9 所示。但发生元件击穿短路时，整流器将交流电源的一个半波短路，所以短路时常伴随电流增大、烧毁保险丝的现象。

处理方法：更换整流元件或补焊。

故障原因 2：JZXC—H18 型继电器的线圈有一个短路，则在串联电路中(如与变压器、灯丝等的串联电路中)，其阻抗虽显著降低，而工作电流不会明显增加，故继电器安匝数将减少一半，使工作值增高一倍以上。

处理方法：更换继电器。

故障原因 3：电源引线片上塑料线焊接不好，互相短路。

处理方法：重新焊接。

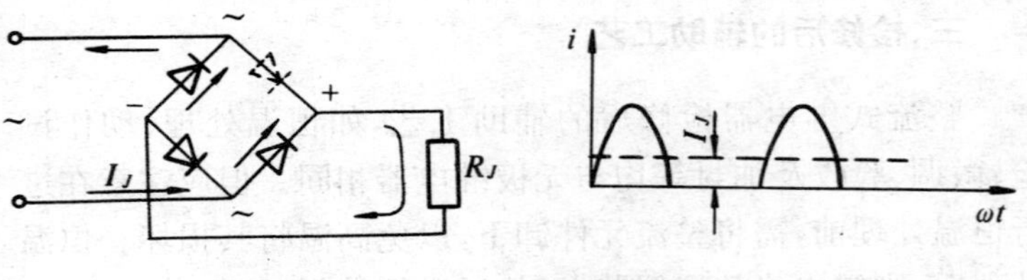

(*a*) 一个桥臂断路

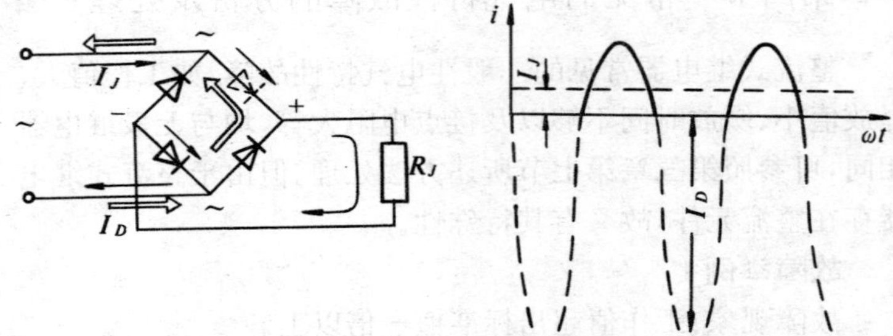

(*b*) 一个桥臂短路

图 4—9　桥式整流器一个桥臂损坏

故障举例 2

故障现象：继电器不动作。

故障原因 1：桥式整流器中有两个桥臂整流元件同时短路。这种现象经常出现继电器在现场运用时，由于灯丝变压器短路或灯头短接，造成继电器上过电压(或过电流)而击穿烧损。

处理方法:更换整流元件。

故障原因 2:线圈断线。

处理方法:更换线圈。

故障举例 3

故障现象:外加电压 240V 时 JZXC—H18 继电器的灯泡断丝不落下。

故障原因 1:将外加电压降至 200V 时,灯泡断丝不落下,说明继电器释放值不良,需进行调整克服。

处理方法;应特别仔细检查止片厚度,不标准时更换之。

故障原因 2:桥式整流器中一臂断路(整流元件内部断路或假焊引起),使继电器与灯丝变压器处于半波整流的工作状态,工作电流的直流成分使灯丝变压器的阻抗显著降低,这样,回路的电流增加,使继电器在灯丝断丝时仍能保持吸起。

处理方法:更换元件或补焊。

故障原因 3:机械阻卡,使衔铁释放不了。

处理方法:调整继电器。

故障举例 4

故障现象:继电器吸起过程中有响声。

故障原因:由于衔铁与铁心密贴不好,动接点预压力过强,或前接点压力和共同行程过大,整流元件的特性不好(特别是半波整流的灯丝继电器),则吸起过程中,脉动的直流使衔铁及接点颤动(在峰点电磁吸力大于机械阻力,在谷点机械阻力大于电磁吸力),发出蜂鸣音,应针对问题进行克服。

处理方法:调整继电器。

故障举例 5

故障现象:继电器落下过程中有响声。

故障原因:主要由于动接点预压力小;后接点压力行程大

引起。

处理方法：可适当加大动接点预压力，以及减少后接点压力和共同行程，但不能小于标准值。

检修人员应知应会

1. 安全型整流式继电器有哪几种规格？根据用途的不同，它们在电磁系统的结构上各有什么特点？为什么？

2. 整流式继电器都使用哪些规格的整流元件，它们具有什么样的电气特性？

3. 整流式继电器中有哪几种类型的整流电路？交流输入与直流输出间存在什么关系？

4. JZXC－H18 与 JZXC－0.14 型继电器的电气特性测试中各有什么特殊规定？为什么与一般的继电器不同？

5. 试述调整整流式继电器磁路与接点系统的作业程序。

6. 整流式继电器下述电气特性故障的原因是什么？应怎样克服？

(1)工作值超出标准一倍；

(2)通上电源后不动作；

(3)工作过程中发出蜂鸣声。

第五章　JWJXC(H)型无极加强接点(缓放)继电器

第一节　构造与部件

加强接点继电器是为切断功率较大的信号电路(如电源转换,道岔启动等)而设计的。

图 5－1 所示为 JWJXC－480 型继电器,其磁系统为具有加大尺寸的无极磁路，而接点系统由普通接点和加强接点

图 5－1　JWJXC－480 型加强接点继电器

两部分组成，普通接点的结构与无极继电器相同，加强接点则具有特殊设计的大功率接点与磁吹弧器。

图 5－2　JWJXC－H $\frac{125}{0.44}$型无极加强接点缓放继电器

图 5－2 所示为 JWJXC－H $\frac{125}{0.44}$型无极加强接点缓放继电器，其电磁系统与无极缓放继电器（JWXC－H340）相同。接点系统由两组带磁吹弧器的加强前接点、两组不带磁吹弧器的加强后接点和两组普通的接点组成。此种规格的继电器是专为三线制或四线制道岔启动电路而设计的。前圈（125Ω）为主线圈，当加额定电压 24V，断电后缓放时间大于 0.4s；后圈（0.44Ω）为电流保持线圈，当电源由 5A 降至 1.5A 时断电，此时的缓放时间应大于 0.2s。在四线制或五线制道岔电

路中，采用 JWJXC－H $\frac{125}{0.13}$ 型继电器。

无极加强接点继电器的主要用途见表 5－1。

表 5－1 无极加强接点继电器规格及主要用途表

型号	接点组数	线圈联接	在信号电路中的主要用途	鉴别销号码
JWJXC－480	*2QHJ 2QH*	串联	大站 180V、200V、127V 电源转换继电器等	15、51
JWJXC－H $\frac{125}{0.44}$	*2QJ 2H 2QH*	分联	三线制或四线制道岔启动电路	15、55
JWJXC－H $\frac{125}{0.13}$	*2QJ 2H 2QH*	分联	五线制及三线制道岔启动电路	15、43

1. 电磁系统

无极加强接点继电器电磁系统虽然与无极继电器完全相同，但由于接点系统结构的改变，引起了磁系统的结构参数有较大的变化。无极加强接点继电器磁系统结构参数见表5－2。

表 5－2 无极加强接点继电器磁系统结构参数表

型号	止片厚度 δ_0 mm	衔铁动程 δ mm	重锤片数	衔铁角度 α	铁心尺寸 mm D_T	D	H	轭铁厚度 mm
JWJXC－480	$0.8_{-0.06}$	4	3	97°30′	15	30	3	5
JWJXC－H $\frac{125}{0.44}$	0.3	2.6	3	96°30′	15	30	3	5
JWJXC－H $\frac{125}{0.13}$	$0.3_{-0.03}$	2.6	3	96°30′	15	30	3	5

电磁系统的线圈参数见表 5－3。

表 5—3　无极加强接点继电器线圈参数表

型　号	线　径 mm	匝　数	电　阻 Ω
JWJXC—480	0.2	5800×2	240×2
JWJXC—H $\frac{125}{0.44}$	$\frac{0.2}{0.9}$	$\frac{2700}{180}$	$\frac{125}{0.44}$
JWJXC—H $\frac{125}{0.13}$	$\frac{0.2}{1.25}$	$\frac{2700}{92}$	$\frac{125}{0.13}$

无极加强接点继电器的线圈与电源片的连接方式与无极继电器相同，见图 3—9。

2. 接点系统（见图 5—3）

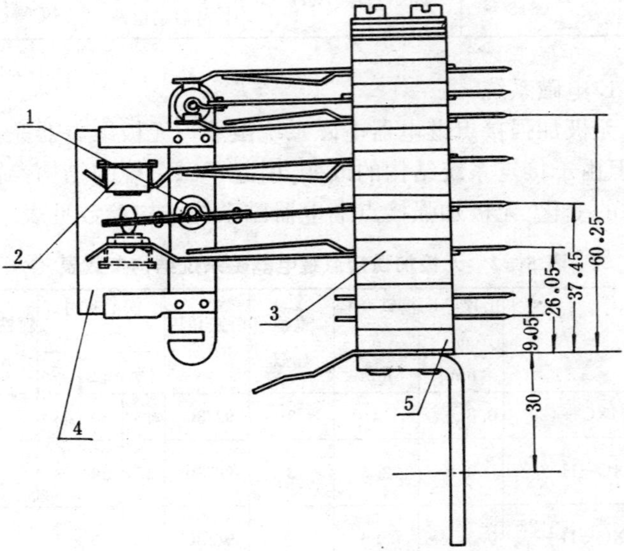

图 5—3　无极加强接点系统

无极加强接点继电器普通接点的组成单元与无极继电器相同，而加强接点组则由加强动接点单元 1 和带磁吹弧器 2 的加强接点单元 3 组成。为了防止接点组间的飞弧短路，在两组加强接点间安装有既耐高温，绝缘性能又好的云母隔弧片 4，隔弧片铆接在拉杆上。为了保证加强接点的安装尺寸，增加了空白单元 5。图中熄弧磁钢用虚线表示，是说明只有带熄弧器的加强后接点才有。

(1)加强动接点单元(见图 5－4)

由 0.3mm 或 0.45mm 的锡磷青铜片冲压成型的加强动接点片的头部，铆有由银氧化镉制成的动接点。为了保证在足够的接点开断距离的同时，又不过分加大衔铁动程，采用了将加强接点组的接点伸出拉杆以外的结构方式，为此，动接点片上增加了弧形片，以便固定绝缘轴。

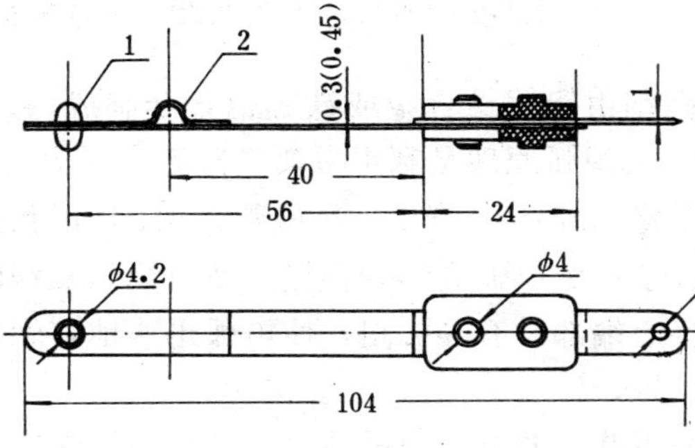

图 5－4　加强动接点单元

1—银氧化镉动接点；2—弧形片。

(2)加强接点单元(见图 5－5)

由 0.6mm 的锡磷青铜板冲压成型的加强接点片头部，

同样铆接了银氧化镉接点，在接点的同一位置点焊了安装磁钢的熄弧器夹。

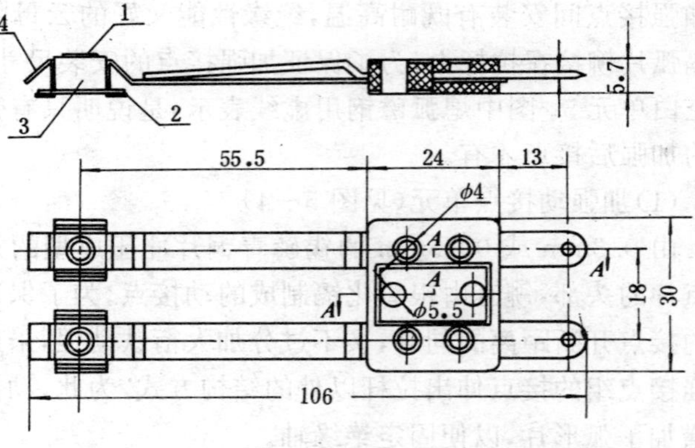

图 5—5 加强接点单元(以带熄弧器为例)

1—银氧化镉接点；2—熄弧器夹；3—熄弧磁钢；4—导弧角。

熄弧磁钢由铝镍钴合金或铁镍铝合金制成，磁通量为 7×10^{-6}Wb。其熄弧原理是利用电弧在磁场中受力运动（受力方向由左手定则确定），产生一种吹弧作用，使电弧迅速冷却而熄灭。为了避免电弧高温烧损接点及对熄弧磁钢的去磁作用，加强接点端部设有导弧角，使电弧迅速地移到接点及磁钢的前部位置。

由于磁钢吹弧的方向与极性有关，因此，熄弧磁钢极性的安装有特定的要求，主要考虑下列原则：

(1)磁钢的极性与接点电流方向相配合，使吹弧电动力朝接点的外方作用。

(2)接点电流产生的磁场方向与永久磁钢的磁场方向一

致，这样保证接点在断开大电流时，不会产生使熄弧磁钢去磁的作用。

无极加强接点磁熄弧器安装与接点电流方向，如图 5－6 所示。

无极加强接点继电器接点系统机械特性见表 5－4。

加强接点容量：

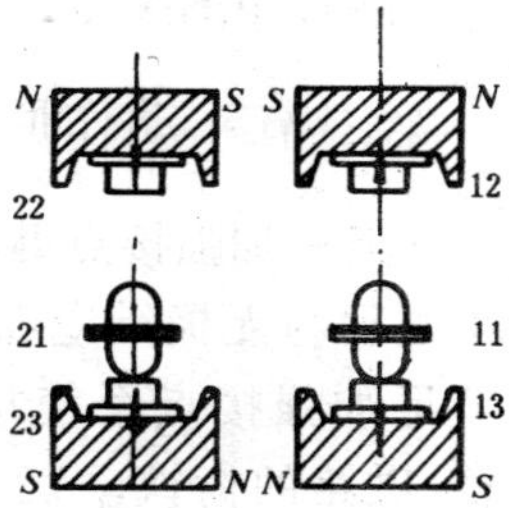

图 5－6 磁熄弧器的极性安装

(1)JWJXC－480 型接点在直流 220V5A 的电阻负荷电路中，接通 10万次，切断 1 万次后，不降低继电器的特性。

表 5－4 无极加强接点继电器接点系统机械特性表

型　　号	接点类型	前接点压力 N	后接点压力 N	接点间隙 mm	托片间隙 mm
JWJXC－480	加强	＞0.392(40)	＞0.294(30)	5	0.1～0.3
	普通	＞0.147(15)	＞0.147(15)	3	0.35
JWJXC－H $\frac{125}{0.13}$	加强	＞0.392(40)	＞0.294(30)	2.5	0.1～0.3
JWJXC－H $\frac{125}{0.44}$	普通	＞0.147(15)	＞0.147(15)	1.5	0.35

(2)JWJXC－H $\frac{125}{0.44}$ 型接点在直流 220V3A 的电机负荷电路中，JWJXC－H $\frac{125}{0.13}$ 型接点在直流 220V5A 的电机负荷电路中，接通 10 万次，切断 1 万次后，不降低继电器特性。

接点组的编号见图 5—7。

第二节　动作原理及特性

无极加强接点继电器的磁路工作原理与无极继电器相同，但为了满足加强接点系统接点间隙的需要，磁路的衔铁动程 δ 及张角 α 较一般接点的无极继电器有了显著的增加，下面分别加以说明。

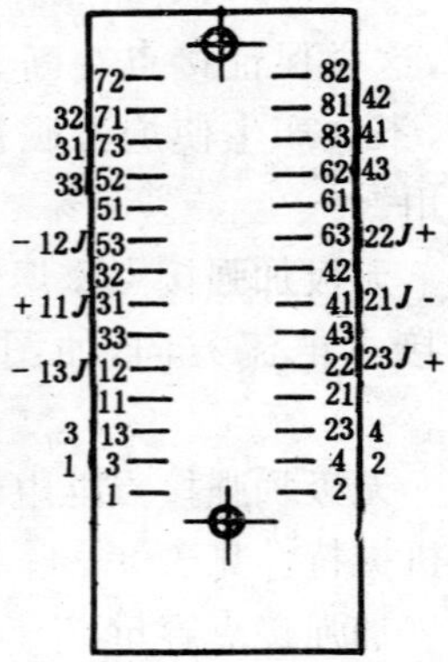

图 5—7　加强接点继电器接点组编号

一、选择磁路的最佳间隙

计算最小衔铁动程 δ_{min}，动、后离间隙 δ_2 与动、前接间隙 δ_1 的方法见图 5—8 与表 5—5。

表 5—5　无极加强接点继电器 δ、δ_1 与 δ_2 的计算

顺号	计算项目	计算方法	JWJXC—480 mm	JWJXC—H $\frac{125}{0.44}$ mm	JWJXC—H $\frac{125}{0.13}$ mm
1	接点间隙	按标准值适当加大	5～5.3	2.5～2.7	2.5～2.7
2	共同行程	$(0.1\sim0.3)\times\left(\frac{L_5}{L_6}\right)$	0.13～0.38	0.13～0.38	0.13～0.38
3	接点动程	（1 项）＋（2 项）	5.13～5.68	2.63～3.08	2.63～3.08
4	接点附加动程*	经验值	0.5	0.5	0.52
5	接点总动程	（3 项）＋（4 项）	5.63～6.18	3.13～3.58	3.15～3.6

续上表

顺号	计算项目	计算方法	JWJXC－480 mm	JWJXC－H $\frac{125}{0.44}$ mm	JWJXC－H $\frac{125}{0.13}$ mm
6	衔铁在拉杆处的动程	（5 项）× $\left(\frac{L_1}{L_5}\right)$	4～4.4	2.2～2.54	2.2～2.54
7	衔铁附加动程**	零件的配合公差	0.26～0.39	0.26～0.39	0.26～0.39
8	拉杆处的衔铁总动程	（6 项）＋（7 项）	4.26～4.79	2.46～2.93	2.46～2.93
9	铁心中心处的衔铁动程 δ_{min}	（8 项）× $\left(\frac{L_3}{L_2}\right)$	3.4～3.83	1.97～2.34	1.97～2.34
10	δ	根据 δ_{min} 选取	3.8	2.6	2.6
11	δ_1	经验值	0.5～0.7	0.5～0.7	0.5～0.7
12	δ_2	（6 项）× $\left(\frac{L_3}{L_2}\right)$	3.1～3.5	1.76～2	1.76～2

* 接点附加动程由动接点受力弯曲变形产生，为实践的经验值。

** 衔铁附加动程为可动部分零件间的公差配合；随着继电器运用时间的增加，磨耗所引起的旷动增大，此附加动程随之增加。

由表 3－5 计算所得的 δ、δ_1 与 δ_2，可作为加强接点型无极继电器检修调整时的参考。如果将表中计算所得的最小衔

铁动程 δ_{min} 与表 5－2 所列标准的衔铁动程 δ 相比较，可以看出，后者不仅可以满足前者的要求，而且有一定的余量。

二、选择无极加强接点继电器衔铁角度 α

由于衔铁动程加大了，必然要求衔铁角度也相应地加大，这样才能保证接点组的水平位置，以及重锤片与下止片间的足够间隙。怎样计算出衔铁张角 α 呢？首先，应按照标准的装配尺寸，找出衔铁拉轴应处的几何位置，从而确定衔铁非工作部分的内表面与轭铁刃口水平线相交的角度 α_2，再根据衔铁动程与止片厚度来确定衔铁工作部分张角 α_1，两者之和再加 90°，即得 α，如图 5－9 所示。下面举例说明。

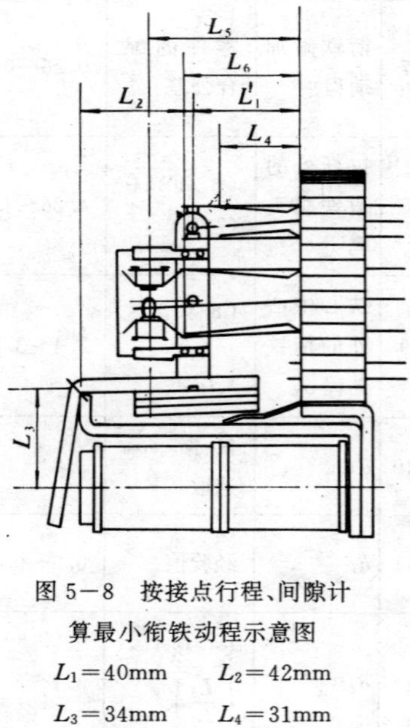

图 5－8　按接点行程、间隙计算最小衔铁动程示意图

$L_1=40mm$　　$L_2=42mm$

$L_3=34mm$　　$L_4=31mm$

$L_5=55.5mm$　　$L_6=43.5mm$

图 5－10 所示为无极加强接点继电器衔铁标准张角 α 的计算示意图。图中按标准的结构尺寸绘出的衔铁拉轴中心（即拉杆槽口中心）位置正处于轭铁刃口水平线上 1mm 处，而衔铁非工作部分的内表面正好与轭铁刃口水平线相重合，因此不会使衔铁在非工作部分产生张角，即 $\alpha_2=0$，则仅有的衔铁工作部分张角 α_1，将由继电器所需之动程 δ 与止片厚度 δ_0 来确

定。

对于 JWJXC－480 型继电器衔铁张角：

$$\alpha=90°+\arctan\frac{\delta_0+\delta}{L_3}=90°+\arctan\frac{0.8+4.0}{34}$$

$$=90°+8°=98°$$

对于 JWJXC－H $\frac{125}{0.44}$型继电器衔铁张角：

$$\alpha=90°+\arctan\frac{\delta_0+\delta}{L_3}=90°+\arctan\frac{0.3+2.6}{34}=95°$$

上述张角与现行的一些技术标准有差别，检修时可参照执行。

三、无极加强接点继电器的电气特性

无极加强接点继电器的电气特性见表 5－6。

JWJXC－H $\frac{125}{0.13}$型继电器后圈的释放值小于 1A 的规定与其它继电器不同，这是根据 ZD5、ZD7、ZD8 转辙机空载电流的实际情况而确定的。继电器后圈释放值如果大于 1A，当转辙机负载较轻时，电机电流偏小，当小于 1A 时继电器就可能释放，道岔就可能停在四开位置，这是不允许的。JWJXC－H $\frac{125}{0.44}$型继电器后圈的释放值也应有合适的参数，小于0.6A为好。

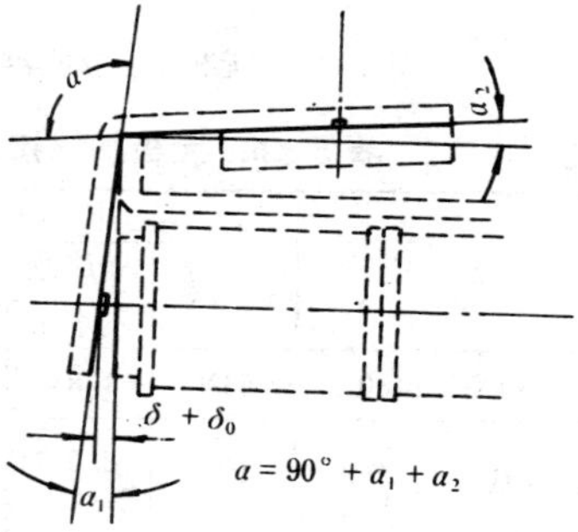

图 5－9　衔铁张角计算示意图

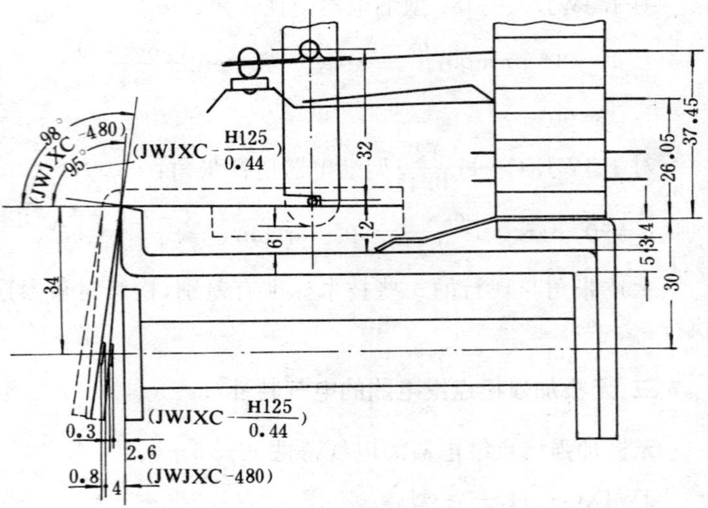

图 5—10　无极加强接点继电器衔铁张角计算示意图

表 5—6　无极加强接点继电器电气特性表

型　　号	电　气　特　性				时间特性
	过负载	释放值 不小于	工作值 不大于	反向工作值 不大于	缓　放 不小于
JWJXC—480	64V	4.8V	16V	19.2V	
JWJXC—H$\frac{125}{0.44}$	$\frac{48}{/}$V	$\frac{2.5}{/}$V	$\frac{12}{/}$V	$\frac{14.4}{/}$V	18V　0.35s 24V　0.4s
JWJXC—H$\frac{125}{0.13}$	$\frac{48V}{5A}$	$\frac{2.3V}{<1A}$	$\frac{11V}{2.5A}$	$\frac{13.2V}{3A}$	18V　0.35s 24V　0.4s 5A 降至 1.5A 断电＞0.2s *

* JWJXC—H$\frac{125}{0.13}$后圈当电流由 4A 降至 1A 时缓放时间＞0.2s。

四、实测的无极加强接点继电器电磁牵引特性

实测的无极加强接点继电器电磁牵引特性见表 5—7 与表 5—8。

表 5—7 工作安匝下的电磁牵引特性曲线

型号	工作安匝	F_D 单位:N			
		δ_0	δ_1	δ_2	δ
JWJXC—480	333	10.78(1100)	6.86(700)	2.94(300)	2.45(250)
JWJXC—H $\frac{125}{0.44}$	259	23.52(2400)	11.27(1150)	3.724(380)	2.94(300)
JWJXC—H $\frac{125}{0.13}$	238	21.61(2205)	10.36(1057)	3.420(349)	2.705(276)

表 5—8 落下安匝下的电磁牵引特性曲线

型号	落下安匝	F_D 单位:N		
		δ_0	δ_1	δ_2
JWJXC—480	116	2.94(300)	1.47(150)	0.588(60)
JWJXC—H $\frac{125}{0.44}$	54	3.724(380)	1.764(180)	0.98(100)
JWJXC—H $\frac{125}{0.13}$	50	3.450(352)	1.637(167)	0.902(92)

五、无极加强接点继电器的机械特性

无极加强接点继电器的机械特性见表 5—9、表 5—10。

表 5－9　JWJXC－480 型继电器机械特性曲线

转折点	衔铁动程 δ	衔铁重力 N	动接点压力 N	后接点压力 N	前接点压力 N	机械力和 N
1	δ	1.568 (160)	0	－1.568 (－160)	0	0
2	δ_2	1.568 (160)	0.2156(22)	－1.2642 (－129)	0	0.5194(53)
3	δ_2	1.568(160)	0.2156(22)	0	0	1.7836(182)
4	δ_1	1.568(160)	0.98(100)	0	0	2.548(260)
5	δ_1	1.568(160)	0.98(100)	0	1.568(160)	4.116(420)
6	δ_0	1.568(160)	1.0878(111)	0	2.0286(207)	4.6844(478)

表 5－10　JWJXC－H $\frac{125}{0.44}$ 和 JWJXC－H $\frac{125}{0.13}$ 型继电器机械特性曲线

转折点	衔铁动程 δ	衔铁重力 N	动接点压力 N	后接点压力 N	前接点压力 N	机械力和 N
1	δ	1.568(160)	0	－1.568 (－160)	0	0
2	δ_2	1.568(160)	0.2156(22)	－1.2642 (－129)	0	0.5194(53)
3	δ_2	1.568(160)	0.2156(22)	0	0	1.7836(182)
4	δ_1	1.568(160)	0.637(65)	0	0	2.205(225)
5	δ_1	1.568(160)	0.637(65)	0	1.568(160)	3.773(385)
6	δ_0	1.568(160)	0。8134(83)	0	2.0286(207)	4.41(450)

六、电磁牵引特性曲线与机械特性曲线的配合

电磁牵引特性曲线与机械特性曲线的配合见图 5－11。

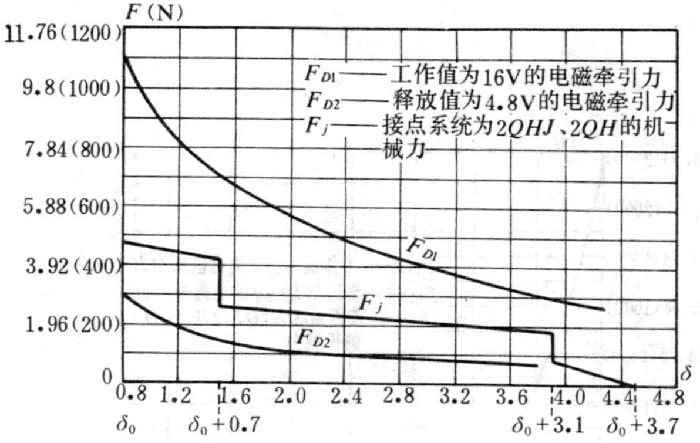

(a)JWJXC－480 型继电器

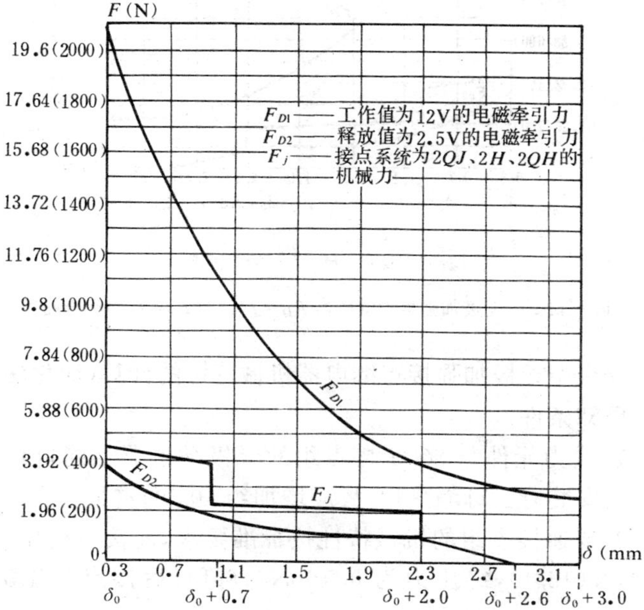

(b)JWJXC－H $\frac{125}{0.44}$ 型继电器

图 5－11①

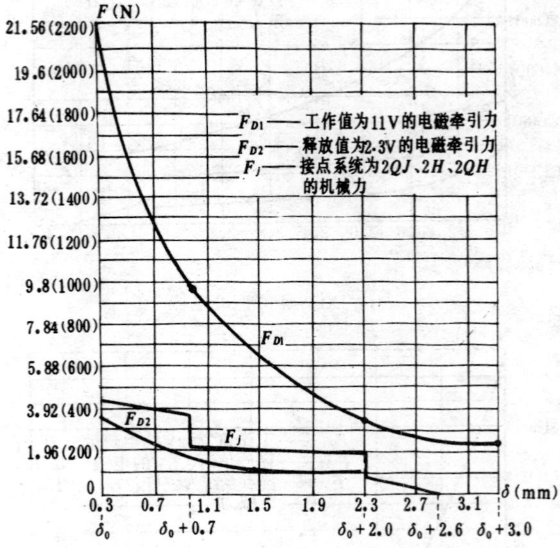

(c)JWJXC－H$\frac{125}{0.13}$型继电器

图 5－11② 无极加强接点继电器 $F_D=f(\delta)$与 $F_j=f(\delta)$配合曲线

安全型无极加强接点继电器机械特性的计算(简化法)：

已知条件：

1. 重力元件与 $8QH$ 接点组的无极继电器相同，但由于拉杆上安装有云母隔弧片，故应增加约 10g 的重量。

2. 普通接点组的机械特性按标准要求，前接点初压力取 0.147N(15gf)，终压力为 0.196N(20gf)；后接点初压力取 0.098N(10gf)，终压力为 0.147N(15gf)。

3. 加强接点组的机械特性如下：加强前接点初压力取 0.343N(35gf)，终压力为 0441N(45gf)；加强后接点的初压力取 0.294N(30gf)，终压力为 0.343N(35gf)。

4.动接点的挠度规律：普通接点与无极继电器相同，据实测每弯曲 1mm 需外力约 0.0245N(2.5gf)；加强动接点根据理论计算，在拉杆处每弯曲 1mm 需外力约 0.0784N(8gf)。

5.衔铁动程 δ 与机械特性转折点处的间隙 δ_1 与 δ_2，按表 5—5 选取。

6.加强接点继电器的传动比(衔铁动程与接点动程之比) K：

对于普通接点，与无极继电器相同，$K=1.24$；

对于加强接点组，可按图 5—8 计算：

$$K_{j}=\frac{L_2}{L_3}\times\frac{L_5}{L_1}=\frac{42}{34}\times\frac{55.5}{40}=1.71$$

根据上述已知条件可以逐项计算出各项机械力在衔铁牵引过程中的变化规律。

1.重力 F_G 的计算：计算方法与 $8QH$ 接点组无极继电器相同，只需要增加带云母片的拉杆重量 10g 即可，将重力换算到铁心中心处：

$$F_G=(118+10)\times K\times 0.0098=128\times 1.24\times 0.0098\approx 1.555\text{N}(159\text{gf})$$

重力 F_G 在衔铁牵引过程中是不变化的。

2.动接点反作用力 F_{jz} 的计算：

(1)首先应确定衔铁处于释放位置时，动接点是否需要预压力。也就是要校核一下衔铁重量是否能产生足够的后接点压力，这可以简要计算如下：

两组加强后接点产生 0.343N(35)的压力所需的衔铁重量换算到铁心中心处：

$35\times2\times K_j\times0.0098=70\times1.74\times0.0098\approx1.1936$N(122gf)

两组普通后接点产生压力 0.147N(15gf)所需的衔铁重量换算到铁心中心处：

$15\times2\times K\times0.0098=30\times1.24\times0.0098\approx0.3646$N(37gf)

这两项压力之和为 1.5582N(159gf)，与衔铁重量1.568N(160gf)比较，几乎相等。因此，对于加强接点的无极继电器而言，重力元件的重量已能满足后接点压力的需要，无需动接点的预压力补强，这一点是我们调整动接点片的出发点。

实际调整继电器时，怎样衡量衔铁释放状态下动接点预压力为零呢？仍然用轭铁顶面与自由状态下的拉杆底部之间的间隙 Δ 来判断，根据设计与制造的标准结构尺寸，此间隙应为 6mm。

(2)根据已知条件 4 与 5 计算动接点反作用力 F_{jz}。

JWJXC－480 型继电器的动接点反作用力 F_{jz} 见表 5－11，JWJXC－H $\frac{125}{0.44}$ 及 JWJXC－H $\frac{125}{0.13}$ 型继电器的动接点反作用力 F_{jz} 见表 5－12。

表 5－11　JWJXC－480 型继电器 $F_{jz}=f(\delta)$ 曲线

顺号	计算项目		计算方法	机械特性转折点			
				δ_0	δ_1	δ_2	δ
1	衔铁运动距离		取自表 3－5　mm	3.8	3.1	0.7	0
2	拉杆处接点动程		(1 项)×K　mm	4.6	3.8	0.85	0
3	拉杆处的 F_{jz}	二组加强动接点	2×8×(2 项)　N	0.7252 (74)	0.5978 (61)	0.1372 (14)	0
		二组普通动接点	2×2.5×(2 项)　N	0.2254 (23)	0.1862 (19)	0.0412 (4.2)	0
		合　　计	N	0.9506 (97)	0.784 (80)	0.1784 (18.2)	0
4	换算到铁心中心处的 F_{jz}		(3 项)×K　N	1.0878 (111)	0.98 (100)	0.2156 (22)	0

表 5－12　JWJXC－H $\frac{125}{0.44}$型继电器 $F_{jz}=f(\delta)$曲线

顺号	计算项目		计算方法	机械特性转折点			
				δ_0	δ_1	δ_2	δ
1	衔铁运动距离		取自表 3－5　mm	2.6	2.0	0.7	0
2	拉杆处接点动程		(1 项)×K　mm	3.2	2.5	0.85	0
3	拉杆处的 F_{jz}	二组加强动接点	2×8×(2 项)　N	0.4998 (51)	0.392 (40)	0.1372 (14)	0
		二组普通动接点	2×2.5×(2 项)　N	0.1568 (16)	0.1225 (12.5)	0.0411 (4.2)	0
		合　　计	N	0.6566 (67)	0.5145 (52.5)	0.1784 (18.2)	0
4	换算到铁心中心处的 F_{jz}		(3 项)×K　N	83	65	22	0

3. 前接点反作用力 F_{jQ}的计算结果见表 5－13。

表 5－13　$F_{jQ}=f(\delta)$曲线的计算

顺号	计算项目	计算方法	机械特性转折点	
			δ_1 处的初压力	δ_0 处的终压力
1	二组加强前接点	根据已知条件 3 N	0.686(70)	0.882(90)
2	换算到铁心中心	(1 项)×K_j N	1.2054(123)	1.5386(157)
3	二组普通前接点	根据已知条件 2 N	0.294(30)	0.392(40)
4	换算到铁心中心	(3 项)×K N	0.3626(37)	0.49(50)
5	铁心中心处的 F_{jQ}	(2 项)＋(4)项 N	1.568(160)	2.0286(207)

4. 后接点反作用力 F_{jH}的计算结果见表 5－14。

将 1、2、3、4 的计算综合起来，即得表 3－5 与表 5－10 的机械特性曲线。

表 5－14　$F_{jH}=\delta(f)$曲线的计算

顺号	计算项目	计算方法	机械特性转折点	
			δ_2 处的初压力	δ 处的终压力
1	二组加强后接点	根据已知条件 3 N	－0.588(－60)	－0.686(－70)
2	换算到铁心中心	(1 项)×K_j] N	－1.0192 (－104)	－1.2054 (－123)
3	二组普通后接点	根据已知条件 2 N	－0.196(－20)	－0.294(－30)
4	换算到铁心中心	(3 项)×K N	－0.245(－25)	－0.3626(－37)
5	铁心中心处的 F_{jH}	(2 项)＋(4)项 N	－1.2642 (－129)	－1.568(－160)

注：表中"－"号表示后接点反作用力的方向与重力的方向相反。

第三节　检修与调整工艺

一、检修前的准备工作

加强接点继电器的检修前准备工作，如工具及检修用品的准备，外部清扫检查及检修前测试的项目、方法与要求，均与无极继电器相同，但电气特性应按表 5－6 所列标准值检查。

对于 JWJXC－H $\frac{125}{0.44}$型继电器，由于专用在三线制道岔电路中，根据电路动作的要求，125Ω 的主线圈与 0.44Ω 的电流保持线圈配合使用，两者极性要完全一致，检修时应严格检查。典型的三线制道岔启动电路如图 5－12 所示。JWJXC－H $\frac{125}{0.13}$型继电器用于四线制道岔电路，如图 5－13 所示。

线圈极性检查的简易办法是在测试台上，按图 5－12、图 5－13 所示的电源接引方向，同时向主线圈加以 12V 电压，向电流线圈通以 1.5A 电流。若衔铁始终处于吸起状态，说明两者极性相同，磁路中磁通方向一致；若相反，衔铁释放，则说明两者极性相反，磁路中磁通互相抵消，应予检查更正。

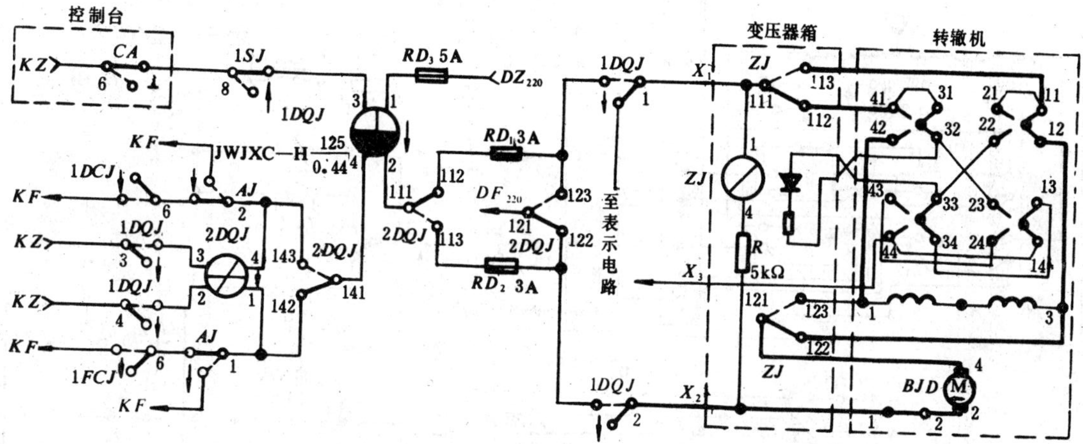

图 5—12　JWJXC—H $\frac{125}{0.44}$型继电器在三线制道岔启动电路中的应用

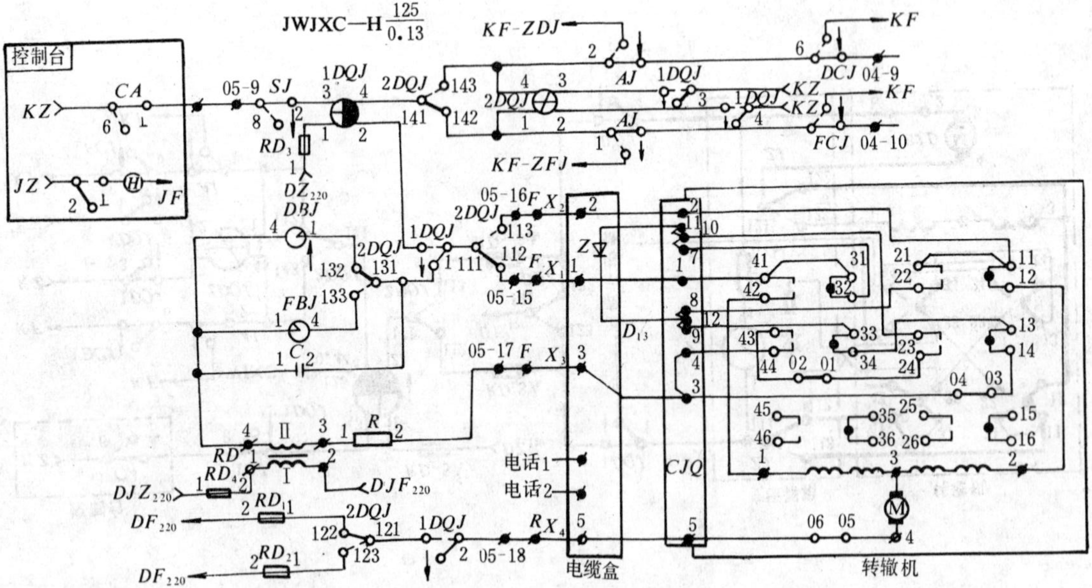

图 5—13　JWJXC—H $\frac{125}{0.13}$ 型继电器在四线制道岔启动电路中的应用

在测试电流缓放时间时，对于 JWJXC－H $\frac{125}{0.44}$型继电器应先将电流升至 5A，然后降低到 1.5A，再断电测试，这也是考虑了实际的道岔控制电路而选定的。因为，电动转辙机的启动电流较大，而处于正常转速状态时电流即迅速降低至额定值，故继电器电流保持线圈也经过从较大的启动电流（5A 左右）降到额定电流（约 1.5A 左右）的过程。因此，测试特性时，将电流升至 5A 即断电测时间是不对的，这样测出的缓放值偏大，而仅仅将电流升至 1.5A 即断电测时间也是不对的，这样测出的缓放值偏小。对于 JWJXC－H $\frac{125}{0.13}$型应先将电流升至 4A 然后降低到 1A，再断电测试电流缓放时间。

二、检修电磁系统与接点系统

无极加强接点继电器电磁系统的检修方法、程序和要求与无极继电器相同，只是磁路的结构参数应按表 5－2 进行检查。

接点系统的检修除按无极继电器检修程序逐项检查外，还应补充以下检查项目：

1. 检查磁熄弧器的安装。磁熄弧器应在熄弧器夹上安装牢固、磁钢的极头伸出接点表面不小于 0.5mm，否则将影响吹弧效果。

2. 检查磁熄弧器的磁钢极性。用指南针测试出磁钢极性，应符合图 5－6 的规定，也可以检查磁钢上的标记来确定磁钢极性，规定打红点者为 N 极。

3. 测量熄弧磁钢的磁通量。用磁通表测出的磁通量不能小于标准值。磁通量过小将影响吹弧效果，应予更换。

4. 检查隔弧云母片。云母片应完整不残缺、无弯曲变形、无严重烧损，牢固地安装在拉杆上。

三、磁路与接点系统的调整工艺

无极加强接点继电器磁路与接点系统的调整与无极继电器相同，但是磁路间隙的选择，动接点预压力的大小由于接点系统的改变而有较大的差别，其调整工艺如下：

1. 检查接点架间隙 Δ′。标准值为 3mm，用塞尺测量。不标准时应按第三章第五节所述方法修理，若不进行处理，则调整时应参照其实际高度，修正衔铁角度 α 和拉杆间隙 Δ，见表 5—15。

表 5—15　JWJXC 型继电器 Δ′，α 与 Δ 关系表

Δ′ mm	α		Δ mm
	JWJXC—480	JWJXC—H $\frac{125}{0.44}$	
1.5	96°	93°	4.5
2.0	96°40′	93°40′	5.0
2.5	97°20′	94°20′	5.5
3.0	98°	95°	6.0
3.5	98°40′	95°40′	6.5
4.0	99°20′	96°20′	7.0

2. 检查衔铁角度 α。去掉钢丝卡，取下衔铁，用量角器测量，标准值见表 5—2。若 Δ′值不标准，可参照表 5—11 进行修正。

3. 检查拉杆间隙 Δ。用塞尺测量此间隙时，应事先用垫块移开后接点，使动接点组处于自由状态。对于加强接点继电器，Δ 值与接点架间隙 Δ′之间的关系，见表 5—11。在调整间隙Δ的同时将动接点片调平直。

4. 调整动、后离间隙 δ_2 与后接点位置。δ_2 的大小可参照表 5－5 的计算与实践经验的总结，JWJXC－480 型继电器取 3. 1mm；JWJXC－H $\frac{125}{0.44}$ 型继电器取 2mm。将此规格的塞尺放于铁心止片处，将衔铁固定死，调整后接点托片，使后接点与动接点刚接触，两者无间隙但又无压力。

5. 调整后接点压力与共同行程。调整后接点初压力时应按照以下标准：普通接点 0. 098N(10gf)；加强接点 0. 245N(25gf)～0. 294N(30gf)。各组接点间初压力均匀，相差不得大于 0. 0196N(2gf)。然后松开衔铁，让继电器处于垂直位置，按表 5－4 的要求检查后接点压力、共同行程，并按表 5－2 的要求检查衔铁动程。

6. 调整动、前接间隙 δ_1 及前接点位置。δ_1 可参照表 5－5 的计算值与实践经验相结合，得出 δ_1＝0. 7mm。用此规格的塞尺，将衔铁固定死，调整前接点托片，使前接点与动接点接触，两者吻合无压力。

7. 调整前接点压力与共同行程。调整前接点初压力时应按照下列标准：普通接点 0. 147N(15gf)；加强接点 0. 294N(30gf)，接点间初压力均匀，相差不大于 0. 0196N(2gf)。然后，松开衔铁，用手推动衔铁至吸合位置，检查前接点的托片间隙与压力；前、后接点间隙；动接点自由行程等均应符合表 5－4 的规定。

8. 调整接点接触齐度。方法和要求与无极继电器相同，但加强接点与普通接点间由于接点位置不在同一平面内，因此同时接触不齐度允许适当放宽，以能满足接点的机械特性为原则。

9. 检查下止片与重锤片之间的间隙。方法和要求与无极继电器相同。

10. 电气特性测试。测试方法和要求与检修前测试相同。

四、辅助工艺

无极加强接点继电器，在完成调整工作以后，同样应进行恒温处理与动作试验。恒温处理的温度属于低温，因此对熄弧磁钢不会起去磁作用。其他如微调、验收及加封等辅助工艺均与无极继电器相同。

第四节　常见的电气特性故障的分析与处理

故障举例 1

故障现象：工作值大。

引起 JWJXC－H $\frac{125}{0.44}$型、JWJXC－H $\frac{125}{0.13}$型和 JWJXC－480 型继电器工作值大的原因，可归纳为以下几方面：

故障原因 1：衔铁动程大。

处理方法：应调整衔铁张角，改变工作气隙磁阻，但同时应满足接点间隙、托片间隙的要求。

故障原因 2：动接点预压力过强，引起机械特性曲线上升，同样的电磁吸力下，已克服不了机械反作用力，因此工作值增大。

处理方法：应减少动接点预压力。

故障原因 3：铁心与轭铁紧固不良，存在较大间隙，增加了磁路的磁阻，使工作值增大。

处理方法：应紧固铁心与轭铁。

故障原因 4：衔铁及接点系统的可动部分卡阻，使继电器动作不灵活，引起工作值增加。

处理方法：应查明阻卡处并予以克服。

故障原因5：继电器的480Ω线圈、125Ω线圈或0.44Ω(0.13Ω)线圈存在短路匝，使继电器在同样的电流时其工作安匝降低了。

处理方法：必须更换线圈。

故障举例2

故障现象：释放值小。

故障原因1：前接点行程小、压力小。

处理方法：加大加强前接点和普通前接点的行程和压力，改变机械特性与电气特性的配合，使之既满足释放值，又保证缓放时间不小于标准规定。

故障原因2：动接点预压力小或弹性不足。

处理方法：应加大动接点预压力，或更换加强动接点片以保证足够的弹性。

故障原因3：止片太薄，缓放时间过长。

处理方法：应适当增加止片厚度。这样既增加了释放值，又满足了缓放时间要求。

故障原因4：磁路有缺陷。

处理方法：如果磁路元件剩磁太大，释放值很低，调整接点压力、间隙等解决不了时，应更换磁路元件(铁心或轭铁等)。

故障举例3

故障现象：缓放时间不够。

故障原因1：释放值大，引起缓放时间不够。

引起释放值大的原因有：

(1)前接点压力过大。

处理方法:应适量减少前接点压力。

(2)动接点预压力大。

处理方法:应减少预压力。

(3)止片太厚。

处理方法:应更换止片,使止片达到标准。

调整中应不使释放值低于标准值。

故障原因 2:电磁系统有缺陷,引起缓放时间不够。

(1)铁心紧固不牢。

处理方法:应紧固铁心。

(2)衔铁处于吸合状态时,间隙不均匀,止片与铁心呈点接触。

处理方法:应整平衔铁。特别应注意衔铁与轭铁是否在第二工作气隙处密贴,而衔铁与铁心在第一工作气隙处离开,遇此情况,应按前述方法检查修理。

(3)铁心材质不良,导磁率低,使得磁通小,从而减少了缓放时间。

处理方法:应更换不良的导磁体。

(4)铜线圈架材质不良,电阻率高,使涡流小,缓放时间减小。

处理方法:应更换铜线圈架。

故障举例 4

故障现象:接触电阻大。

故障原因 1:接触面不清洁。

处理方法:应用金相砂纸打磨。

故障原因 2:接点压力不够,接触面积小。

处理方法:应加大接点压力。

故障原因 3:接点初压力太大,使共同行程过小,造成接点有可能虚接，使得接点电阻不稳定，关键是失去了接点相对滑动所形成的清扫作用，引起接点面脏，增加了接点接触电阻。特别是加强接点托片间隙 0.1mm～0.3mm，应仔细测量，不宜大也不宜小。

处理方法：应严格控制共同行程。

故障原因 4：接点与接点片铆接不牢，铆接处接触电阻增大。

处理方法：应更换接点片，或者铆牢接点，如果是其它连接方式应根据具体情况确定。

检修人员应知应会

1. 安全型无极加强接点继电器有几种规格？在电磁系统的结构尺寸上各有什么特点？

2. 加强接点系统由哪些单元组成？在结构上为了保证增大接点的开断功率都采取了哪些措施？

3. 接点熄弧磁钢的主要作用是什么？怎样才能保证其吹弧效果？

4. 加强接点的机械特性参数较之普通接点有哪些显著的变化？而在磁系统结构上怎样保证它的要求？

5. 试述加强接点继电器磁路工作气隙 δ、δ_1 与 δ_2 的选择原则？衔铁的角度 α 又是怎样确定的？

6. 加强动接点的挠度规律是怎样的？继电器工作时需不需要动接点预压力？为什么？

7. 总结一下加强接点继电器检修与调整的工艺过程。

8. JWJXC—H $\frac{125}{0.13}$ 型后圈释放值为什么小于 1A？它是否会到 0 不释放？

第六章 JY(J)XC 型极性保持(加强接点)继电器

第一节 构造与部件

图 6—1 所示为极性保持继电器，有两种规格：JYXC—660 与 JYXC—270 型。

图 6—2 所示为极性保持加强接点继电器，也有两种规格：JYJXC—$\frac{220}{220}$与 JYJXC—3000 型[见图 6—2(a)(c)]这两种现在已不生产。根据运用中积累的实践经验，又生产了 JYJXC—$\frac{135}{220}$与 JYJXC—J3000[见图 6—2(b)(d)]改进型极性保持加强接点继电器。其结构参数、电气与机械特性都有较大的变化，以克服这种继电器在使用中出现的外部机械力作用下在高电压时反位不打落的问题。该继电器利用了偏极继电器的铁心，增加了偏极磁钢，衔铁增加了止片，形成特性较对称的永磁磁路；加强接点改为 2mm 厚的板形弹片，取消了托片，加强动接点片改为0.45mm弹片。

极性保持(加强接点)继电器是根据信号电路中双稳态电路(如道岔启动及表示电路、方向电路等)的需要而设计的，即继电器由于线圈中电流极性不同而具有定位和反位两种稳定状态，这两种稳定状态在线圈中电流消失后，仍能继续保持。为此，在继电器的磁系统中增加了永久磁钢。

(*a*)JYXC－660 型继电器

(*b*)JYXC－270 型继电器

图 6－1　极性保持继电器

(*a*)JYJXC$-\frac{220}{220}$型继电器

(*b*)JYJXC$-\frac{135}{220}$型继电器

图 6-2①

(*c*)JYJXC－3000 型继电器

(*d*)JYJXC-J3000 型继电器

图 6－2② 极性保持加强接点继电器

由图 6—1 与图 6—2 可知，极性保持继电器的磁路结构与无极继电器基本相同，只是用一块端部呈刃形的长条形永久磁钢代替了无极继电器的部分轭铁，磁钢与轭铁间用螺钉联结。这样的结构更进一步提高了安全型继电器零件的通用化程度。

极性保持继电器的主要用途见表 6—1。

表 6—1　极性保持继电器主要用途表

型　　号	接点组数	线圈联接	在信号电路中的主要用途	鉴别销号　码
JYXC—660	6*DF*	串联	通用有极继电器	15、52
JYXC—270	4*DF*	串联	单线自动闭塞改变运行方向电路中的方向继电器	15、53
JYJXC—$\frac{220}{220}$ $\left(\text{JYJXC—}\frac{135}{220}\right)$	2*DFJ* 2*DF*	分联	道岔电路中的控制继电器	15、54
JYJXC—3000 (JYJXC—J3000)	2*DFJ* 2*F*	串联	道岔电路中的转极继电器	51、13

极性保持继电器磁路的特殊零件是永久磁钢，其外形见图 6—3。在与轭铁联结的部位上有两个大于螺钉(5mm)的圆孔(8mm)，便于与轭铁安装时，适当地调节磁钢前后位置。磁钢上部的中间位置有一台面，是为了形成均匀的第二工作气隙。台面的中间有一凹槽，是为了拉杆下部不致与磁钢抵触而影响第二工作气隙的调整。

永久磁钢的磁通量为 1.5×10^{-4}Wb～1.7×10^{-4}Wb。

极性保持继电器的角形衔铁的尾部，加装了两个青铜螺钉(改进型的加强接点极性保持继电器，为了增加反位保持力，取消了这两个螺钉)，用来调节第二工作气隙的大小。同时,在铁心部位没有加装止片。

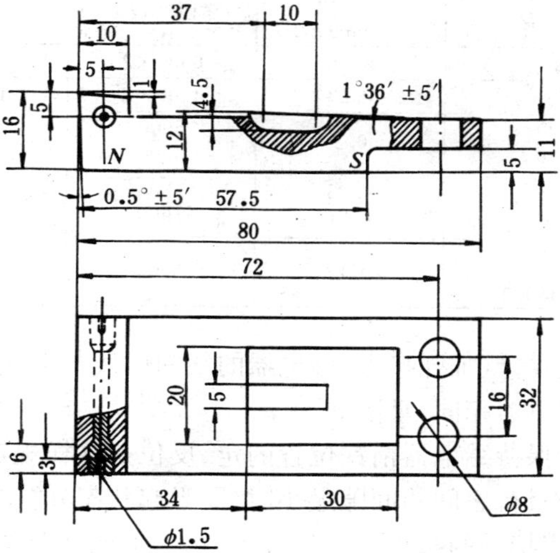

图 6—3　永久磁钢

极性保持继电器的磁路结构参数见表 6—2,线圈参数见表 6—3。

表 6—2　极性保持(加强接点)继电器磁系统结构参数表

型　　号	止片厚度 δ_0 mm	衔铁动程 δ mm	重锤片数	衔铁角度 α	铁心尺寸 mm		
					D_T	D	H
JYXC—660	0	1.8～2.2	1	94°30′	13	28	5
JYXC—270	0	1.8～2.2	1	93°30′	13	28	5
JYJXC—$\frac{220}{220}$	0	6.0	1	97°30′	13	28	5
JYJXC—$\frac{135}{220}$	0	6.0	1	97°30′	13	32×32	5
JYJXC—3000	0	6.0	1	97°30′	13	28	5
JYJXC—J3000	0	6.0	1	97°30′	13	32×32	5

表 6－3　极性保持(加强接点)继电器线圈参数表

型　号	线　径 mm	匝　数	电　阻 Ω
JYXC－660	0.18	6500×2	330×2
JYXC－270	0.23	4300×2	135×2
JYJXC－$\frac{220}{220}$	0.2	$\frac{5900}{5900}$	$\frac{220}{220}$
JYJXC－$\frac{135}{220}$	$\frac{0.23}{0.21}$	$\frac{4300}{5900}$	$\frac{135}{220}$
JYJXC－3000 (JYJXC－J3000)	0.12	14500×2	1500×2

极性保持(加强接点)继电器的线圈引线与电源片的连接与无极继电器相同,见图 3－9。

极性保持继电器衔铁位置的定、反位是这样规定的:当衔铁与铁心极靴之间的间隙最小时(即吸起状态)的位置规定为定位,相应接触的接点叫定位接点(相当于无极继电器的前接点);当衔铁与铁心极靴之间的间隙最大时(即打落状态)的位置规定为反位,相应接触的接点叫反位接点(相当于无极继电器的后接点)。

对于线圈串联使用的继电器,如 JYXC－660、JYXC－270 及 JYJXC－3000 型(JYJXC－J3000 型),当电源片 1 上接电源正极,4 上接电源负极时,为定位吸起,反之为反位打落。对于分联使用的继电器,如 JYJXC－$\frac{220}{220}$,则规定前圈的电源片 3 接电源正极,4 接电源负极时为定位吸起,而后圈的电源片 2 接电源正极,1 接电源负极时,为反位打落。

极性保持(加强接点)继电器的接点系统与无极(加强接点)继电器相同。JYXC－660 具有 6 组定、反位接点;而 JYXC－270 型具有 4 组定、反位接点;JYJXC－$\frac{220}{220}$各有 2 组定、反位加强接点和普通接点，而 JYJXC－3000 则较之少 1 组定位普通接点。

改进型继电器（JYJXC－J3000 和 JYJXC－$\frac{135}{220}$）的接点系统有较大的改变：加强前、后接点片厚度为 2mm，取消了接点托片；动接点片厚度为 0.45mm，并改接点为面接触以增大接触面积。改进后的 JYJXC－J3000 型的普通前接点取消，以使接点压力集中在加强前接点上。

加强接点继电器磁熄弧器的极性与接点电源极性的配合如图 6－4 所示。其中 JYJXC－3000 型继电器熄弧磁钢极性是配合 ZD4、ZD5、ZD6 类型的电动转辙机使用的，考虑到继电器断开电路时电弧最大，而这只有在转辙机中途转换时出现，故接点电流方向与正常工作时的极性相反，图 6－4 所示可以保证磁吹方向朝前。如果欲将该继电器用于 ZD3 型电动转辙机，则需要改装熄弧磁钢的极性，才能使磁吹方向朝前，这一点在检修时应予注意。

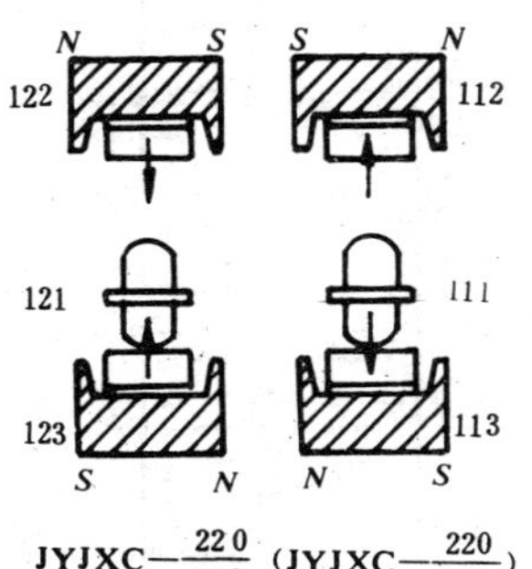

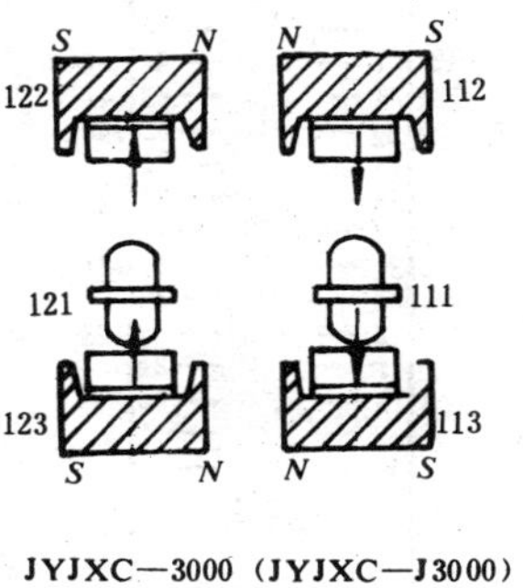

图 6－4　磁熄弧器的极性

极性保持（加强接点）继电器的接点系统机械特性见表 6－4，而接点组的编号如图 6－5 所示。

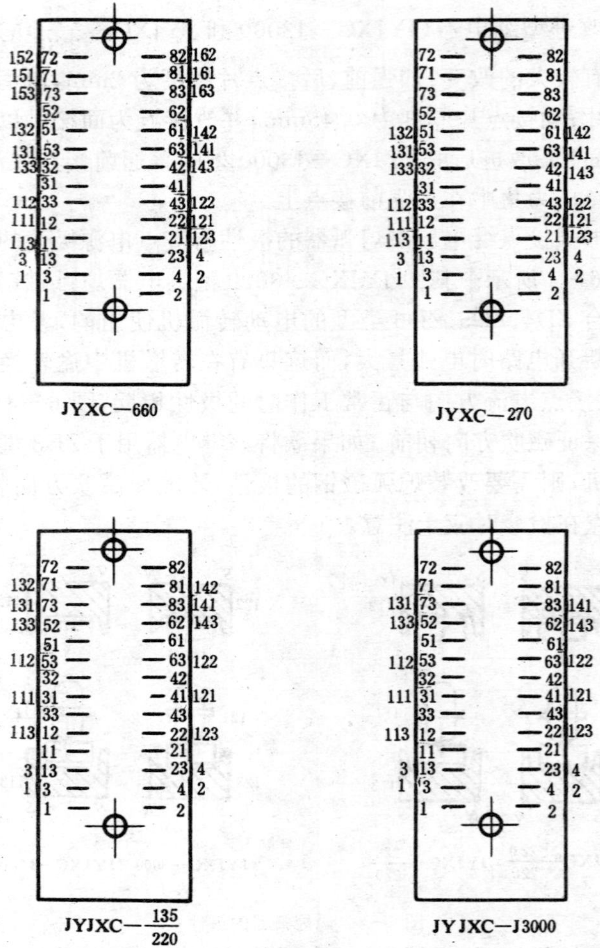

图 6—5　极性保持(加强接点)继电器接点组编号

表 6－4　极性保持(加强接点)继电器接点系统机械特性表

型　　号	接点类型	定位接点压力 N	反位接点压力 N	接点间隙 mm	托片间隙 mm	动接点自由行程 mm
JYXC－660	普通	$0.294^{+0.098}_{-0.049}$ (30^{+10}_{-5})	$0.294^{0.098}_{-0.049}$ (30^{+10}_{-5})	＞1.3	＞0.35	＞0.5
JYXC－270	普通	$0.294^{+0.098}_{-0.049}$ (30^{+10}_{-5})	$0.294^{0.098}_{-0.049}$ (30^{+10}_{-5})	＞1.3	＞0.35	＞0.5
JYJXC－$\frac{220}{220}$	加强	＞0.392(40)	＞0.392(40)	7	0.1～0.3	
	普通	＞0.147(15)	＞0.147(15)	4.5	＞0.35	
JYJXC－3000	加强	＞0.392(40)	＞0.392(40)	7	0.1～0.3	
	普通		＞0.147(15)	4.5	＞0.35	
JYJXC－$\frac{135}{220}$	加强	1.96 200	1.96 200	7		
JYJXC－J3000	普通	0.196±0.049 (20±5)	0.196±0.049 (20±5)	4.5	＞0.35	

第二节　动作原理及特性

本节所述不包括 JYJXC－$\frac{135}{220}$和 JYJXC－J3000。

一、极性保持磁路的工作原理

极性保持继电器的磁路系统由永磁磁路与电磁磁路两部分组合而成。

1. 永磁磁路

永久磁钢的永磁磁路与极性如图 6－6 所示，其磁通分为 $\phi_{M\text{I}}$ 与 $\phi_{M\text{II}}$ 两条并联支路：$\phi_{M\text{I}}$ 从 N 极出发，经衔铁→第一工作气隙 δ_{I}→铁心→轭铁→S 极；$\phi_{M\text{II}}$ 从 N 极出发，经衔铁上部→重锤→第二工作气隙 δ_{II}→S 极。很显然，这两条并联的

永磁磁路是不对称的,而磁路的不平衡就形成继电器的电气特性的正向吸起值与反向打落值之间有较大的差别,这是安全型继电器的一个特点。

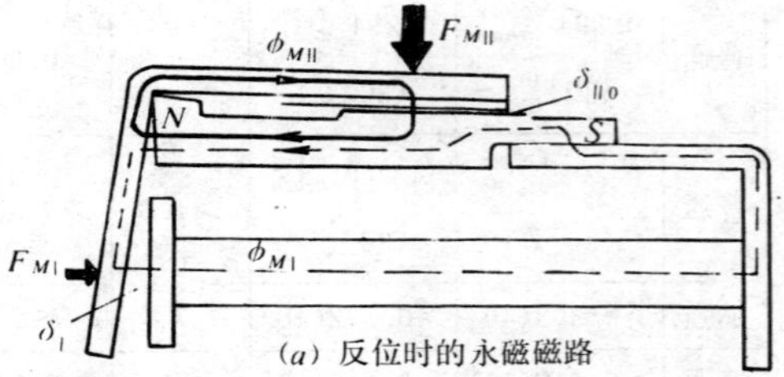

(a) 反位时的永磁磁路

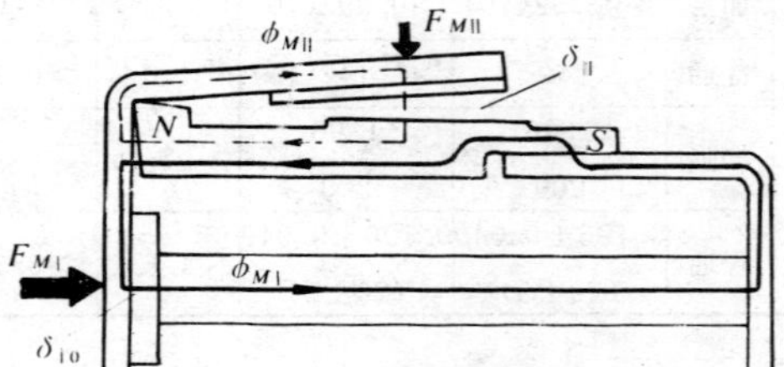

(b) 定位时的永磁磁路

图 6－6　永磁磁路

图中⇩表示吸引衔铁的磁力大小及方向。

当衔铁处于打落状态(反位)时,如图 6－6(a)所示,由于第一工作气隙较第二工作气隙大很多,即:

$$\delta_{\text{I}} \gg \delta_{\text{II}0}$$

因此

$$\phi_{M\text{II}} \gg \phi_{M\text{I}}$$

这样,由 $\phi_{M\text{II}}$ 所产生的永磁力 $F_{M\text{II}}$ 与衔铁重力、动接点预压力共同作用,克服了 $\phi_{M\text{I}}$ 产生的永磁力 $F_{M\text{I}}$ 与后接点压力的反作用,使衔铁保持稳定的打落位置。

反之，若衔铁处于吸合状态（定位）时，如图 6－6(*b*)所示，则：

$$\delta_{\mathrm{I}0} \ll \delta_{\mathrm{II}}$$

因此 $$\phi_{M\mathrm{I}} \gg \phi_{M\mathrm{II}}$$

这样，$\phi_{M\mathrm{I}}$ 的永磁力 $F_{M\mathrm{I}}$ 将克服 $\phi_{M\mathrm{II}}$ 产生的永磁力 $F_{M\mathrm{II}}$、衔铁重力以及接点机械负载的反作用力，使衔铁处于稳定的吸合位置。

为了保证极性保持继电器可靠、正确地动作，对永磁的保持力有一定的要求，在定位吸起位置或反位打落位置时，在铁心中心处测得的衔铁保持力应大于 1.96N(200gf)。

继电器从一种稳定状态改变到另一种稳定状态，靠电磁力的作用。

2. 电磁磁路

图 6－7 为电磁磁路，电磁通 ϕ_D 经过的是一个无分支的磁路，即由铁心→轭铁→δ_{II}→重锤片→衔铁→δ_{I}→极靴。磁通 ϕ_D 的方向由线圈中电流的极性来决定。图中永久磁钢画成虚线，是表示对于电磁通来说，永久磁钢是一个很大的磁阻，等于在气隙中通过一样。

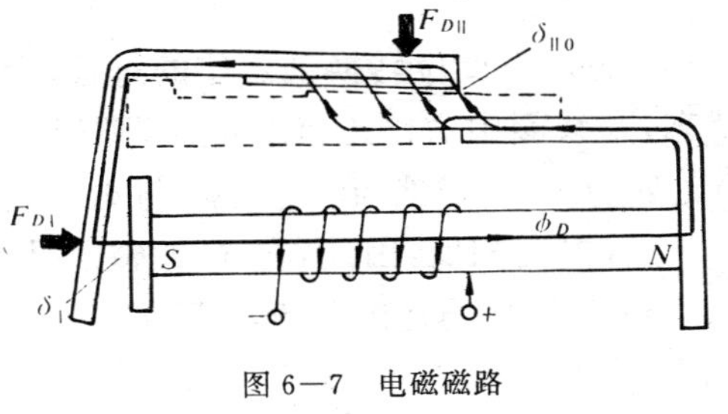

图 6－7　电磁磁路

3. 磁路的差动原理

实际上，极性保持继电器的永磁磁路与电磁磁路处于同一磁系统中，它们的对立和统一构成了极性保持继电器的特殊本质（即矛盾的特殊性），如图 6－8 所示。

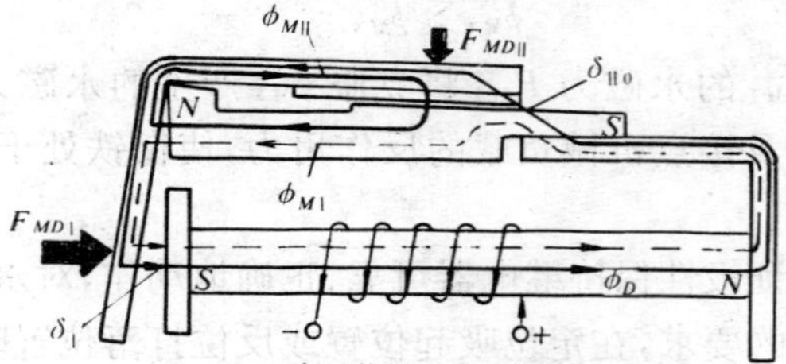

（*a*）由反位转换至定位的磁通方向

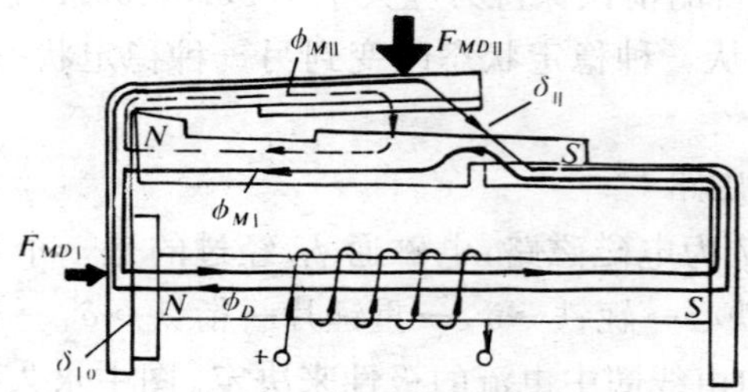

（*b*）由定位转换至反位的磁通方向

图 6－8　永磁与电磁磁路的组合

图中⇨表示吸引衔铁的磁力大小及方向。

图 6－8(*a*)表示由反位转换到定位的过程，继电器开始处于反位状态，在线圈中通以正极性电流，则产生电磁通 ϕ_D 的方向是极靴处为 S 极。显然，在 δ_{I} 处 ϕ_D 与 $\phi_{M\text{I}}$ 方向一致，而在 δ_{II} 处 ϕ_D 与 $\phi_{M\text{II}}$ 方向相反，因此，在 δ_{I} 处磁通是加强的，等于 $\phi_D+\phi_{M\text{I}}$，而在 δ_{II} 处磁通是削弱的，等于 $\phi_{M\text{II}}-\phi_D$。当 ϕ_D 增加到足够大时，达到

$$\phi_{M\text{I}}+\phi_D>\phi_{M\text{II}}-\phi_D$$

$$则\ F_{MD\mathrm{I}} > F_{MD\mathrm{II}}$$

这样 $F_{MD\mathrm{I}}$ 将克服 $F_{MD\mathrm{II}}$，衔铁重量以及接点负载的反作用，而使衔铁开始吸合。衔铁吸合的过程中，伴随着 δ_{I} 的不断减少，δ_{II} 的不断增加，则 $F_{MD\mathrm{I}} \gg F_{MD\mathrm{II}}$，使衔铁迅速运动到吸合位置。此时，即使线圈中电流消失，磁路仍保持如图 6－6(*b*)所示的吸起状态。

如果改变线圈电流极性，如图 6－8(*b*)所示，则铁芯中电磁通 ϕ_D 的方向也改变过来，极靴处为 N 极。显然，在 δ_{I} 处 ϕ_D 与 $\phi_{M\mathrm{I}}$ 方向相反，总磁通为两者相减。即 $\phi_{M\mathrm{I}}-\phi_D$；在 δ_{II} 处两者方向相同而相加，即 $\phi_{M\mathrm{II}}+\phi_D$。当

$$\phi_{M\mathrm{II}}+\phi_D > \phi_{M\mathrm{I}}-\phi_D\ 时$$

则 $F_{MD\mathrm{II}} > F_{MD\mathrm{I}}$

在这样衔铁重力、接点负载、$F_{MD\mathrm{II}}$ 的共同作用下，衔铁返回到打落位置。

通过上面动作原理的分析，在检修调整极性保持继电器时，应有以下基本认识：

1. 电气特性主要取决于磁路的调整，即应合理安排磁间隙 δ_{I} 与 δ_{II}。δ_{I} 与 δ_{II} 是互相矛盾的，伴随 δ_{I} 的增加，δ_{II} 将减小，反之亦然。因此，间隙的微小变化，将引起永磁力的显著变化。而电磁通同时通过间隙 δ_{I} 与 δ_{II}，因此，调整磁路间隙对电磁力的变化要小一些。

2. 接点的机械力对电气特性的调整起辅助作用，而增加接点负载(如加大动接点预压力、定位接点压力)对反位打落有利，而对定位吸起不利。在改变接点机械力的同时，应充分考虑永磁的保持力不能小于标准值。

二、电磁牵引特性曲线

极性保持继电器的磁路特性仍可以用电磁牵引特性曲线

来表示，但与无极继电器不同，它由永磁力和电磁力两部分组成，因此，应分别研究然后综合分析。又由于存在两个工作气隙，在研究时仍以第一工作气隙 δ_{I} 为自变量进行。

1. 永磁牵引特性曲线

典型的 $F_M=f(\delta_{\mathrm{I}})$的曲线绘于图 6—9。

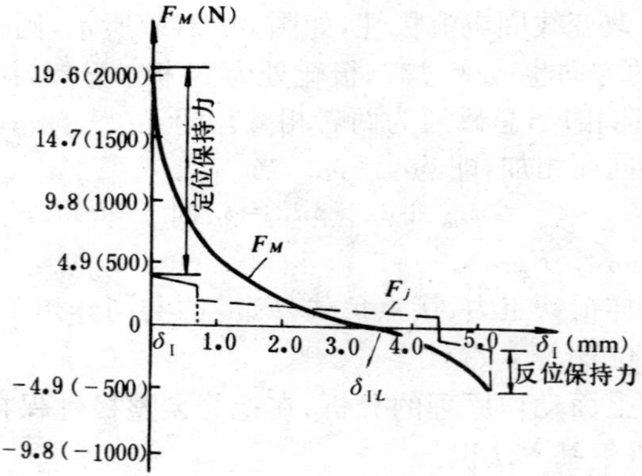

图 6—9　永磁牵引特性曲线 $F_M=f(\delta_{\mathrm{I}})$

由图可知，永磁力在整个衔铁动程 δ_{I} 的范围内由正到负，存在一个临界的工作气隙 $\delta_{\mathrm{I}L}$。在 $\delta_{\mathrm{I}L}$处，$F_M=F_{M\mathrm{I}}-F_{M\mathrm{II}}=0$；当 $\delta_{\mathrm{I}}<\delta_{\mathrm{I}L}$时，$F_{M\mathrm{I}}>F_{M\mathrm{II}}$，故 F_M 为正，永磁力使衔铁吸合；当 $\delta_{\mathrm{I}}>\delta_{\mathrm{I}L}$时，$F_{M\mathrm{I}}<F_{M\mathrm{II}}$，故 F_M为负，永磁力使衔铁打落。由于永磁磁路不对称，因此，永磁牵引特性曲线在 $\delta_{\mathrm{I}L}$的两侧是不对称的，衔铁间隙小于 $\delta_{\mathrm{I}L}$时，永磁力增长快，曲线陡峭；而衔铁间隙大于 $\delta_{\mathrm{I}L}$时，永磁力增长慢，曲线平滑。显然，这说明定位吸起的永磁力大于反位打落的永磁力。

在不同强度的永久磁钢作用下，各种类型极性保持继电器的永磁牵引特性曲线 $F_M=f(\delta_{\mathrm{I}})$，参见图 6—10。

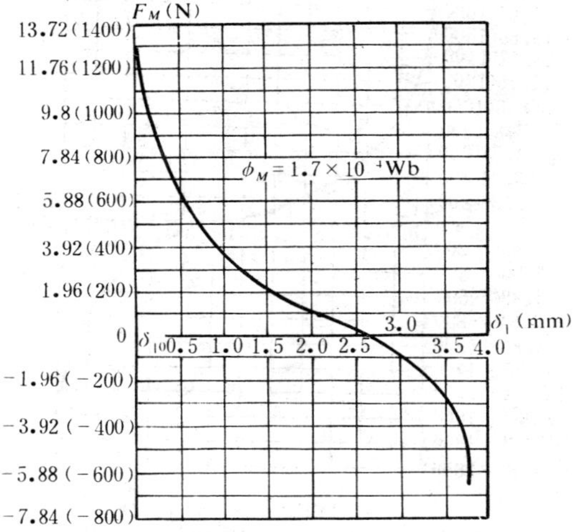

(*a*)JYXC－660 型继电器

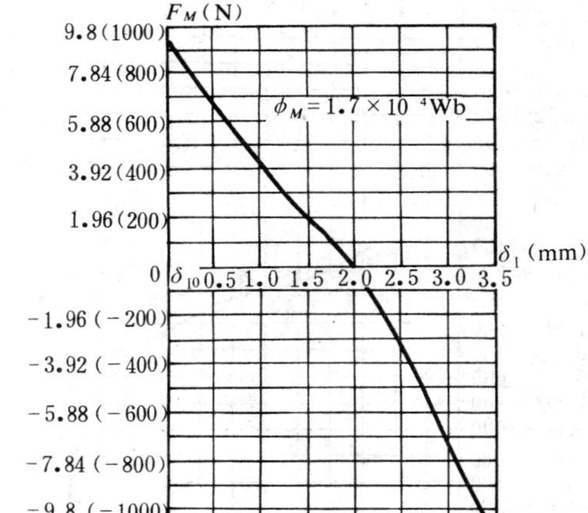

(*b*)JYXC－270 型继电器

图 6－10①

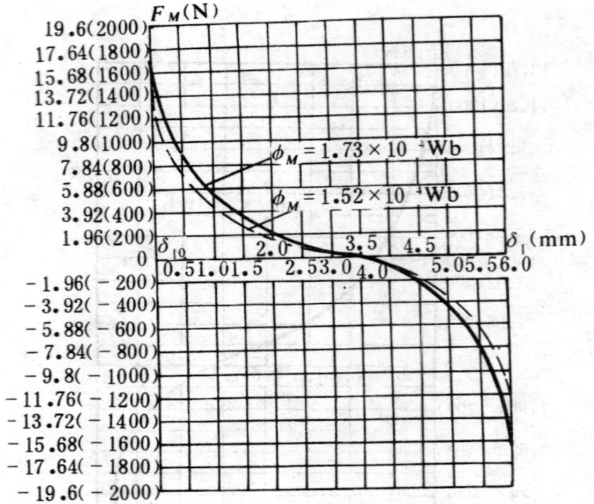

(*c*)JYJXC$-\frac{220}{200}$型继电器

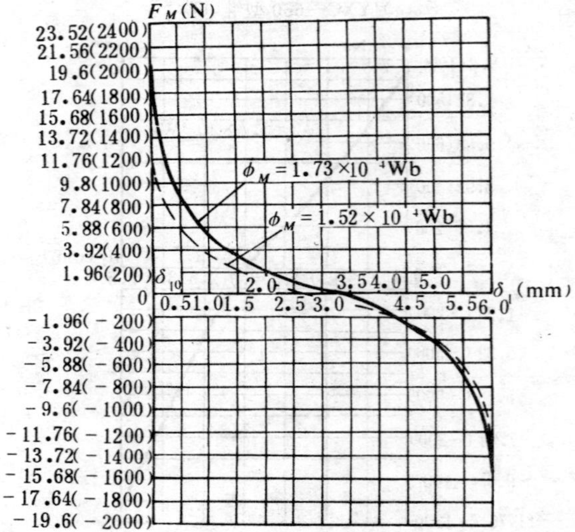

(*d*)JYJXC－3000 型继电器

图 6－10② 极性保持继电器 $F_M=f(\delta_1)$曲线

2. 电磁牵引特性曲线

典型的 $F_D=f(\delta_{\mathrm{I}})$曲线绘于图 6－11。

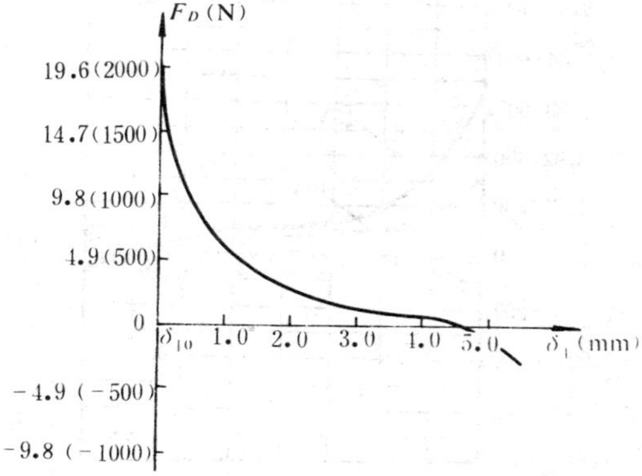

图 6－11　电磁牵引特性曲线 $F_D=f(\delta_{\mathrm{I}})$

曲线表明,随着 δ_{I} 的增加,F_D 显著降低,与无极磁路的牵引特性曲线有较大的差别,即曲线上升陡峭。这是因为 δ_{I} 的减少,使 $F_{D\mathrm{I}}$ 增加的同时伴随着 δ_{II} 的增加,使 $F_{D\mathrm{II}}$ 减少,而引起 $F_D=F_{D\mathrm{I}}-F_{D\mathrm{II}}$ 显著增加所致,这一点就形成反位打落比定位吸起容易一些的原因。另一不同之处,在衔铁打落状态时,F_D 因 $F_{D\mathrm{II}}>F_{D\mathrm{I}}$ 而出现负值。

实测的极性保持继电器的电磁牵引特性曲线 $F_D=f(\delta_{\mathrm{I}})$,参见图 6－12。

3. 综合电磁牵引特性曲线

将永磁牵引特性曲线与电磁牵引特性曲线综合在一起,就得如图 6－13 所示的典型的综合电磁牵引特性曲线 $F_{MD}=f(\delta_{\mathrm{I}})$。

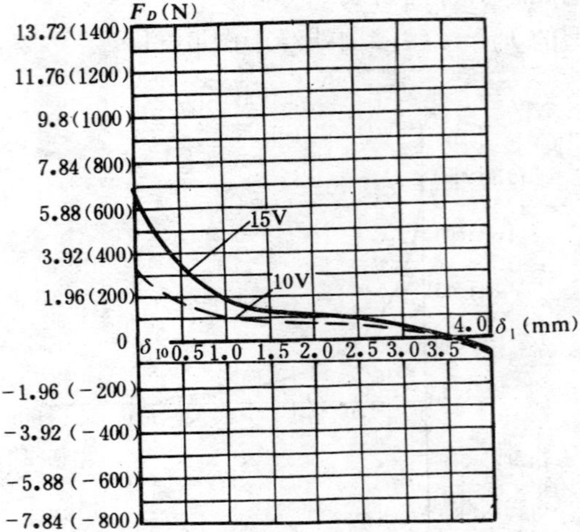

(*a*)JYXC－660 型继电器

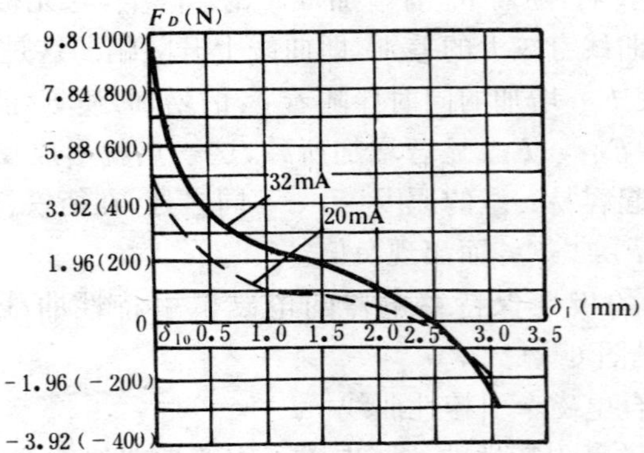

(*b*)JYXC－270 型继电器

图 6－12①

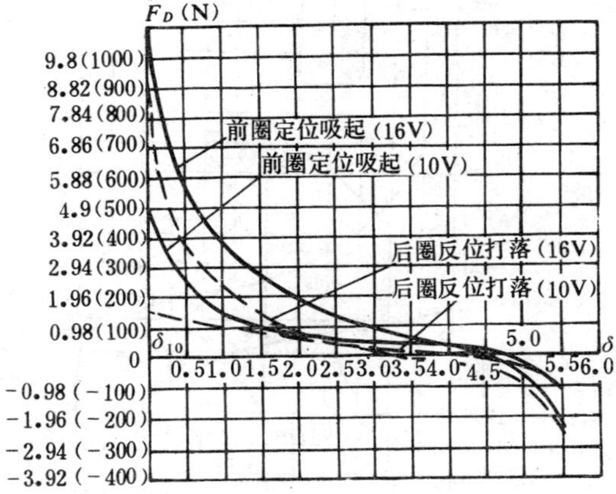

(c)JYJXC－$\frac{220}{220}$型继电器

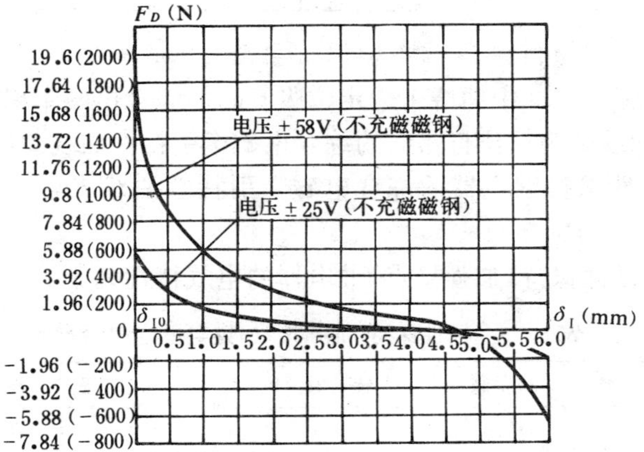

(d)JYJXC－3000 型继电器

图 6－12② 极性保持继电器的 $F_D=f(\delta_I)$曲线

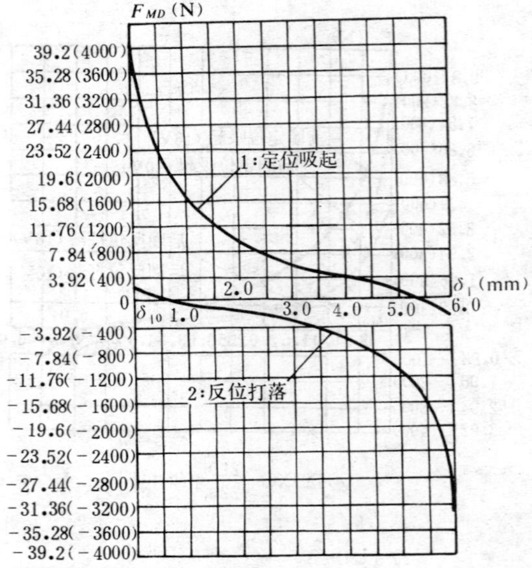

图 6—13　综合电磁牵引特性曲线 $F_{MD}=f(\delta_1)$

图 6—13 中曲线 1 为定位吸起时的综合电磁牵引特性曲线，曲线 2 为反位打落时的综合电磁牵引特性曲线。各种类型的极性保持继电器的综合电磁牵引特性曲线 $F_{MD}=f(\delta_1)$，见图 6—15。

极性保持(加强接点)继电器的电气特性列于表 6—5。

表 6—5　极性保持(加强接点)继电器电气特性表

型　　号	过负载	转　极　值	备　　注
JYXC—660	60V	10V～15V	于铁心中心处在衔铁上测量定位或反位的保持力大于 1.96N (200gf)

续上表

型　　号	过负载	转　极　值	备　　注
JYXC－270	120mA	20mA～32mA	于铁心中心处在衔铁上测量定位或反位的保持力大于 1.96N(200gf)
JYJXC－$\frac{220}{220}$	64V	10V～16V	于铁心中心处在衔铁上测量定位或反位的保持力大于 1.96N(200gf)
JYJXC－$\frac{135}{220}$	64V	10V～16V	4N
JYJXC－3000	160V	25V～58V	＞1.96N(200gf)
JYJXC－J3000	160V	定位→反位　20V～55V 反位→定位　30V～65V	4N

注:JYJXC－3000 临界不能转极电压大于 20V,JYJXC－J3000 临界不能转极电压大于 160V。

三、机械特性曲线

典型的极性保持继电器的机械特性曲线如图 6－14 所示。

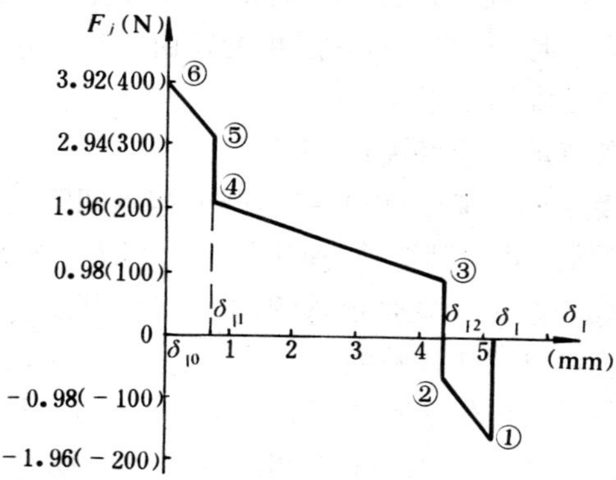

图 6－14　机械特性曲线 $F_j=f(\delta_1)$

从图中可以看出，与无极继电器相同，极性保持继电器的机械特性曲线 $F_i=f(\delta_1)$ 具有六个工作点和五个工作过程，它们是：

1. 反位接点在工作位置

此时第一工作气隙具有最大间隙 δ_1。反位接点的压力由永磁力和衔铁重量的共同作用产生，衔铁重量已不能单独满足反位接点压力的要求，因此，机械特性出现负值，即方向朝上，它有利于衔铁从反位转向定位，但永磁力必须大于机械反作用力，才能保持稳定的反位状态，这一点显然与无极继电器有根本的差别。

2. 反位接点与托片接触瞬间

此时动接点与反位接点相接触，具有初压力但无共同行程。对应的磁路工作气隙 δ_{12}，就是衔铁的动、反离间隙。而机械特性仍处于负值。

3. 反位接点与动接点分离瞬间

此时动接点与反位接点刚分离，接点间无压力，但又无间隙，由于反位接点初压力的消失，而使机械特性发生跃变，从负值变为正值(即方向朝下)，它阻止衔铁由反位向定位转换。而衔铁此时的位置仍处于 δ_{12}处。

4. 动接点与定位接点接触瞬间

此时动接点与定位接点刚靠近，既无接点间隙，也无接点压力。由于动接点片受到弯曲，使机械反作用力继续增加。对应的磁路工作气隙 δ_{11}，就是衔铁的动、定接间隙。

5. 定位接点离开托片瞬间

此时动接点与定位接点刚密合，具有初压力，但无共同行程。由于加上了初压力，使机械特性又发生一次跃变。衔铁此时仍处于 δ_{11}的位置。

6.定位接点在工作位置

此时衔铁完全吸合,第一工作气隙为零,而第二工作气隙最大,定位接点由于接点片的挠度变形而具有终压力。机械特性曲线具有正向最大值,而永磁力必须超过此机械反作用力,才能保证衔铁处于稳定的反位打落状态。

由上面的分析可知，动接点片的机械特性如何处理，对总的机械特性曲线有较大的影响：如果动接点片预先弯向反位，则机械特性曲线将平行地上升，不利于由反位向定位的吸起，但有利于定位向反位的打落与反位的保持；如果动接点片预先弯向定位，则机械特性曲线将平行地下降，不利于由定位向反位的打落，但有利于反位向定位的吸起与定位的保持。怎样处理这个问题呢？由永磁牵引特性曲线可知，永磁力在定位时大于反位，为了保证继电器在定、反位都稳定地工作，则动接点片一般应预先向反位弯曲，以弥补反位永磁力的不足。

各种类型极性保持(加强接点)继电器的机械特性曲线参见图 6—15。

四、电磁牵引特性曲线与机械特性曲线的配合

各种类型极性保持继电器的 $F_{MD}=f(\delta_1)$与 $F_j=f(\delta_1)$ 综合绘于图 6—15。

由图 6—15 可见:当在衔铁动程范围内,$F_{MD}=f(\delta_1)$曲线一直高于 $F_j=f(\delta_1)$曲线时,则衔铁由反位转向定位;相反,当 $F_{MD}=f(\delta_1)$曲线处处低于 $F_j=f(\delta_1)$曲线时,则衔铁由定位转向反位。极性保持继电器检修调整的目的,就是要达到两者的最佳配合。

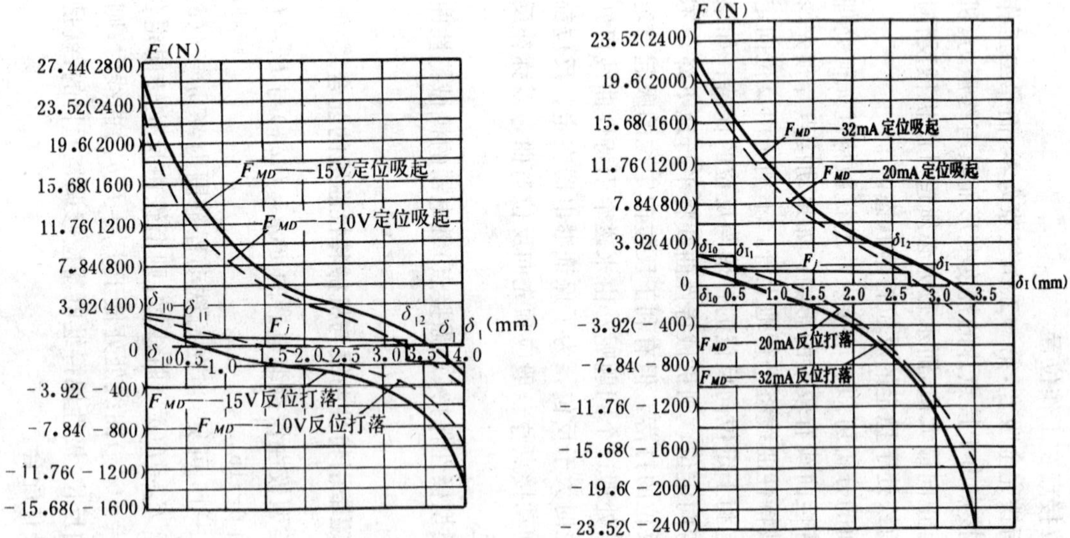

(a)JYXC－660 型继电器　　(b)JYXC－270 型继电器

图　6－15①

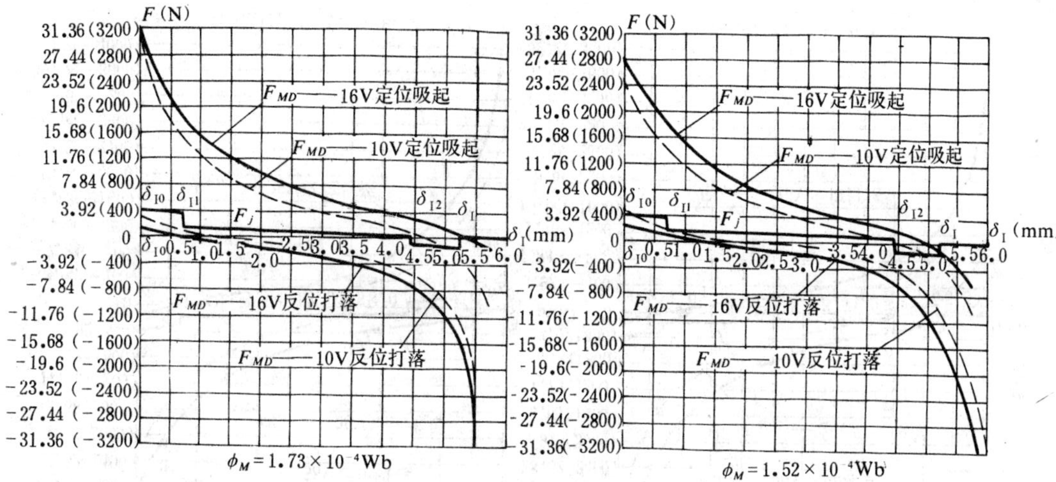

(c)JYJXC—$\frac{135}{220}$型继电器

图 6—15②

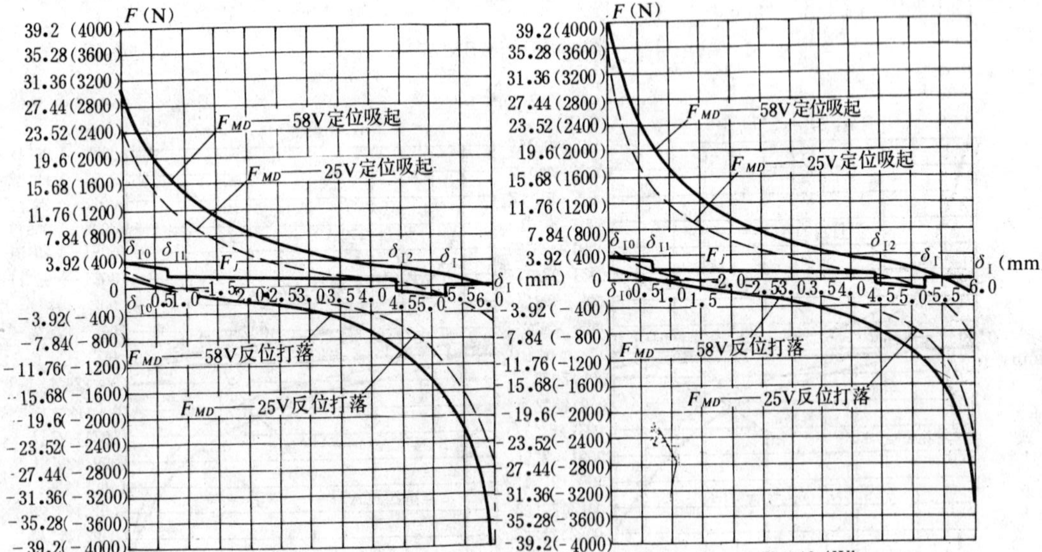

$\phi_M = 1.52 \times 10^{-4}$ Wb　　　　$\phi_M = 1.73 \times 10^{-4}$ Wb

(d)JYJXC—3000 型继电器

图 6—15③　极性保持继电器 $F_{MD}=f(\delta_I)$ 与 $F_j=f(\delta_I)$ 配合曲线

第三节　改进型继电器的磁路工作原理及特性

一、对 JYJXC－3000 型继电器不转极现象的原因分析

1. 不转极现象发生的一般规律

安全型继电器在全国普遍使用以后，作为三线制道岔电路转极继电器（ZJ）的 JYJXC－3000 型极性保持继电器，经常发生不转极现象，特别在驼峰自动集中的道岔电路中，这种现象尤为突出。在车辆自动溜放过程中，常因 ZJ 不转极，道岔失去控制，使车辆溜错股道而引起追钩撞车，造成车辆严重破损。车辆编组效率也受到很大影响。

这种不转极现象的发生一般有以下规律：只在道岔由定位向反位转换时发生，即继电器只发生反位不打落现象；其次是继电器在电路中的工作电压越高，越容易发生，这实质上是高电压作用下的不打落现象；第三，这种现象与一定的环境条件及气候因素有关，如北方寒冷的冬季、南方潮热的夏天，特别是雨后天晴时，其实质是在继电器衔铁与铁心间存在水雾，或冻结或粘结，形成衔铁转极过程中的附加阻力。

2. 高电压作用下不转极现象的普遍性

由于极性保持继电器的工作原理都基于磁路中电磁通与永磁通的差动作用，在磁路中电磁通不断增长的过程中，衔铁上受到的电磁与永磁综合作用的电磁力 F_{MD}，将经历由吸力变为拉力又回到吸力的过程，这可以从静态曲线 $F_{MD}=f(u)$ 中形象地表示出来。所谓静态曲线是用人为的方法使继电器保持某一状态（定位或反位），测出 F_{MD} 随线圈工作电压 u 增加而变化的曲线。典型的静态曲线见图 6－16。

图中曲线以 $F_{MD}-F_j=0$ 为原点。由图可知，静态特性曲线与座标横轴交于两点：第一点 u_{DL} 为低电压下不转极的临界电压；第二点 u_{GL} 为高电压下不转极的临界电压。此两点将静态特性分割为三个工作区：

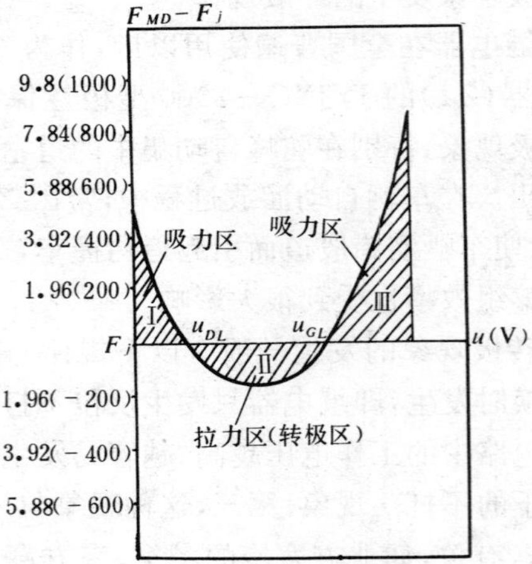

图 6－16　极性保持继电器典型的静态特性曲线 $F_{MD}=f(u)$

(1)第一工作区(Ⅰ)。该工作区为低电压下的不转极区，此区内 $u<u_{DL}$，电磁通较弱，抵消不了永磁保持力的作用，即 $F_{MD}-F_j>0$，衔铁仍受吸力作用，保持原有位置与状态。

(2)第二工作区(Ⅱ)。该工作区为转极区，此区内 $u_{DL}<u<u_{GL}$，电磁通与永磁通的差动原理，产生了使衔铁离开铁心的拉力($F_{MD}-F_j<0$)，使衔铁由一种稳态转向另一种稳态。

(3)第三工作区(Ⅲ)。该工作区为高电压下的不转极区，

此区内 $u>u_{GL}$，磁路中电磁通远大于永磁通，即 $F_{MD}-F_j>0$，衔铁被电磁力吸住，有极磁路转化为一个主要由电磁通起作用的无极磁路，衔铁仍保持原有位置与状态。

静态特性曲线清楚表明，基于极性保持继电器电磁与永磁差动作用的工作原理，一般都存在一个高电压作用下的不转极区，因此，工作电压超过高电压临界不转极值时，继电器就有可能发生不转极现象。所以，在高电压作用下极性保持继电器不转极具有普遍性。

3. 高电压作用下 JYJXC－3000 型继电器只发生反位不打落的特殊性

这种特殊性是由安全型极性保持继电器磁路的不对称性决定的。由于采用了与无极继电器相同的 L 形磁路，使得定、反位磁路状态严重不对称，表现为在定位状态下，衔铁工作气隙小，有的继电器甚至无气隙，永磁保持力大，而工作时电磁力增加快，因此衔铁反位打落值小；反之，在反位状态下，衔铁工作气隙大，永磁保持力弱，工作时电磁力上升很慢，因此衔铁定位吸起值高。而静态特性曲线 $F_{MD}=f(u)$ 在定位、反位状态的差别很大，见图 6－17。

图中的 $F_{MD}=f(u)$ 曲线是在无机械负荷的条件下测得的，代表了 JYJXC－3000 型继电器磁路本身的转极特性。其中曲线 1 为反位打落时的静态特性。随着线圈电压 u 的增加和磁路中的电磁与永磁的差动作用，在衔铁上的作用力 F_{MD} 始终是吸力，只有在机械反作用力的作用下，才会出现拉力区，如果没有 F_j 的作用，衔铁不会由定位打落到反位。由图 6－17 还可以看出，随着 u 的继续增加，很快进入高电压吸力区，而拉力区的范围很小。与此相反，曲线 2 为定位吸起的静态特性。随着线圈电压 u 的增加，F_{MD}由拉力区进入吸力区，

即使没有 F_j 的作用，衔铁靠磁路的差动原理也会由反位向定位吸起，且线圈电压继续升高时，不出现高电压下的不转极区，因此，JYJXC－3000 继电器不会发生定位不转极现象的原因就在于此。

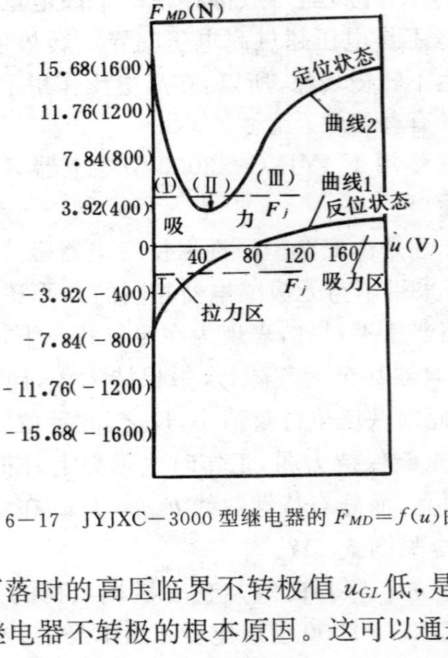

图 6－17　JYJXC－3000 型继电器的 $F_{MD}=f(u)$ 曲线

反位打落时的高压临界不转极值 u_{GL} 低，是造成 JYJXC－3000 型继电器不转极的根本原因。这可以通过表 6－6 进

表 6－6　各种类型继电器转极特性表

继电器型号	标准转极电压　V	高电压下不转极的临界值 u_{GL}		工作电压 V
		定位　V	反位　V	
JY－5000	15～25	＞80	＞80	＞80
JYJXC－$\frac{220}{220}$	10～16	＞28	＞28	24
JYJXC－3000	25～58	＞240	70～90	＞80

一步说明。表 6—6 列出了不同类型继电器的转极特性，其中 JY—5000 型为座式继电器的道岔转极继电器，JYJXC—$\frac{220}{220}$ 为使用在三线制道岔电路中的第二启动继电器(安装在室内)。由表 6—6 可知：

(1)与 JY—5000 型继电器比较，JYJXC—3000 型继电器的反位转极值(25V～58V)与反位高压不转极的临界值(70V～90V)间仅差 1.3～1.5 倍，相差甚小；而 JY—5000 型继电器的转极值(15V～25V)与高压不转极的临界值(80V)之间相差 3 倍以上，相差甚大。在继电器转极过程中，衔铁受到拉力作用的时间方面，JY—5000 型继电器较 JYJXC—3000 型长得多，因此，转极可靠性高，发生不转极的概率很低。它们之间的比较见图 6—18。

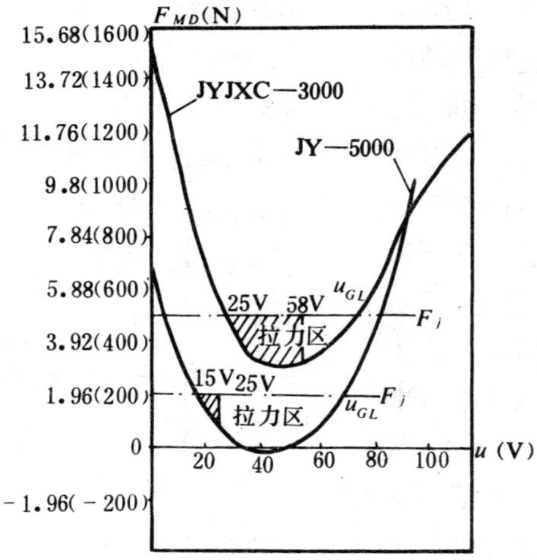

图 6—18　JYJXC—3000 型与 JY—5000 型反位打落静态特性比较

(2)与 JYJXC－$\frac{220}{220}$型继电器比较，JYJXC－3000 继电器的工作电压大于 80V，正好在高压不转极的临界值 70V～90V 的范围内，为高压不打落现象的发生准备了必要条件，而 JYJXC－$\frac{220}{220}$型继电器工作电压为 24V，低于高压不转极临界电压值 28V，故不可能发生不转极现象。

4. 衔铁上粘着力或机械阻卡是发生反位不打落的重要条件

虽然 JYJXC－3000 型继电器存在着先天性的反位不打落的内部因素，但要发生反位不打落现象还必须存在一个外部条件，即衔铁与铁心间有粘着力或运动过程中有阻卡，见图 6－19。

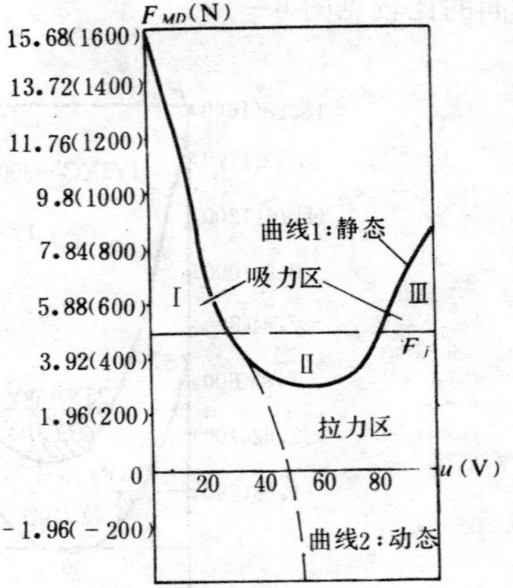

图 6－19　JYJXC－3000 型静态与动态特性曲线

图 6－19 给出了 JYJXC－3000 型继电器反位打落过程中的静态与动态特性。曲线 1 为静态特性，曲线 2 为动态特性。当衔铁处于定位吸起状态，在线圈上加反极性电压，F_{MD} 随着线圈电压 u 的上升，沿着静态特性（曲线 1）由第Ⅰ工作区（吸力区）进入第Ⅱ工作区（拉力区），拉力将使衔铁离开定位。衔铁与铁心间的第一工作气隙 $\delta_{Ⅰ}$ 增大，第二工作气隙 $\delta_{Ⅱ}$ 减小，迫使

F_{MD}沿着动态曲线 2 工作。随着气隙的改变，作用在衔铁上的拉力越来越大，并转换到第二稳态（打落状态），不会进入静态特性的第Ⅲ工作区，因此，正常情况下，不会发生反位不打落现象。电压高也能转极。

但是，如果衔铁与铁心间有粘着力，且大于初始的拉力，衔铁不会离开铁心，δ_1 不会产生变化；或衔铁运动时遇到阻卡，动作缓慢，即 δ_1 的增加不快，这时 F_{MD}将沿静态特性工作，很快进入高电压吸力区，衔铁再也不能转换到反位了。

综上所述，高电压下不转极现象对于有极磁路而言是一种普遍现象，这是由磁路的差动原理本身所决定的：由于 JYJXC－3000 型磁路的不对称性，引起定、反位电气特性的不对称性，尤其是反位高压不打落临界电压值过低，又正好在道岔电路工作电压范围内。这种继电器固有的缺陷是造成经常反位不打落的主要原因；而衔铁与铁心接触面之间没有止片因受潮或其他原因与铁心间发生粘着力，则是反位不打落的重要条件。两者缺一不可。

二、JYJXC－J3000 型继电器的磁路结构与工作原理

为了克服 JYJXC－3000 型继电器高电压下反位不打落、临界电压值过低及因受潮或其他原因衔铁与铁心间发生粘着力的缺陷，彻底提高继电器的工作可靠性，设计了改进的 JYJXC－J3000 型继电器及 JYJXC－$\frac{135}{220}$型继电器通用的磁路，同时改变了接点系统，以减少加强接点的电弧烧损，延长接点使用寿命。

1. 磁路结构（见图 6－20）

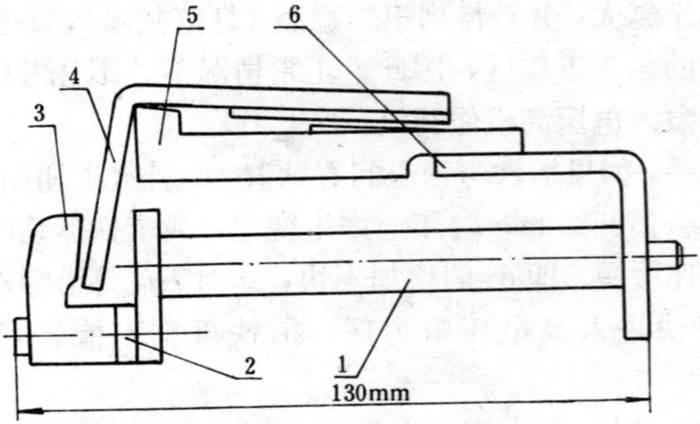

图 6－20　JYJXC－J3000 型继电器磁路结构

与 JYJXC－3000 型继电器的磁路比较，JYJXC－J3000 型继电器结构上有以下改变：

(1)铁心改变为偏极继电器的方头铁心 1。

(2)增加了偏极磁钢 3 和为了保证衔铁动程而增加的导磁垫块 2。

(3)衔铁 4 由半圆形改为方形，这是与方形铁心配合所必须的，见图 6－21。

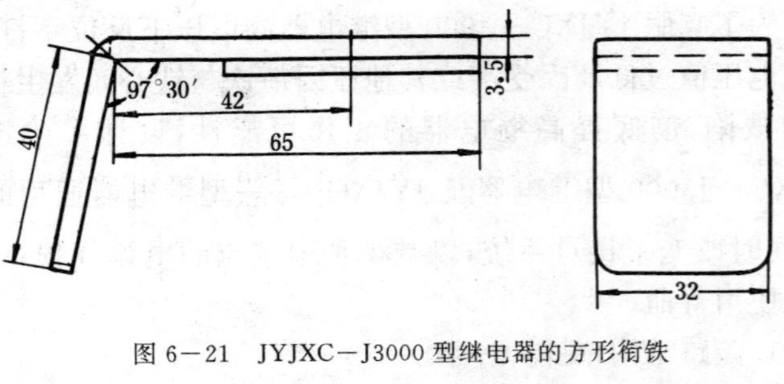

图 6－21　JYJXC－J3000 型继电器的方形衔铁

(4)保留了极性保持磁钢 5 和轭铁 6。

(5)衔铁上增加了止片。

2. 永磁磁路及永磁牵引特性曲线

改进型继电器的结构特点是永磁磁路的改变。由于增加了偏极磁钢,永磁磁路是极性保持磁路与偏极磁路的结合,而对衔铁的作用,则是二者的叠加,为此可以分别研究而后综合分析。

(1)极性保持磁通 ϕ_Y 的磁路(见图 6—22)

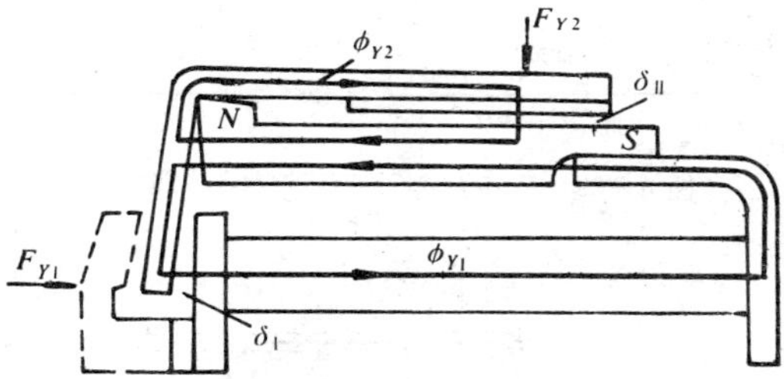

图 6—22 极保磁通 ϕ_Y 的磁路

由图 6—22 可知,ϕ_Y 的磁路与原来的极性保持磁路完全相同,由两条并联支路 ϕ_{Y1}与 ϕ_{Y2}组成;而作用在衔铁上的力 $F_Y = F_{Y1} - F_{Y2}$,其永磁牵引特性 $F_Y = f(\delta_{I})$曲线也与原来的继电器相似,是一条与横轴不对称的曲线,吸力区大,拉力区小,但由于采用方形铁心与衔铁,不对称性有一定改善,见图 6—23 中的曲线 1。

(2)偏极磁通 ϕ_P 的磁路(见图 6—24)

图 6—24(a)给出了反位状态的 ϕ_P 磁路,它是一个串、并联磁路:

$N \rightarrow \delta_{III} \rightarrow$ 衔铁 ┬→ $\phi_{P1} \rightarrow \delta_{I} \rightarrow$ 极靴 ──→ S

　　　　　　　└→ $\phi_{P2} \rightarrow \delta_{II} \rightarrow$ 轭铁 → 铁心 ┘

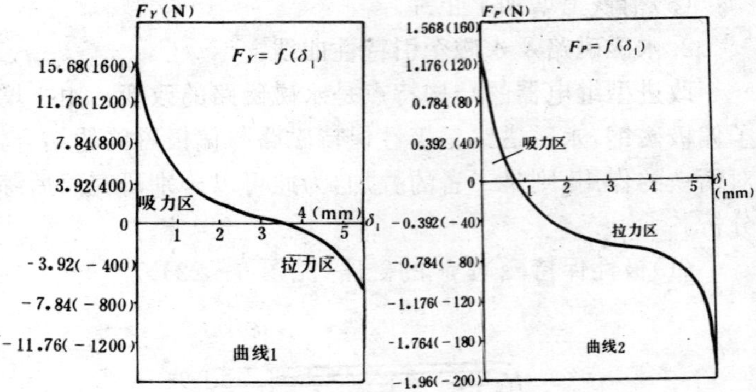

图 6—23　$F_Y=f(\delta_1)$与$F_P=f(\delta_1)$曲线

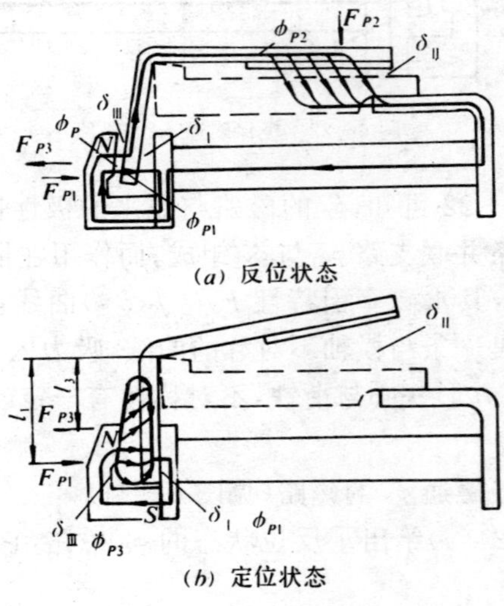

图 6—24　偏极磁通 ϕ_P 磁路

此串、并联磁路形成衔铁的三个工作气隙 δ_{I},δ_{II} 与 δ_{III}:δ_{I} 中通过磁通 ϕ_{P1},产生永磁力 F_{P1},为吸力;δ_{II} 中通过磁通 ϕ_{P2},产生永磁力 F_{P2},为拉力;δ_{III} 中通过磁通 ϕ_{P3},产生永磁力 F_{P3},为拉力。作用在衔铁上总的永磁力为上述三者的代数和(归算到铁心处):$F_P=F_{P1}-(F_{P2}+F_{P3})$,而 $\phi_{P3}=\phi_{P1}+\phi_{P2}$,所以 $F_{P3}+F_{P2}>F_{P1}$,因此 $F_P<0$,即反位状态下,偏极磁路作用在衔铁上的力为拉力,增加了反位保持力。

图 6－24(*b*)给出了定位状态的 ϕ_P 磁路,它是一个简单的串联磁路,即:

$$N\rightarrow\delta_{\mathrm{III}}\rightarrow\text{衔铁}\rightarrow\delta_{\mathrm{I}}\rightarrow\text{极靴}\rightarrow S$$

这是由于定位状态时,衔铁吸起后 $\delta_{\mathrm{I}}=0$,δ_{II}、δ_{III} 变大,第二并联磁路 ϕ_{P2} 不再存在。此时,$\phi_{P1}=\phi_{P2}$,但由于气隙 δ_{II} 中漏磁很大,故 F_{P3} 与 F_{P1} 作用点不同,尽管 $F_{P3}=F_{P1}$,但衔铁上的永磁力 F_P:

$$F_P=F_{P1}-F_{P3}\frac{l_3}{l_1}=F_{P1}\left(1-\frac{l_3}{l_1}\right)>0$$

因此,F_P 仍为使衔铁向铁心的吸力。

图 6－24 还表明,不论定位或反位状态,衔铁上的附加拉力 F_{P3} 始终存在,它既有利于反位保持,又有利于反位打落时帮助衔铁迅速离开铁心,这对改善高电压不打落现象有很大好处。

图 6－23 中的曲线 2 为 ϕ_P 的永磁牵引特性曲线 $F_P=f(\delta_{\mathrm{I}})$。显然它也是一条与横轴很不对称的曲线,但它与 F_Y 相反,拉力区大,吸力区小。拉力与吸力叠加以后,得到的衔铁上永磁力 $F_M=F_P+F_Y$ 的牵引特性曲线 $F_M=f(\delta_{\mathrm{I}})$,是一条对称的曲线,见图 6－25。

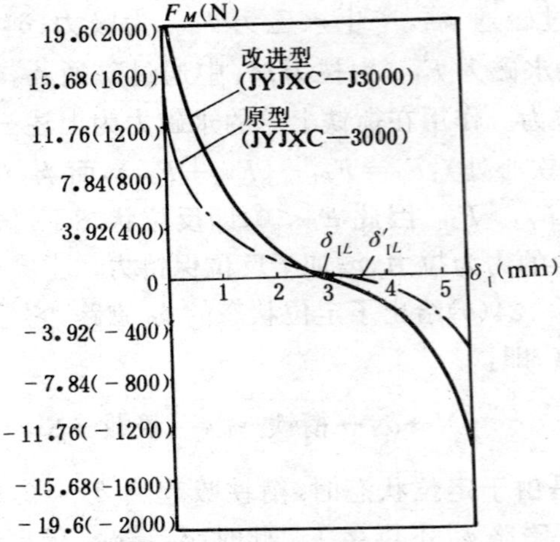

图 6—25　JYJXC—J3000 型与 JYJXC—3000 型永磁牵引特性曲线比较

图 6—25 给出了 JYJXC—J3000 型与 JYJXC—3000 型的 $F_M=f(\delta_I)$曲线。比较两者，可以看出改进后的继电器永磁牵引特性曲线有以下特点：

(1)定位保持力与反位保持力都有明显增加。定位增加了 1.7 倍，反位增加了 2.3 倍，等于增加了原型继电器极性保持磁钢强度。这既有利于继电器保持稳定，也可以提高加强接点压力。改进后的继电器的加强接点片改为 2mm，动接点片改为 0.45mm 厚，加强接点压力增至 1.96N(200gf)，这对接点系统的工作状态的改善极为有利。

(2)定位保持力与反位保持力接近相等，相差不到 15%，而原来的继电器相差近 40%。

(3)特性曲线与横轴近似对称，拉力区与吸力区近似相等。

总之，永磁磁路的特性对称，对继电器电气特性的改善起到了主导作用。

3. 电磁磁路与电磁牵引特性曲线

图 6－26 是 JYJXC－J3000 型继电器的电磁磁路，它与原型磁路没有区别，为一条无分支的串联磁路：

$$铁心 \rightarrow 轭铁 \rightarrow \delta_{Ⅱ} \rightarrow 衔铁 \rightarrow \delta_{Ⅰ} \rightarrow 铁心$$

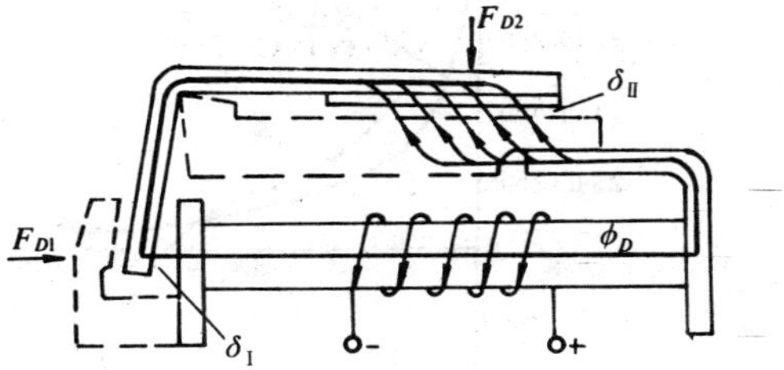

图 6－26　JYJXC－J3000 型电磁磁路

因此，ϕ_D 仍只在气隙 $\delta_{Ⅰ}$ 与 $\delta_{Ⅱ}$ 中与永磁相互作用，而与 $\delta_{Ⅲ}$ 无关。

图 6－27 给出了 JYJXC－J3000 型的电磁牵引特性曲线，作为比较也给出 JYJXC－3000 型的曲线。从图中可以看出：

(1)两者变化规律相同，即定位时电磁通比反位时电磁通大得多，说明电磁通主要受 $\delta_{Ⅰ}$ 的影响，与 $\delta_{Ⅱ}$ 变化无关。

(2)改进型继电器定位时的 ϕ_D(即 F_D)比原型小很多，几乎降低了 30%，这是由于方形衔铁减少了近 30%的与铁心接触面所致，这极有利于提高反位打落值和提高高电压不打落临界电压 u_{GL}。

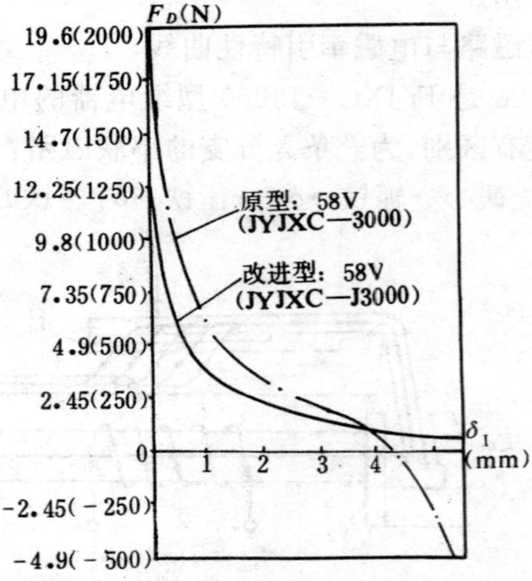

图 6—27　JYJXC—J3000 型与 JYJXC—3000 型电磁牵引特性曲线的比较

4.磁路的差动原理与静态特性曲线

静态特性曲线如图 6—28 所示。在 JYJXC—J3000 型的磁路中，衔铁由一种稳态转向另一种稳态。同样由于 ϕ_D 与 ϕ_M 在气隙 δ_I 与 δ_{II} 中差动的结果，因此也存在一个转极范围问题。

由图 6—28 可知，定、反位静态特性曲线已完全对称，两者都只存在两个工作区，即低电压不转极区和转极区，高压不转极区已不复存在，因此，在道岔电路中再不会发生不转极现象。

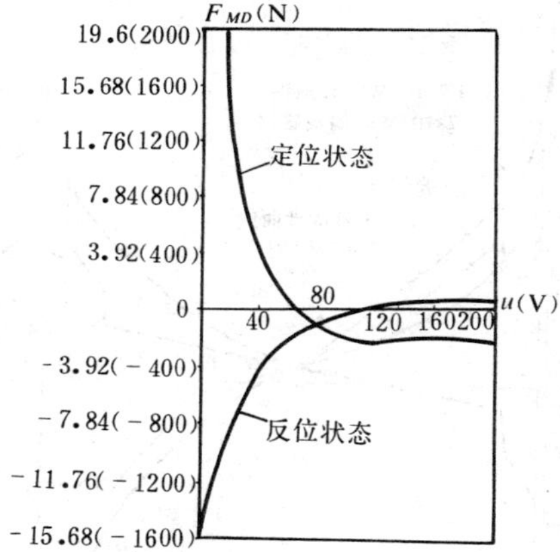

图 6－28　JYJXC－J3000 型继电器

$F_{MD}=f(u)$静态特性曲线

三、JYJXC－$\frac{135}{220}$型继电器的综合特性曲线

JYJXC－$\frac{135}{220}$型继电器的永磁特性曲线 $F_M=f(\delta)$、电磁特性曲线 $F_D=f(\delta)$、机械特性曲线 $F_j=f(\delta)$、重力特性曲线 $F_z=f(\delta)$ 见图 6－29。

由图 6－29 可知，电磁特性曲线在气隙的平衡点的右边划到上部表明电磁特性曲线与永磁特性曲线在继电器由反位到定位过程中是互相抵消的。从永磁机械特性曲线可看到喘气点，接点压力越大，喘气越严重。但是继电器在使用过程中电压是直接加到 24V，喘气现象就不存在或看不到，只是在逐渐升高电压的调试过程中才会出现，所以不作为不合格的项目要求。

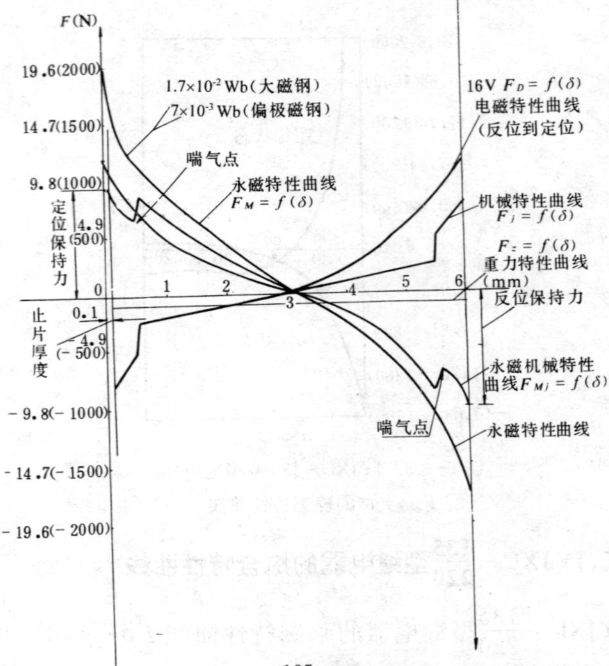

图 6—29 JYJXC—$\frac{135}{220}$型继电器的综合特性曲线

第四节 检修与调整工艺

一、检修前的准备工作

检修极性保持继电器的工具与无极继电器通用，但应增加弯头螺丝刀（见图 6—30），用来调整衔铁上部的青铜螺钉。

检修用品的准备，外部清扫检查以及检修前测试项目、方法与要求，均与无极继电器相同，但电气特性应按表 6—5 所列标准值检查。在测试转极值时，应检查极性是否正确，即在线圈中通以规定方向的电流时，看接点是否处于相应位置，如果极性不对，则应检查原因：一个可能是线圈引线不对，另一个可能是线圈作头时，引线片位置装反了。应针对原因在检修时进行克服。

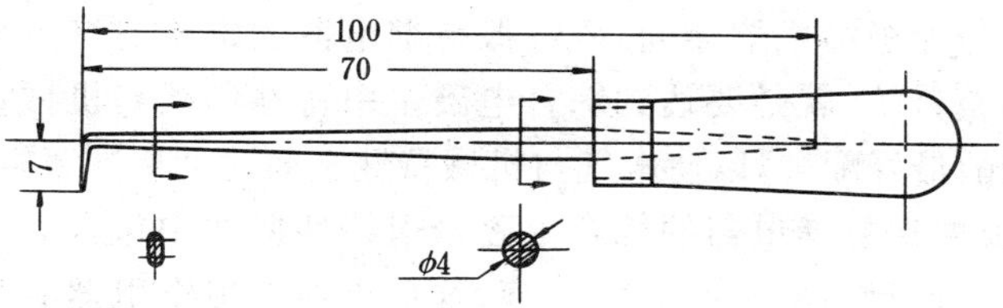

图 6—30 弯头螺丝刀

二、检修电磁系统与接点系统

极性保持(加强接点)继电器电磁系统的检修方法、程序和要求与无极继电器基本相同，但磁路的结构参数应按表 6—2 进行检查。另外，应增加对永久磁钢的检查项目：

1. 永久磁钢应安装牢固、端正；磁钢应无裂纹，在刀刃处无破损，刃形良好；磁钢上不准有铁磁物质吸附

2. 接点组的拉杆底部应位于永磁槽口的中心，运动时应不与凹槽磨卡。

3. 校核磁钢的极性是否正确，用指南针(或标明极性的熄弧磁钢)检查，在刃形端应为 *N* 极。

4. 对磁钢的磁通量可以事先测试，也可以在电气特性调整不能达到标准值时再进行检查。

极性保持继电器的接点系统与无极继电器相同，因此，检修的方法也相同。

极性保持加强接点继电器的接点系统与无极加强接点继电器一致，因此，检修的方法也一致，但检查熄弧磁钢极性时，应按图 6—4 的规定进行。

三、磁路与接点系统的调整工艺

1. 基本原则

与无极继电器相同，极性保持继电器的磁路与接点系统的调整目的，就是要达到综合电磁牵引特性曲线与机械特性曲线的最好配合，以使电气与机械特性全面达到标准要求。但是，极性保持继电器的综合电磁牵引特性曲线中包含着永磁与电磁两种对立与统一的因素，这一点与无极继电器有质的区别，在检修调整时要掌握这一特点。

因此，在调整极性保持(加强接点)继电器时，步骤上可分为两步。第一步先在没有接点系统反作用力(即让定、反位接点不接触，从而没有定、反位接点压力)的情况下，调整电磁系统的衔铁转极值，使之达到某一规定(最佳)的数值；然后，第二步再加上定、反位接点压力，使继电器的转极值立即符合电气特性标准。这种分两步走的方法，目的是将影响电气特性的多因素化为单因素，先解决主要矛盾，即将电磁系统中电磁与永磁这一对主要矛盾先予以解决，然后再解决综合电磁牵引力与接点系统机械力之间的矛盾，这样使问题简化，便于找出电气特性的最佳值。同时，既然在无接点压力的作用下，电磁系统的衔铁仍可以在一定电压下(此电压当然会高于电气特性标准)转换极性，这样就保证了继电器运行中转换极性的可靠性，即不会因为接点压力的消失而转换不了极性。这一点，对于运用中的继电器是非常重要的。

解决第一个矛盾的方法，主要是合理调整电磁系统的定、反位状态，即找出适应于每一台继电器的第一工作气隙 δ_{I} 和第二工作气隙 $\delta_{\mathrm{II}0}$，这可以通过移动永久磁钢的安装位置以改变 S_M 或调整衔铁后止钉以改变 $\delta_{\mathrm{II}0}$，或改变衔铁角度 α 以调整 δ_{I} 以及微调动接点预压力等来达到，使无接点压力下的转极值达到表 6－7 的规定，表中所列最佳值是继电器调整实践中统计所得。转极值不能太小，过小则在接点压力存在时永磁保持力将不足，但又不能过大，太大了在有接点压力的情况下，电气特性将超过规定的标准值。

按照上述方法调整出的 δ_{I} 与 $\delta_{\mathrm{II}0}$，应与根据接点系统机械特性参数计算出的最小衔铁动程 $\delta_{\mathrm{I}\,\min}$ 比较，不能小于它，否则达不到接点间隙的需要。

表 6－7　极性保持(加强接点)继电器无接点压力下的转极值

型　　号	定位吸起	反位打落
JYXC－660	18V～24V	18V～24V
JYXC－270	35mA～45mA	35mA～45mA
JYJXC－$\frac{220}{220}$	20V～26V	20V～26V
JYJXC－3000	80V～90V	40V～55V

解决第二个矛盾的方法仍然是先磁路、后接点，即根据接点系统的机械特性参数，预先安排好磁路的工作气隙，如第一工作气隙 $\delta_{\mathrm{I}0}$(或 $\delta_{\mathrm{II}0}$)，动、定接间隙 $\delta_{\mathrm{I}1}$(或 $\delta_{\mathrm{II}1}$)以及动、反离间隙 $\delta_{\mathrm{I}2}$(或 $\delta_{\mathrm{II}2}$)等，这些间隙的选择，应使综合电磁牵引特性曲线与机械特性曲线同时处于最佳的工作位置。然后，在这些既定的磁路间隙下，调整接点系统，使接点系统机械特性参数也完全达到技术要求，如表 6－4 所列。

怎样选择磁路间隙呢？

(1)第一工作气隙 δ_{I} 的大小由接点系统的机械特性决

定，即衔铁动程 δ_{I} 应保证接点间隙、共同行程的需要。同时，它又受电气特性中转极值与保持力的限制：衔铁动程 δ_{I} 大，则转极值高；δ_{I} 小，则反位保持力将不够。因此，应根据理论与实践相结合的方法，求出最佳值。

极性保持继电器(JYXC)的磁路结构参数、接点系统的组成均与无极继电器相同，故磁路间隙的选择也与无极继电器一致，可以取：

$$\delta_{I}=1.8\text{mm}\sim2.1\text{mm}$$

但是，磁路间隙还必须考虑电气特性。上述 δ_{I} 值不能满足电气特性的要求，根据实践经验应取：

JYXC－270　$\delta_{I}=3.2$mm(相应的 $\delta_{I0}=0.7$mm)

JYXC－660　$\delta_{I}=3.8$mm(相应的 $\delta_{I0}=0.7$mm)

极性保持加强接点继电器(JYJXC)，由于加强接点机械特性参数的改变，最小衔铁动程 δ_{I} 的计算与无极继电器不同，见表 6－8(参考图 6－8)。

表 6－8　JYJXC 型继电器衔铁最小动程计算表

顺号	计算内容	计算方法	动程 mm
1	接点间隙	按标准值适当加大	7.0～7.2
2	共同行程	$(0.1\sim0.3)\times\frac{L_5}{L_4}$	0.13～0.38
3	反位接触时附加动程	经验值	0.8
4	定位接触时附加动程	经验值	0.8
5	动接点动程	(1 项)＋(2 项)＋(3 项)＋(4 项)	8.7～9.2
6	拉杆处衔铁动程	$(5\text{项})\times\frac{L_1}{L_5}$	6.2～6.5
7	铁芯中心处衔铁动程 δ_{I}	$(6\text{项})\times\frac{L_3}{L_2}$	5.0～5.2
8	相应的 δ_{I0}		0.7

表 6－8 所得最小衔铁动程 $\delta_{\mathrm{I}\,min}$＝5.0mm～5.2mm，而表 6－2 所列设计制造时的标准值则为 6mm，显然，后者完全可以满足机械特性的要求，为了使继电器的转极值小一些，调整时可按 5.2mm 进行。

（2）动、反离间隙 $\delta_{\mathrm{I}2}$（或 $\delta_{\mathrm{II}2}$）的选择应根据衔铁动程减去反位接点的共同行程与动接点附加动程来确定。根据计算与实践经验得：

JYXC 型　$\delta_{\mathrm{I}2}$＝2.7mm～3.3mm

（对应的 $\delta_{\mathrm{II}2}$＝1.1mm～1.3mm）

JYJXC 型　$\delta_{\mathrm{I}2}$＝4.3mm～4.5mm

（对应的 $\delta_{\mathrm{II}2}$＝1.3mm～1.5mm）

（3）动、定接间隙 $\delta_{\mathrm{I}1}$ 的选择应根据定位接点的共同行程与动接点附加动程来确定。经计算与实践经验得：

JYXC 型　$\delta_{\mathrm{I}1}$＝0.5mm

JYJXC 型　$\delta_{\mathrm{I}1}$＝0.7mm

当磁路间隙确定以后，就可以通过调整接点系统来保证这些磁路间隙的实现。

2. 作业程序

（1）启封打开继电器外罩，用垫块放在定、反位接点片与托片间，使动接点不能与定、反位接点接触。测试无接点压力下的电磁系统衔铁转极值，作为检修时参考。

（2）去掉钢丝卡，取下衔铁，检查衔铁角度 α。用量角器测量，角度应在 96°～97°30′。

（3）检查拉杆间隙 Δ（见图 6－31）。将继电器垂直放置，使反位接点与动接点不接触，用塞尺在拉杆底部至磁钢台面处测量。根据实践经验，此间隙以拉杆紧贴磁钢面为最好，而低于磁钢面 0.5mm 或高于磁钢面 0.7mm 也可以，这要视继电器所需动接点预压力而定。此间隙达不到要求时可以调整动接点片。均匀的弯曲动接点片可以使Δ增加或减小，同时将动接点片调平直，使之无弯背，不扭曲。

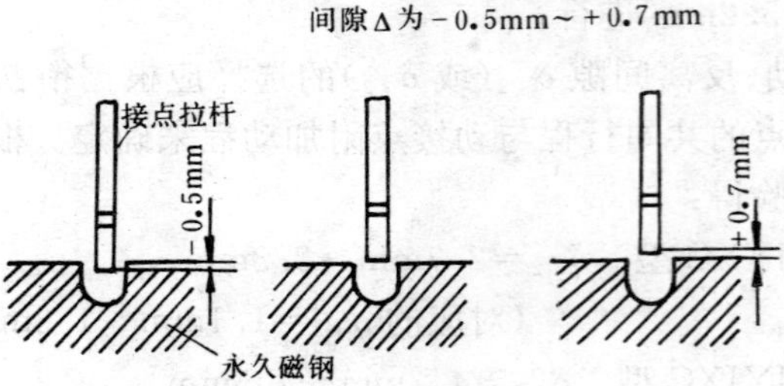

图 6—31　拉杆与磁钢台面间隙

(4)检查磁钢与轭铁间安装距离 S_M（见图 6—32）。磁钢安装应保证定位状态时，衔铁与铁心贴紧，S_M 的标准值为 62mm，但允许在 61mm～63mm 范围内。

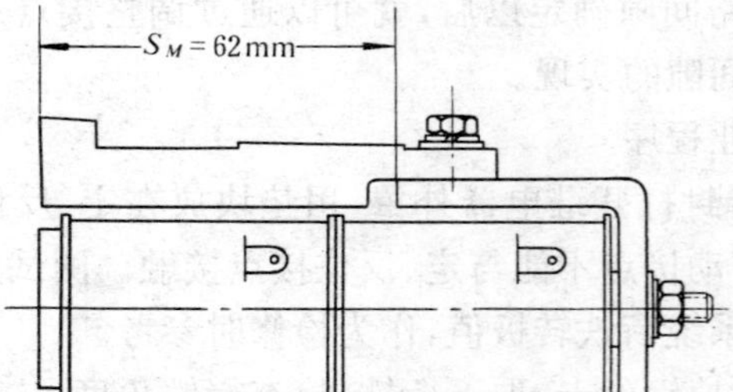

图 6—32　永久磁钢安装的正确位置

(5)测试永久磁钢磁通量，应在 1.5×10^{-4}Wb～1.7×10^{-4}Wb 之间，记下数据，作为检修时参考。

(6)将磁钢和衔铁安装好，同样用垫块甩开定、反位接点，调整无接点压力下的电磁系统转极值，使之符合表 6—7 规定，达到最佳值后，再校核 δ_{I}，应大于 $\delta_{I\min}$。

(7)调整动、反离间隙 δ_{II2}。将 1.3mm～1.5mm(JYJXC 型)或 1.1mm～1.3mm(JYXC 型)的塞尺放在衔铁与永久磁钢间的拉杆位置处，如图 6—33 所示。将衔铁固定好，调整反位接点托片，使所有反位接点与动接点密贴，两者吻合，但不产生压力。

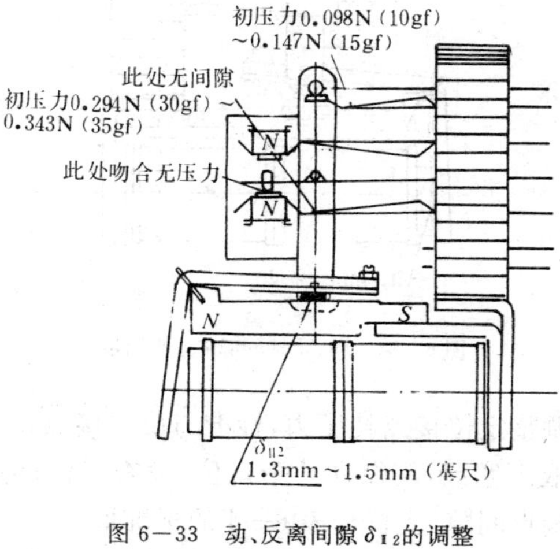

图 6—33　动、反离间隙 δ_{II2} 的调整

(8)调整反位接点初压力，即调整反位接点片对本身托片的压力。初压力的标准是：普通接点 0.098N(10gf)～0.142N(15gf)，加强接点 0.294N(30gf)～0.343N(35gf)。各组接点间初压力应平均，压力差不超过 0.0294N(3gf)。

(9)取下塞尺，使衔铁处于反位，检查反位接点共同行程与压力，应符合表 6—4 的标准值。

(10)调整动、定接间隙 δ_{I1}。将 0.7mm(JYJXC 型)或0.5

mm(JYXC 型)塞尺放在衔铁与铁心中心处,将衔铁固定好,如图 6—34 所示。调整定位接点托片,使全部定位接点与动接点接触,两者密合无间隙,但也无压力。

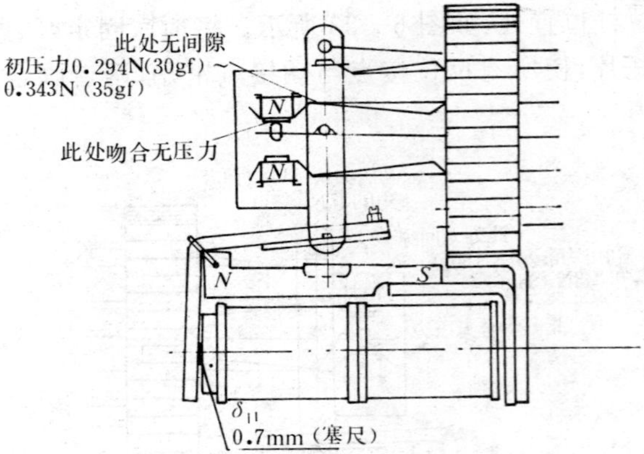

图 6—34 动、定接间隙 δ_{11}的调整

(11)调整定位接点初压力,标准与反位接点相同。

(12)取下塞尺,使衔铁处于定位,检查定位接点压力、共同行程及接点间隙,应符合表 6—4 的标准值。

(13)调整接点接触齐度。用调簧钳将定反位接点片调平直,用接点爪调整器将接点爪调得左右一致,然后微调,使接点同时接触。同时普通接点的接触不齐度不大于 0.2mm,加强接点的接触不齐度不大于 0.1mm,接点不许有斜接、偏接现象。

(14)测量衔铁与铁心间保持力。测量方法如图 6—35 所示,将一重 200g 的铜码放在衔铁中心处,以衔铁不闭合为标准。

(15)电气特性测试。按上述程序调整完毕后，进行一次全面的电气特性测试，按标准逐项检查。

四、辅助工艺

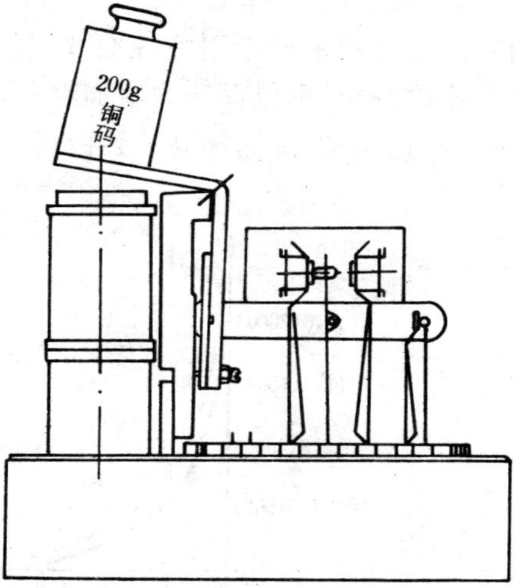

图 6—35　检查反位保持力的方法

在完成极性保持(加强接点)继电器的调整工作后，同样应进行恒温处理、动作试验及微调工作。在恒温处理时，由于磁钢作用，衔铁总是偏向一个位置，则应在衔铁与铁心中加以垫块，使动接点处于自由状态，这样可以防止恒温后接点过多地变形。在微调过程中，要特别注意磁钢上不允许有铁磁物件吸附，并注意拧紧磁钢螺丝，应在衔铁青铜调整螺钉上点上磁漆，以防松动。

验收与加封工序与无极继电器相同，但验收时应特别注意检查继电器极性，以杜绝极性错误的继电器送往现场使用。

第五节　常见的电气特性故障的分析及处理

故障举例 1

故障现象：定位吸起值与反位打落值均大于标准的转极值。

故障原因 1：衔铁动程 δ_1 过大。

δ_{I}过大将导致以下后果：

(1)永磁牵引特性曲线陡峭，如图 6－36 所示。图中的实线为衔铁动程 δ_{I} 标准的永磁牵引特性曲线，而虚线为衔铁动程 δ_{I} 较大的永磁牵引特性曲线，显然，后者较前者陡峭。这样，永磁的定、反位保持力增加很多，因此，电磁的转极磁通必须相应地增加，因而提高了转极值。

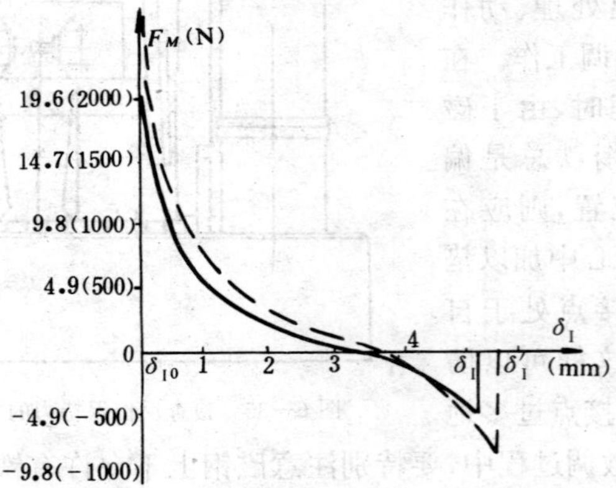

图 6－36　δ_{I} 的变化对 $F_M=f(\delta_{\mathrm{I}})$的影响

(2)电磁牵引特性曲线降低，如图 6－37 中虚线所示。这是由于随着 δ_{I} 的增加，电磁磁路的磁阻相应增加，使电磁牵引力降低。此时，想达到同样的转极磁通，所需的线圈安匝数也必须增加，因而使转极值增高了。

(3)综合电磁牵引特性曲线与机械特性曲线的配合发生了如图 6－38 所示的变化。其中，图 6－38(a)表示正常衔铁动程 δ_{I} 下的 F_{MD}与 F_j 的良好配合，即在标准的定位吸起值下，$F_{MD}=f(\delta_{\mathrm{I}})$处处高于 $F_j=f(\delta_{\mathrm{I}})$，使衔铁可靠地转换极性。而图 6－38($b$)中的实线表示在加大了的衔铁动程 δ'_{I} 下的二者的配合。显然，由于 F_{MD}的降低，已不能克服反作用力而使衔铁转极，只有将转极安匝提高到 AW'，才能使 $F_{MD}=f(\delta_{I})$处处高于 $F_{j}=f(\delta_{I})$，如图中虚线所示。这样，定位吸起值就有可能超过标准的转极值。同样的情况也发生在反位打落时。

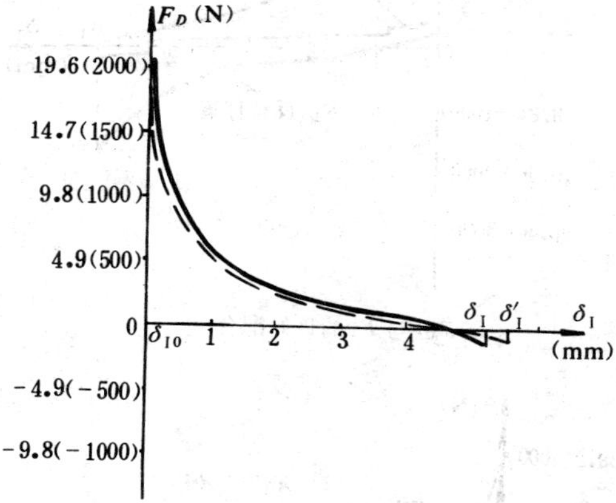

图 6－37　δ_{I}的变化对 $F_{D}=f(\delta_{I})$的影响

处理方法：克服这种故障的根本办法只能是适量减少衔铁动程 δ_{I}，调整的方法有两种：

(1)调整永久磁钢的装配尺寸。利用磁钢安装螺孔大于紧固螺钉的特点，可以拉出磁钢使 δ_{I} 加大，推入磁钢使 δ_{I} 变小，图 6－39(a)所示是将磁钢往里推，减小 S_{M} 以缩小衔铁动程 δ_{I}。但调整时应注意保证衔铁与铁心的良好接触。

(2)改变衔铁角度 a。在相同的第二工作气隙 δ_{II0}下，衔铁角度 a 加大，将使 δ_{I} 增加；反之，a 减少则 δ_{I} 缩小。图 6－38(c)是减少 a 的情况，显然，$a<a'$，而 $\delta_{I}<\delta_{I}'$，但调整时应注

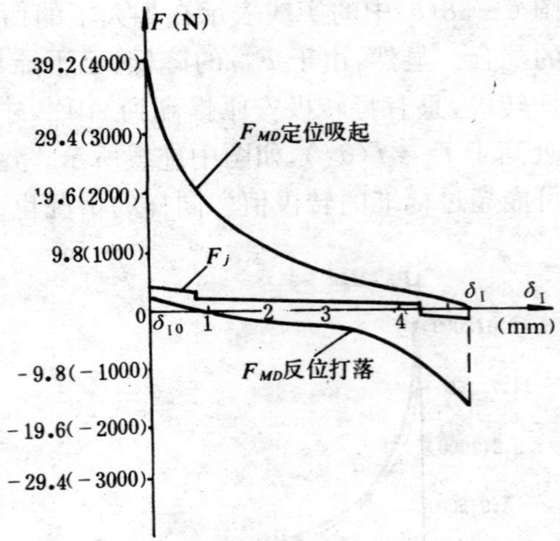

(*a*)F_{MD}与 F_j 的良好配合

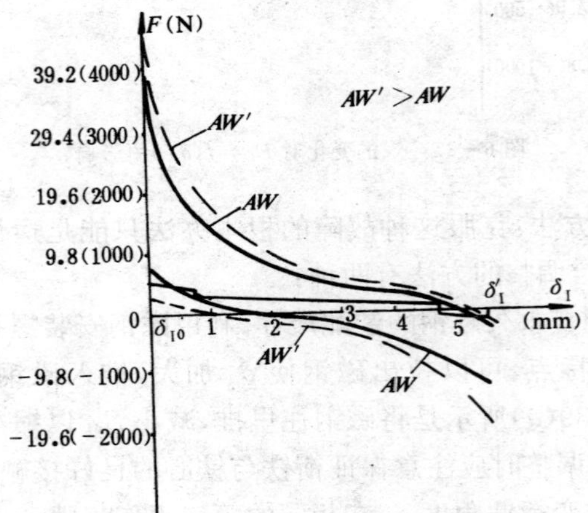

(*b*) 衔铁动程过大时 F_{MD}与 F_j 的不良配合

图 6－38 δ_I 的变化对 $F_{MD}=f(\delta_I)$及 $F_j=f(\delta_I)$的影响

意不要使 a 偏离标准的衔铁角度(见表 6—2)过大或过小。

这两种方法既减少了永磁的保持力，又能提高电磁牵引特性曲线，使综合电磁牵引特性曲线与机械特性曲线恢复到图 6—38(a)所示的良好配合。

故障原因 2：永久磁钢过强，磁通量超过了标准值，将造成永磁牵引特性曲线过于陡峭，在定、反位时的保持力过强，从而引起转极值增高。

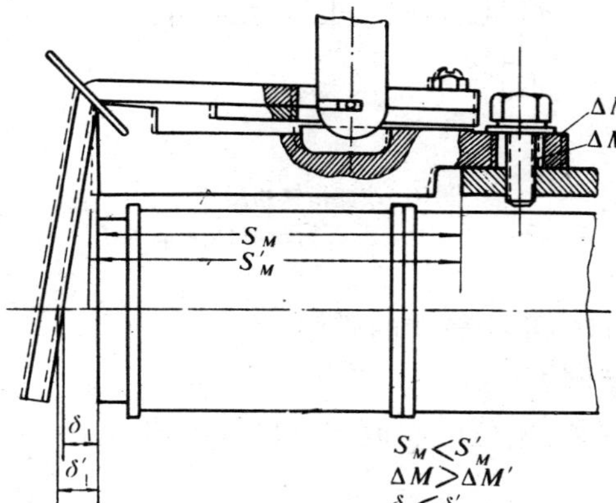

(a)改变永久磁钢的前后位置

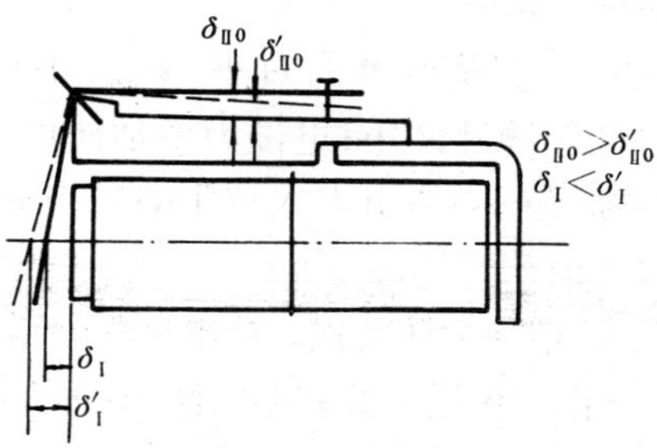

(b)调整青铜止钉改变 δ_{II0}

图　6—39①

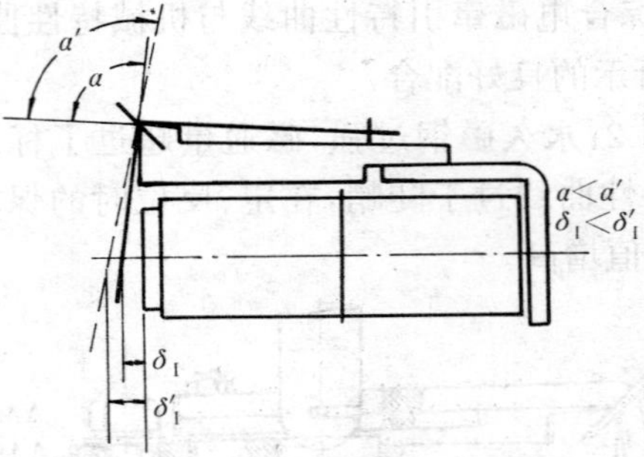

(*c*)改变衔铁角度 α

图 6－39② 改变衔铁动程 δ_1 的方法

处理方法:更换较弱的磁钢。

故障举例 2

故障现象:定位吸起值与反位打落值均小于标准的转极值。

这种现象经常伴随着定、反位时永磁保持力不够,原因正好与故障举例 1 相反。

故障原因 1:衔铁动程 δ_1 过小。δ_1 过小则永磁力削弱,使永磁牵引特性曲线陡度小;电磁力增加使电磁牵引特性曲线升高,因此,综合电磁牵引力在较小的转极安匝下,就能克服机械阻力而使衔铁转极。

处理方法:增加衔铁动程。拉出永久磁钢,使 S_M 增大以加大 δ_1,但应以保证衔铁良好密贴为原则;加大衔铁角度 α,同样能达到增加 δ_1 的目的,但角度不能大于 97°30′ 的标准值。

故障原因 2:永久磁钢过弱,磁通量远小于标准值,将使永磁牵引特性曲线平坦。在定、反位时，永磁保持力很小，因而使转极值降低。

处理方法：更换较强的永久磁钢。

故障举例 3

故障现象：定位吸起值超过标准而反位打落值在标准范围内。

故障原因 1：第二工作气隙的闭合间隙 δ_{II0} 过小，这样反位的永磁保持力过强，使定位吸起值增大。在特性曲线配合上表现为综合电磁牵引特性曲线向下移动，克服不了机械阻力，与图 6－38(*b*)中实线所表示的 $F_{MD}=f(\delta_{I})$ 相类似。

处理方法：调整第二工作气隙 δ_{II0}。δ_{II0} 加大，则 δ_{I} 缩小。反之，δ_{II0} 变小则 δ_{I} 加大。但是，在衔铁动程和衔铁角度一定的情况下，δ_{II0} 就是确定的。通过计算，较理想的 δ_{II0} 值列于表 6－9。

表 6－9　较理想的 δ_{II0} 值

型　　号	δ_{I}　mm	α	δ_{II0}　mm
JYXC	3.0～3.8	93°30′～94°30′	0.7
JYJXC	5.2	97°30′	0.7

此间隙可由安装在衔铁上的青铜螺钉进行调整，如图 6－39(*b*)所示。在本例中，应适当加大 δ_{II0}，使定位吸起值迅速降低。如果因此引起 δ_{I} 的减小已不能满足接点系统的机械特性需要时（如接点间隙不够），则应同时增大衔铁角度 α，使 δ_{I} 保持不变，此时，反位打落值将略有增加。

故障原因 2：动接点片向反位弯曲过甚，使动接点预压力过强，机械特性曲线上升，形成定位吸起困难而反位打落容易。如图 6－40 中虚线所示。

处理方法：调整时可适当地减少动接点预压力。

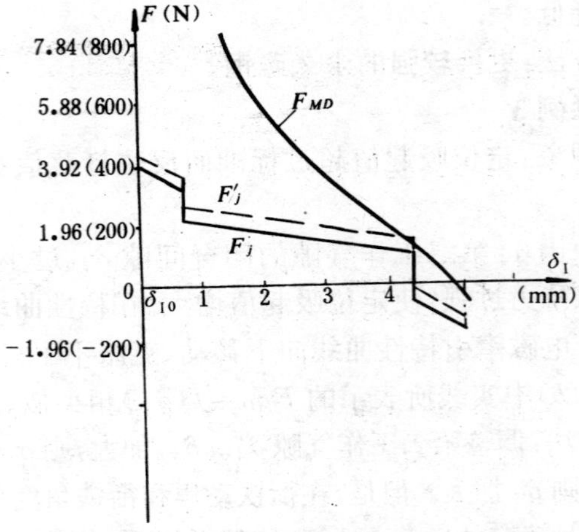

图 6—40　动接点预压力过强时 F_{MD}与 F_j 的不良配合

故障原因 3:反位接点压力不足,共同行程过小。这样机械特性曲线在反位处平坦,综合电磁牵引特性曲线克服不了机械阻力,衔铁不动作,如图 6—41 中虚线所示。

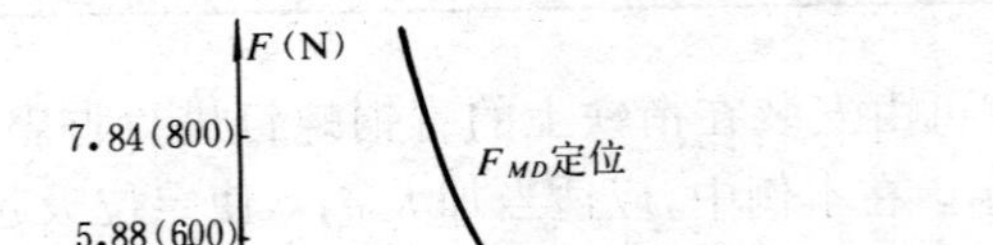

图 6—41　反位接点压力与共同行程对 F_{MD}与 F_j 配合的影响

处理方法：调整时可通过加大反位接点压力来克服。

故障举例 4

故障现象：反位打落值超过了标准而定位吸起值在标准范围内。

故障原因 1：磁钢过强。照理在磁钢过强的情况下，定、反位保持力都应很大，但是，如果衔铁处于反位时 δ_{f0} 较大，这样就削弱了反位保持力，使定位吸起值达到了标准要求；当衔铁处于定位状态时，衔铁与铁心处之磁间隙无法调整，因此，过强的定位永磁保持力使反位打落值超过了标准。

处理方法：必须更换磁钢，以减少定位永磁保持力，使反位打落值降低。

故障原因 2：动接点预压力小，甚至接点片预先向定位方向弯曲，这样造成机械特性曲线下移，定位吸起容易，反位打落困难。如图 6—42 中虚线所示，F'_j 与 F_{MD} 在 1、2 两点相交，在该处 F_{MD} 仍大于 F'_j，因此衔铁不能打落。

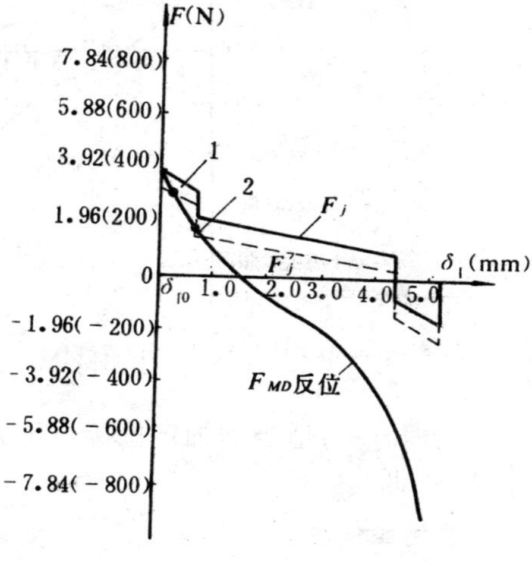

图 6—42 动接点预压力过小时 F_{MD} 与 F_j 的不良配合

处理方法：适当向反位加大动接点预压力，就可以使反向打落值降低。

故障原因 3:定位接点压力不足,共同行程过小。造成机械特性曲线在定位状态时不够陡峭,如图 6—43 中虚线所示的 F'_j。在同样的转极安匝下,综合电磁牵引特性曲线与机械特性曲线相交于 1、2 两点,衔铁不能打落。

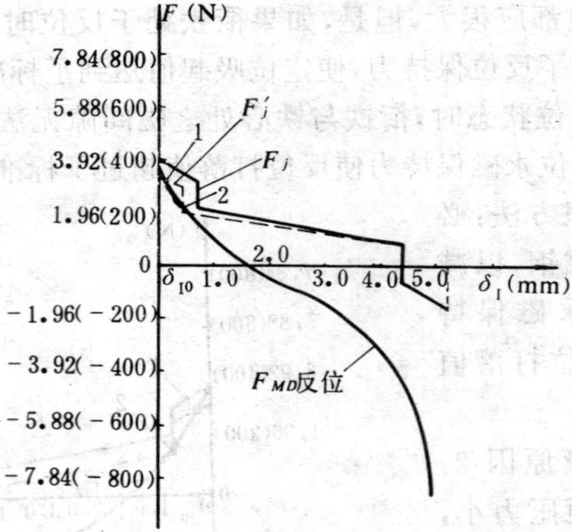

图 6—43　定位接点压力与行程对 F_{MD} 与 F_j 配合的影响

处理方法:适当增加定位接点压力和共同行程,如图 6—43 中 F_j 曲线。

故障举例 5

故障现象:定位吸起时衔铁在中途停滞(俗称喘气)。

发生这种现象的主要原因是综合电磁牵引特性曲线与机械特性曲线在动、反离间隙处相交,与图 6—40 所示相类似。这样,衔铁触动后,在反位接点与动接点离开瞬间,由于反作用力的跃变超过了电磁吸力的增长,衔铁运动中止,必须继续增加线圈的转极安匝,升高电磁牵引特性曲线,衔铁才能继续运动。这种衔铁分两次动作的现象，有时并不影响电气特性达到标准值，但也是继电器动作不良的一种表现，因此，调整时应尽量克服。

下面我们就造成这种现象的原因和处理方法逐一进行讨论。

故障原因 1：$\delta_{\text{Ⅱ}0}$较大，反位永磁保持力较小，这样衔铁很容易触动，但电磁吸力 F_{MD}的增长速度较慢，因此，一但反位接点压力消失，机械反作用力突然加大，电磁吸力则不足以克服机械阻力。

处理方法：应减小 $\delta_{\text{Ⅱ}0}$，使永磁保持力增加，以提高转极安匝，从而保证了衔铁一经触动，电磁吸力 F_{MD}即能迅速增长。

故障原因 2：反位接点共同行程过小，使机械特性曲线在反位处很快转折，电磁吸力 F_{MD}赶不上机械特性的增长，而使特性曲线相交。

处理方法：适当加大接点共同行程。

故障原因 3：继电器可动部分有机械阻卡，使衔铁运动过程中遇到一些附加阻力而呆滞。

处理方法：应检查原因加以克服。

故障举例 6

故障现象：反位打落时衔铁在中途停滞。

原因仍然是综合电磁牵引特性曲线与机械特性曲线在转折点处相交，只是相交点处于动、定接间隙处。

故障原因 1：定位接点行程不足，使机械特性曲线在定位处很快转折，电磁吸力 F_{MD}赶不上机械特性的下降，使衔铁中途停滞，与图 6－43 中 F'_j 与 F_{MD}交于 2 点类似。

处理方法：加大接点共同行程。

故障原因 2:动接点预压力小而定位接点压力大,这样的机械特性曲线转折点处变化太大,容易造成 F_{MD}与 F_j 相交,与图 6－42 中 F'_j 与 F_{MD}交于 2 点类似。

处理方法:加大预压力而适当减少定位接点压力。

故障原因 3:继电器可动部分机械阻卡,使衔铁打落过程遇到附加阻力而呆滞。

处理方法:应检查出原因后克服。

故障举例 7

故障现象:反位保持力不足 1.96N(200gf)。

故障原因 1:第二工作气隙的闭合间隙 $\delta_{\mathrm{II}0}$太大,反位永磁的保持力不足。

处理方法:适量缩小 $\delta_{\mathrm{II}0}$。

故障原因 2:动接点预压力不够。

处理方法:应增大动接点预压力。

故障原因 3:反位接点压力过大。

处理方法:可适当减少反位接点压力,但不得小于标准值。

应该特别注意的是,在克服一种电气特性故障时,首先应在充分保证接点机械特性的前提下进行,同时要考虑到与之对立的另一种电气特性的变化,例如:

1. 调整青铜止钉使间隙 $\delta_{\mathrm{II}0}$增大,以降低定位吸起值,同时也将伴随着反位永磁保持力的减小。反之亦然。

2. 调整动接点预压力使反位打落值降低时,必然引起定位吸起值的增加。

3. 用拉出磁钢的方法使定位吸起值增大,同时也将使反位打落值增大(因动程加大)。反之,用推入磁钢的方法使定位吸起值减小,则反位打落值也必然减小。

4. 当改变衔铁角度时，增大 α，则定、反位转极值同时增加；减小 α，则定、反位转极值同时减小。

因此，在调整继电器时应综合分析，统一考虑，然后针对问题进行处理，以达到各种特性都符合标准的规定。

检修人员应知应会

1. 安全型极性保持(加强接点)继电器有哪几种规格？它们在电磁系统与接点系统的结构上各有什么特点？

2. 永久磁钢的极性是怎样规定的？表示磁钢强度的剩磁通量的标准值是多少？

3. 极性保持继电器的定、反位是怎样规定的？线圈的极性如何与之配合？

4. 加强接点的熄弧磁钢的极性应怎样安装？为什么？

5. 试述极性保持继电器磁路工作的差动原理。

6. 永磁牵引特性曲线 $F_M=f(\delta_I)$ 与电磁牵引特性曲线 $F_D=f(\delta_I)$，为什么在衔铁动程范围内是不对称的？从曲线上怎样解释定位保持力大而反位打落值小？

7. 什么是综合电磁牵引特性曲线 $F_{MD}=f(\delta_I)$？它受哪些因素的影响？

8. 极性保持继电器的机械特性曲线 $F_j=f(\delta_I)$ 的工作过程与转折点是怎样划分的？什么是动、反离间隙 δ_{I2} 与动、定接间隙 δ_{I1}？与无极继电器比较，机械特性曲线具有哪些特点，为什么？

9. 什么是极性保持继电器磁路与接点系统调整的基本原则？方法上怎样分两步走，为什么？

10. 怎样选择磁路间隙 δ_I、δ_{I1}、δ_{II2}？不同类型继电器的这些间隙的具体数值如何？怎样在调整中实现？

11. 试述极性保持继电器磁路与接点系统检修与调整的作业程序。

12. 在克服电气特性故障时常采用的下列方法对正向吸起值与反向打落值各有何影响，为什么？

(1)拉出和推入磁钢以改变衔铁动程 δ_1；

(2)改变衔铁张角 α 以改变衔铁动程 δ_1；

(3)调整青铜止钉以改变 δ_{I0}；

(4)增加或减少动接点预压力。

13. 衔铁在运动过程中动作呆滞(或称喘气)是由哪些因素造成？如何克服？

14. 试述反位保持力不足 1.96N(200gf)的原因及处理方法。

15. 试述 JYJXC—3000 型继电器反位不打落的原因。

16. JYJXC—J3000 型继电器有哪些改进，如何克服反位不打落的现象？

第七章 JPXC－1000 型偏极继电器与 JDBXC－1100 型单闭磁继电器

第一节 构造与部件

一、偏极继电器

偏极继电器是为了满足信号电路中需要鉴别电流极性(如极性脉冲)的需要而设计的,一般使用在道岔表示电路以及单复线半自动闭塞电路中。它与无极继电器不同,衔铁的吸起与线圈中电流的极性有关,即只有通过线圈的电流为规定的方向时,衔铁才吸起,而电流的方向相反时,衔铁保持不动;但它又与极性保持继电器不同,尽管衔铁的吸起与电流极性有关,但它只具有一种稳态,即衔铁靠电磁力吸起后,断电即落下,始终偏向落下的定位状态,这是因为永磁保持力是单方向的缘故。

JPXC－1000 型偏极继电器外形结构如图 7－1 所示。

由图 7－1 可知,偏极继电器的接点系统与无极继电器完全相同,具有 8*QH* 接点组,因此,接点系统的零部件与无极继电器通用,而接点系统的机械特性与无极继电器完全一致,可参阅表 3－5。

偏极继电器的磁系统结构与无极继电器基本相同,但铁心的极靴是方形的,在方极靴的下方用 4mm 的螺钉两个,固定了永久磁钢,使衔铁处于极靴与永久磁钢之间,受永磁力的作用而偏于落下位置。正由于永磁力的存在，衔铁上只安装一块重锤片，后接点的压力由永磁力和重锤片共同作用产生。磁系统这样的结构安排，进一步增加了安全型继电器的通用程度，有利于制造与维修。

图 7－1　JPXC－1000 型偏极继电器

偏极继电器的主要特殊零件有：

1. 方头铁心（见图 7－2）

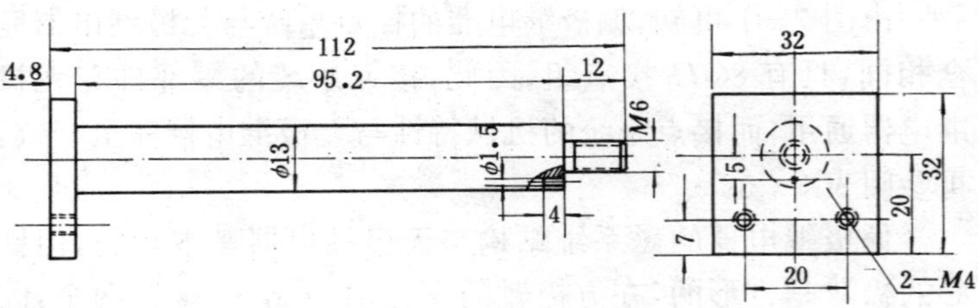

图 7－2　偏极（方头）铁心

铁心由电工纯铁加工而成。方形极靴是先冲压成型后再与铁心焊接成整体。极靴下方的螺孔，用来安装永久磁钢。

2. 偏极衔铁(见图 7—3)

偏极衔铁由于铁心为方形极靴，其形状也由半圆形改为方形，使受磁面增加，相应地降低了气隙磁阻。

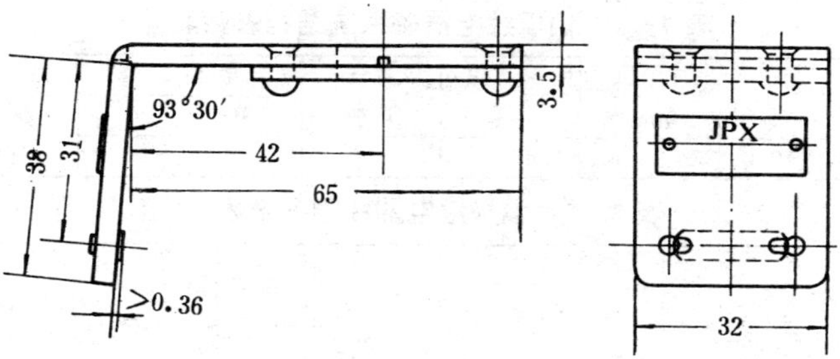

图 7—3　偏极衔铁

3. 永久磁钢(见图 7—4)

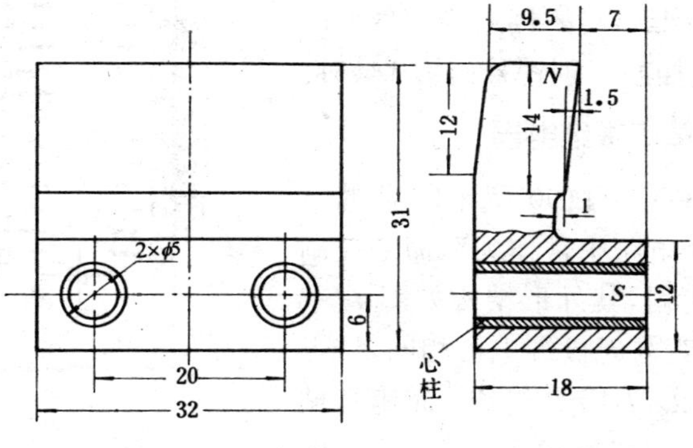

图 7—4　偏极永久磁钢

永久磁钢由铝镍钴材料制成，磁通量应不小于 7×10^{-5} Wb。其极性如图 7—4 所示，上部为 N 极，下部为 S 极。在固定磁钢的位置处，浇铸有两个由圆钢作成的心柱（直径 7mm），然后钻 5mm 圆孔，以便穿过紧固螺钉，螺孔大于螺钉 1mm，有利于对磁钢位置作微量的调整。

偏极继电器的磁系统结构参数见表 7—1。

表 7—1　偏极继电器磁系统结构参数表

型　号	止片厚度 δ_0 mm	衔铁动程 δ mm	重锤片数	铁心尺寸 mm		
				D_T	b	H
JPXC－1000	$0.4_{-0.04}$	1.6～1.8	1	13	32×32	5

表 7—2　偏极继电器线圈参数表

型　号	线　径 mm	匝　数	电　阻 Ω
JPXC－1000	0.16	8000×2	500×2

电磁系统的线圈为串联使用，其接线方式与无极继电器相同，见图 3—9。线圈参数见表 7—2。

偏极继电器的接点组编号见图 7—5。其插座鉴别销号码为 14、51。

二、单闭磁继电器

JDBXC－1100 型单闭磁继电器在信号电路中常作为双命令控制继电器使用，其外形结构如图 7—6 所示。外观与无极继电器相同，接点系统由 $8QH$ 接点组成，而其机械特性也与无极继电器完全一致，但磁系统在结构上有较大的差别。如图 7—7 所示，磁系统由 L

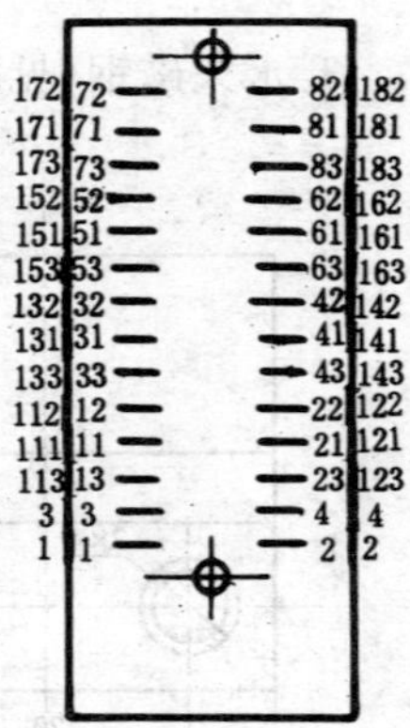

图 7—5　JPXC－1000 型继电器接点组编号

形轭铁1、U形铁心2及T形轭根3组成。U形铁心的截面为4mm×20mm，装配时先套上如图7－8所示的方形线圈2个，然后用4mm的螺钉4紧固在T形轭根上。装配好后，为了防止松动变位，需打上1.5mm粗的稳钉5，稳钉露出表面

图7－6 JDBXC－1100型继电器

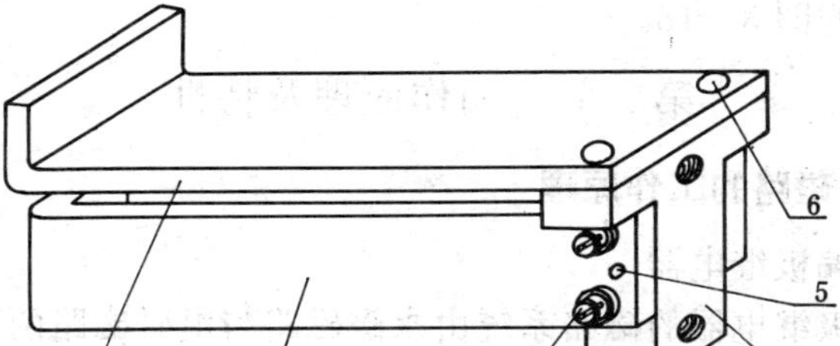

图7－7 单闭磁继电器的磁系统

至少 3mm，以便检修拆装时取出。L 形轭铁用 4mm×14mm 的铆钉 6 与轭根铆接成一整体。导磁体的材料都采用电工纯铁。

单闭磁继电器的线圈（见图 7－8）是专为配合 U 形铁心而特殊设计成扁平形。漆包线绕在长方形的胶木线圈架上，线径为 0.16mm，共绕 9000 匝，直流电阻为 550Ω。线圈绕制的方法和要求与无极继电器相同。线圈与电源片的连接如图 7－9 所示。

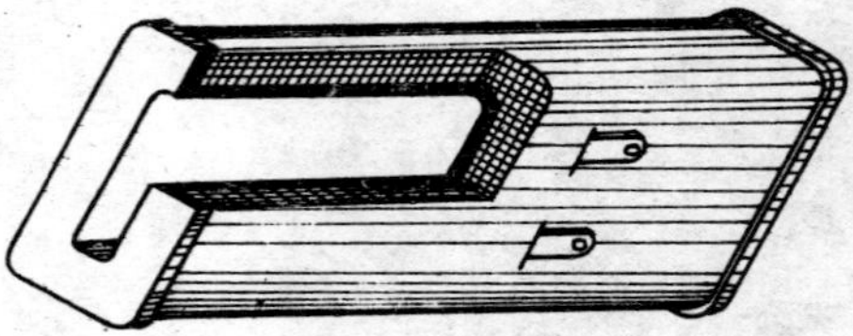

图 7－8　方线圈

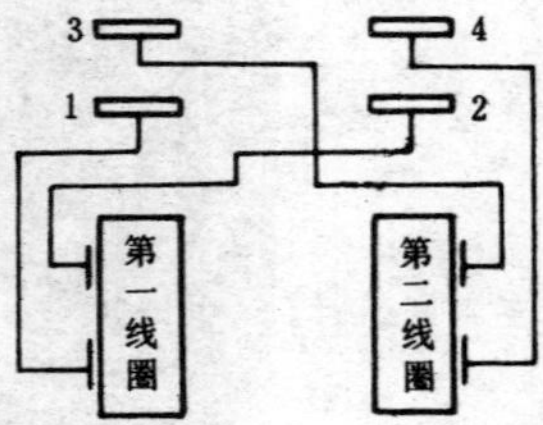

图 7－9　JDBXC－1100 型继电器线圈与电源片的连接

单闭磁继电器的接点系统编号与无极继电器相同，参看第三章的图 3－18。

第二节　动作原理及特性

一、磁路的工作原理

1. 偏极继电器

偏极继电器的磁路系统由永磁磁路与电磁磁路两部分组合而成。图 7－10(a)所示为永磁磁路图。

永久磁钢的磁通 ϕ_M 从 N 极出发，经工作气隙 δ_{I} 进入衔铁后分为两条并联支路：一部分磁通 ϕ_{M1} 经第一工作气隙 δ_1

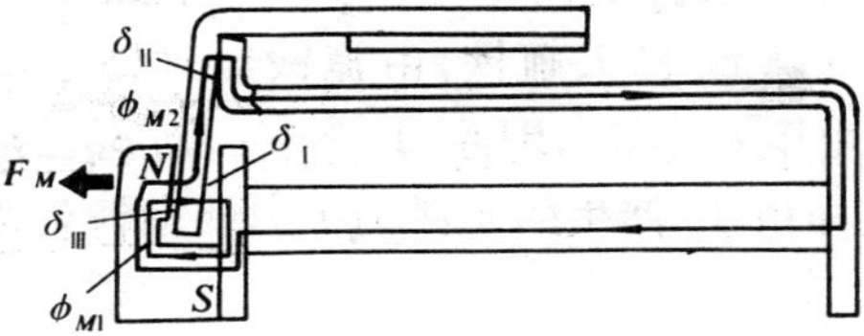

(a)永磁磁路

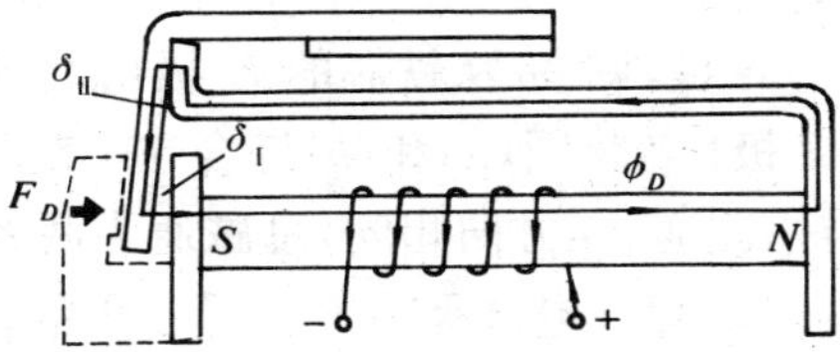

(b)电磁磁路

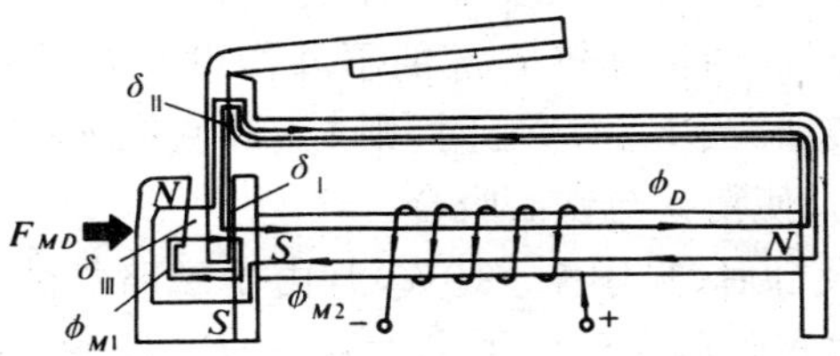

(c)衔铁吸合时的永磁及电磁磁路

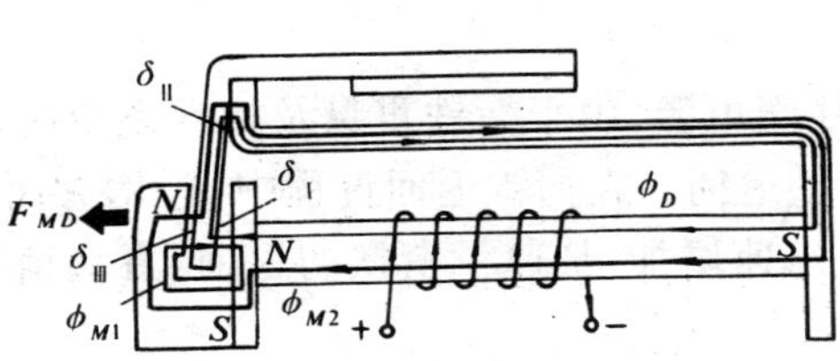

(d)通以反极性电源时的永磁及电磁磁路

图 7－10　偏极继电器磁路工作原理

图中⇨表示吸引衔铁的电磁力大小及方向。

进入方形极靴，然后直接返回 S 极；另一部分磁通 ϕ_{M2} 由衔铁穿过第二工作气隙 $\delta_{Ⅱ}$ 进入轭铁，由轭铁经过铁心至方形极靴，回到 S 极。由于 $\delta_{Ⅰ}>\delta_{Ⅱ}$，因此，$\phi_{M2}>\phi_{M1}$，而 $\phi_M=\phi_{M1}+\phi_{M2}$，故 $\phi_M\gg\phi_{M1}$。这样由 ϕ_M 产生的永磁力 F_M，使衔铁处于稳定的落下位置。

当线圈通电后，在铁心中产生电磁通 ϕ_D，ϕ_D 的磁路与无极继电器相同，如图 7－10(b)所示。若线圈中电流方向使电磁通在极靴处为 S 极，则 ϕ_D 从铁芯的 N 极出发，经轭铁→$\delta_{Ⅱ}$→衔铁→$\delta_{Ⅰ}$→S 极。若将图(a)和(b)综合在一起，显然，在 $\delta_{Ⅰ}$ 处电磁通 ϕ_D 与永磁通 ϕ_{M1} 方向相同，总磁通为两者之和，总磁通是增加的，相应的综合电磁吸力 F_{MD1} 是加大的；在 $\delta_{Ⅱ}$ 处，电磁通 ϕ_D 与永磁通 ϕ_{M2} 方向相反，该处的总磁通为两者之差，它是减少的，相应的综合电磁吸力 F_{MD2} 也是下降的。但由于力臂相差较大，F_{MD1} 的增加较 F_{MD2} 的下降作用要大得多，因此，总的吸力是增加。当 $F_{MD}\gg F_M$ 时，则 F_{MD} 将克服 F_M 与机械负载的反作用力，使衔铁与铁心吸合。

当衔铁吸合后〔见图 7－10(c)〕，由于磁路气隙的变化，即 $\delta_{Ⅱ}\gg\delta_{Ⅰ}$，故永磁通在磁路中大大减少，F_M 显著下降，可忽略不计，因此，只要线圈有一定值的电流存在时，衔铁即保持在吸合状态。

当切断线圈电源，由于衔铁重量及接点系统的反作用力的作用，使衔铁返回。在衔铁返回过程中，$\delta_{Ⅰ}$ 增大而 $\delta_{Ⅱ}$ 减小，则永磁通 ϕ_M 迅速增加，加速了衔铁的返回，直到衔铁被下止片阻挡为止。

当线圈通以反极性电流时，由于电磁通 ϕ_D 改变方向，在 $\delta_{Ⅰ}$ 处，ϕ_D 与 ϕ_{M1} 相减，而在 $\delta_{Ⅱ}$ 处 ϕ_D 与 ϕ_{M2} 相加，总的电磁吸力反而下降，因此衔铁不会吸合。这样，偏极继电器就起到了检查线圈中电流极性的作用。

但是，反极性不吸起是有条件的，如果无限制地增加反向电磁安匝，使电磁通增加到足够克服永磁的作用，即：$F_D - F_{M1} \gg F_M$，则衔铁同样可以在反极性电流作用下吸合，这是不允许的，因此，在偏极继电器的电气特性上加上一条特殊的标准，即反向加 200V 电压，衔铁不能吸起，以保证其工作的可靠性。

偏极继电器电气特性见表 7－3。

表 7－3 偏极继电器电气特性表

型　　号	过负载值	释放值 不小于	工作值 不大于	反向不吸起值
JPXC－1000	64V	4V	16V	200V

2. 单闭磁继电器

单闭磁继电器磁路工作原理见图 7－11。

图中 U 形铁心为了说明工作原理而旋转了 90°。由图可知，U 形铁心与轭根一起组成了一个闭合磁路，铁心的两个心柱上各绕上一个线圈。当两个线圈中一个通电时，如图 7－11(a)所示，它产生的磁通将被封闭在闭合磁路中，工作气隙 δ_{I}、δ_{II} 中不会有磁通存在，因此，衔铁不受电磁力的作用；当两个线圈同时通电〔见图 7－11(b)〕，并且它们产生的磁通在 U 形铁心内方向一致时，则仍被封闭在闭合磁路中，工作气隙 δ_{I}、δ_{II} 内照样没有磁通存在，因此衔铁也不会动作；只有当两个线圈同时通电〔见图 7－11(c)〕，而在 U 形铁心内产生的磁通方向相反时，则磁通被迫只能通过气隙 δ_{I}→衔铁→δ_{II}→轭铁→轭根→铁心构成闭合回路，这样，磁通在工作气隙处产生吸力，使衔铁吸合。当线圈有一个断电时，则另一个线圈的磁通又立即回到U形铁心的闭合磁路内，衔铁则不能保持而释放。

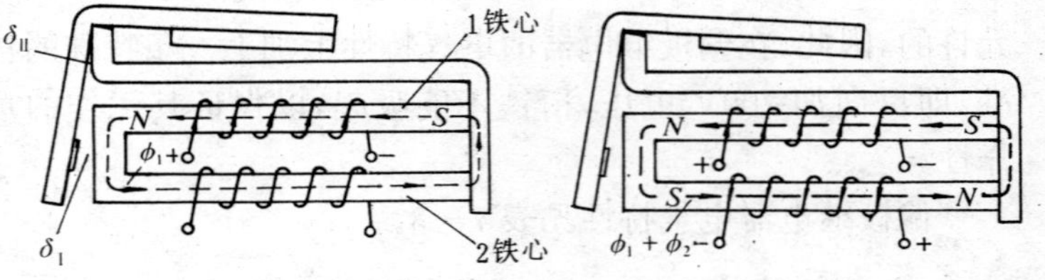

(a)局部线圈中通以固定极性的电流

(b)工作线圈通以与局部线圈相反极性的电流

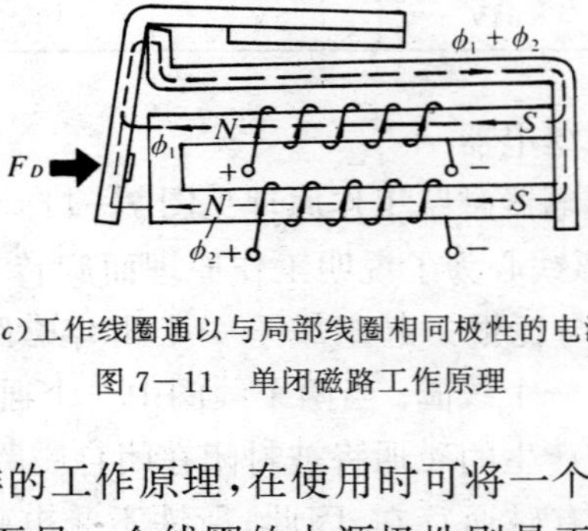

(c)工作线圈通以与局部线圈相同极性的电流

图 7－11　单闭磁路工作原理

利用这样的工作原理，在使用时可将一个线圈通以固定极性的电源，而另一个线圈的电源极性则是正、负变化的，这样，单闭磁继电器就成为不带永久磁钢的偏极继电器，借以检查两个控制命令之间的极性关系。如果将单闭磁继电器的一个线圈经常通以固定方向的电源，作为局部线圈，则单闭磁继电器又可当线路继电器使用。另外，单闭磁继电器也可作为与门继电器使用。

单闭磁继电器的电气特性见表 7－4。

表 7—4　单闭磁继电器电气特性表

型　　号	过负载	释放值 不小于	工作值 不大于	局部线圈供电电压
JDBXC—1100	64V	4V	16V	20V

二、偏极继电器的特性曲线

1. 电磁牵引特性曲线

偏极继电器同样可以用综合电磁牵引特性曲线 $F_{MD}=f(\delta_{\rm I})$ 作为磁路特性的主要标志，它由永磁力和电磁力两部分组成，下面分别给予分析。分析时仍以第一工作气隙 $\delta_{\rm I}$ 为自变量。

(1)永磁牵引特性曲线。实测的 $F_M=f(\delta_{\rm I})$ 绘于图 7—12

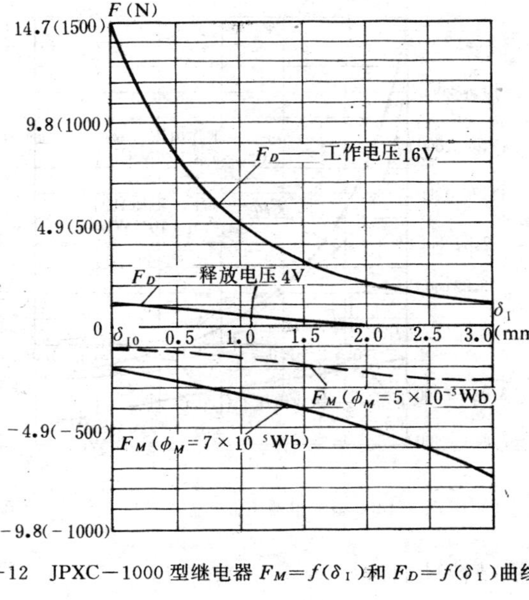

图 7—12　JPXC—1000 型继电器 $F_M=f(\delta_{\rm I})$ 和 $F_D=f(\delta_{\rm I})$ 曲线

中。由 F_M 曲线可知，随着 δ_{I} 的变小，F_M 是下降的，这是由于 δ_{I} 变小的同时，δ_{II} 不断地增加，使永磁磁路的磁阻显著增加，而 ϕ_M 必然下降，从而引起永磁力 F_M 降低。图中 F_M 为负值，表示永磁力在牵引过程中以阻力的特性出现。

(2)电磁牵引特性曲线。实测的 $F_D=f(\delta_{\mathrm{I}})$ 同样绘于图 7－12 中，其变化规律与无极继电器相同：随着 δ_{I} 的减少，F_D 迅速增加。

(3)综合电磁牵引特性曲线。在不同的永久磁钢强度下，实测的 $F_{MD}=f(\delta_{\mathrm{I}})$ 曲线如图 7－13 所示。对于 F_{MD} 磁路同样存在一个临界的间隙：δ_{I} 大于此间隙，永磁力大于电磁力，使 F_{MD} 为负；δ_{I} 小于此间隙，则永磁力小于电磁力，使 F_{MD} 为正。

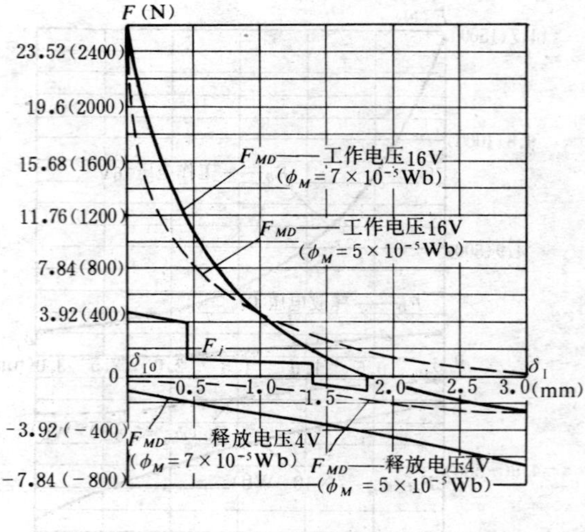

图 7－13　JPXC－1000 型继电器 $F_{MD}=f(\delta_{\mathrm{I}})$ 与 $F_j=f(\delta_{\mathrm{I}})$ 配合曲线

2. 机械特性曲线

经计算所得的 $F_j=f(\delta_1)$ 列于表 7－5，并绘于图 7－13 中。

显然，由于重锤片的不足，接点系统的后接点压力远大于衔铁重量，故机械特性在衔铁动程处出现负值。在衔铁动、后离间隙处，由于后接点压力的消失，机械特性由负值变为正值，曲线过零点，这种特性与极性保持继电器类似。

表 7－5　偏极继电器的 $F_j=f(\delta_1)$ 曲线表

转折点	衔铁动程 δ_1	衔铁重力 N	动接点压力 N	后接点压力 N	前接点压力 N	反作用力之和 N
1	δ_1	0.9016(92)	0	－2.156(－220)	0	－1.2544(－128)
2	δ_{12}	0.9016(92)	0.1078(11)	－1.5876(－162)	0	－0.5782(－59)
3	δ_{12}	0.9016(92)	0.1078(11)	0	0	1.0094(103)
4	δ_{11}	0.9016(92)	0.3304(33)	0	0	1.225(125)
5	δ_{11}	0.9016(92)	0.3304(33)	0	2.646(270)	3.891(395)
6	δ_{10}	0.9016(92)	0.4312(44)	0	3.283(335)	4.6158(471)

3. 综合电磁牵引特性曲线与机械特性曲线的配合

从图 7－13 所示的 F_{MD} 与 F_j 配合曲线可以看出，在线圈的工作安匝作用下，$F_{MD}=f(\delta_1)$ 高于 $F_j=f(\delta_1)$，故衔铁吸合，而在释放安匝作用下，F_{MD} 处处低于 F_j，因此，衔铁恢复到落下状态。

第三节　偏极继电器的检修与调整工艺

一、检修前的准备工作

检修偏极继电器的工具与无极继电器通用，检修用品的准备、外部清扫检查以及检修前测试项目、方法与要求，均与无极继电器相同，但电气特性应按表 7－3 的标准检查。在测试吸起值时应注意校核线圈极性是否正确，即从1端子接入电源正极、4端子接入负极时，继电器才能吸起，否则电源极性错误。发现极性错误时，应及时查明原因，克服后再开始检修。

二、检修电磁系统与接点系统

偏极继电器电磁系统与接点系统的检修方法、程序和要求与无极继电器基本相同，但磁路的结构参数应按表7—1的标准检查。另外，应增加对永久磁钢的检查项目：

1. 永久磁钢应安装牢固、端正；磁钢应无裂纹或残缺；磁钢上不允许吸附有铁质物件。

2. 用指南针（或标明极性的熄弧磁钢）检查磁钢的极性，极性应符合图7—4所示的规定。

3. 卸下磁钢，测试磁通量，应符合标准规定。

三、磁路与接点系统的调整工艺

1. 去掉钢丝卡，取下衔铁，检查衔铁角度，允许在91°～93°30′的范围内。

2. 调整动接点的预压力。仍然以拉杆至轭铁底部的间隙Δ作为对动接点预压力大小的衡量。因为当衔铁处于落下状态时，后接点压力由永磁力保证，因此，无须动接点预压力补强，故该位置时动接点预压力为零，间隙Δ以6.8mm～7mm为好，此间隙可用调整动接点片来达到。调间隙的同时将动接点片调平直。

3. 调磁路的动、后离间隙δ_{12}与后接点位置。将1.5mm的塞尺放在衔铁与铁心之间的止片处，将衔铁固定死。调整后接点托片，使之与动接点接触，两者吻合无压力。

4. 调整后接点的压力与衔铁动程。首先调整后接点初压力，用弯曲接点片的方法，使接点片与托片间产生0.098 N（10）～0.147N（15）克的压力；接点组间压力平均，初压力差不大于0.0196 N（2）。然后，装上磁钢，以紧固螺钉位于螺孔的中心位置为标准，将磁钢螺丝紧固好。此时松开衔铁取出塞尺，并调整下止片（见图7—14），使衔铁动程δ_1大于1.8mm。之后，用测牛（克）计检查后接点压力，应大于0.196N（20）；用塞尺检查后接点托片间隙，应大于0.35mm。

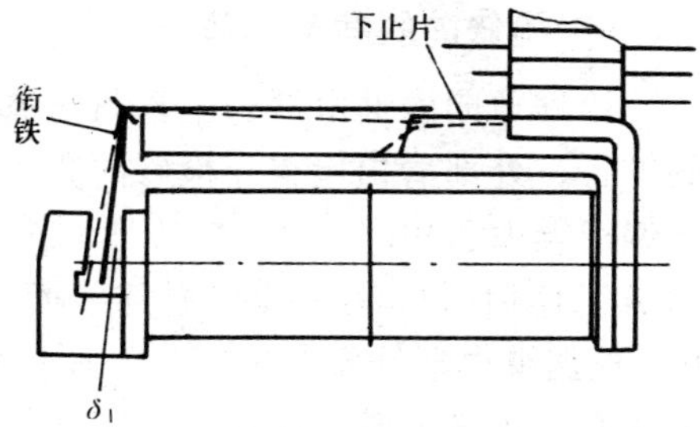

图7—14　调整衔铁动程

5. 调整磁路的动、前接间隙和前接点位置。将0.45mm的塞尺，放在衔铁与铁心间止片处，再一次将衔铁固定死。调整前接点托片，使与动接点接触，两者吻合无压力。

6. 调整前接点压力。用弯曲前接点片的方法，使接点片与托片间具有0.196N（20）～0.245N（25）的初压力，各接点组间初压力差不大于0.0294N（3）。然后，松开衔铁，取出塞尺，用手推动衔铁至吸合位置，检查前接点压力，应大于0.294N（30）；测量前接点托片间隙，应大于0.35mm。

7. 调整接点接触齐度。方法和要求与无极继电器相同。

四、辅助工艺

与无极继电器相同。

第四节　单闭磁继电器的检修与调整工艺

一、检修前的准备工作

检修单闭磁继电器的工具与无极继电器通用；检修用品的准备、外部清扫检查及检修前测试项目、方法与要求，均与偏极继电器相同，但电气特性应按表 7—4 的标准检查。在测试工作值时应注意校核局部线圈与工作线圈极性是否正确，根据继电器线圈与电源片的连接要求端子 1、3 分别为两个线圈的正极，不应接错，否则继电器不吸起。发现极性错误，应及时查明原因，克服后再检修。

二、检修电磁系统与接点系统

单闭磁继电器电磁系统与接点系统的检修方法、程序和要求与无极继电器基本相同，但磁路的结构参数有所不同。两个线圈分别输入信号，是一种二元型继电器。线圈是一种长方形结构，引线片位置有特殊要求。铁心是 U 形，固定方式与无极继电器不同。检修时注意检查，应紧固牢。

三、磁路与接点系统的调整工艺

1. 去掉钢丝卡，取下衔铁，检查衔铁角度，允许在安全型无极继电器（8 组接点）的衔铁张角范围内。

2. 接点系统的调整工艺与具有 8 组接点的安全型无极继电器相同。

四、辅助工艺

与直流无极继电器相同。

第五节　偏极继电器常见的电气特性故障的分析及处理

故障举例 1

故障现象：工作值大。

故障原因 1：衔铁动程 δ_{I} 大，相应的间隙 δ_{II} 过小。

处理方法：应调整下止片（往上抬），或改变衔铁角度（缩小，但不能小于 91°），使 δ_{I} 减小，而 δ_{II} 增大，这样既削弱了永磁保持力，又减少了电磁路的磁阻，因此，工作值可以显著降低。但 δ_{I} 的降低应保证足够的接点间隙，同时要考虑反向不吸起值不能小于 200V。调整下止片的同时，应适量抬高后接点，以保证需要的共同行程。另外，也可以采用改变磁钢的安装位置的办法，将磁钢适量地往上推，以增加 δ_{II}，这样既减少了永磁保持力，又使工作值降低。

故障原因 2：动接点预压力过强，引起机械特性曲线上升，同样的电磁吸力下，已克服不了机械反作用力，因此工作值增加。

处理方法：减少动接点预压力。

故障原因 3：永久磁钢磁通量大于标准值，使永磁保持力过大，综合电磁牵引特性曲线显著降低。

处理方法：更换成较弱的磁钢。

故障原因 4：铁心与轭铁紧固不良，存在较大的间隙，增加了磁路的磁阻，使工作值增加。

处理方法：紧固铁心与轭铁。

故障原因 5：衔铁及接点系统的可动部分阻卡，使继电器动作不灵活，引起工作值增加。

处理方法：应查明阻卡处，予以克服。

故障举例 2

故障现象:释放值小。

故障原因 1:前接点压力小。

处理方法:应适量增加前接点压力。

故障原因 2:动接点预压力小。

处理方法:应加大动接点预压力。

故障原因 3:衔铁止片薄,吸合时工作间隙 δ_{I}。过小,使释放值降低。

处理方法:应更换标准的止片。

故障举例 3

故障现象:反向不到 200V 吸起。

故障原因:永久磁钢磁通量小,引起永磁保持力不足。

处理方法:

(1)更换成较强的磁钢。

(2)减小间隙 δ_{II},使永磁磁路的磁阻下降,ϕ_M 增加,永磁力上升。调整的方法:一是加大衔铁动程 δ_{I},但应注意工作值的增加;二是将永久磁钢往下移,使 δ_{II} 变小。

(3)加大动接点预压力,以弥补永磁力的不足,也可以使反向不吸起值达到标准。

第六节　单闭磁继电器常见的电气特性故障的分析与处理

故障举例 1

故障现象:释放值小。

故障原因 1:前接点压力小。

处理方法:适量增加前接点压力。

故障原因 2:动接点预压力小。

处理方法:应加大动接点预压力。

故障原因 3:衔铁止片薄,工作气隙过小。

处理方法:应更换标准的止片。

故障原因 4:U 形铁心等磁路材料剩磁过大。

处理方法:应更换磁路元件,改用合格磁路材料。

故障原因 5:局部线圈电压过高。

处理方法:应使局部线圈电压保持在 20V。

单闭磁继电器的结构确定了二元条件。给定其中一个条件改变另一个条件就可以做出单闭磁继电器的电压特性曲线,见图 7—15、图 7—16。可以看出,工作曲线面被分为 4 个区域,即工作区、吸起不落下区、落下区、不吸起区。当局部电压(U_2)高时,释放值略有降低,但不是很大。在用手工调压逐步升压的情况下,当给定值低于 12V 时,另一个电压值即使加大到 50V,单闭磁继电器也不吸起。

故障举例 2

故障现象:工作值大。

故障原因 1:衔铁动程大。

处理方法:应调整下止片(往上抬)或缩小衔铁张角,减少工作气隙磁阻。调整下止片的同时,应适量抬高后接点,以保证需要的共同行程。

故障原因 2:动接点预压力过强。

处理方法:应减少动接点的预压力。

故障原因 3:局部线圈两端电压低于 20V。

处理方法:应使局部线圈电压保持在 20V。从图 7—15、图 7—16 可以看出,局部线圈电压低于某一值时,即使加大继电器工作线圈电压,继电器也不吸起。

故障原因 4:U 形铁心与轭铁接触不良,存在较大间隙,增加了磁路磁阻,使工作值增加。

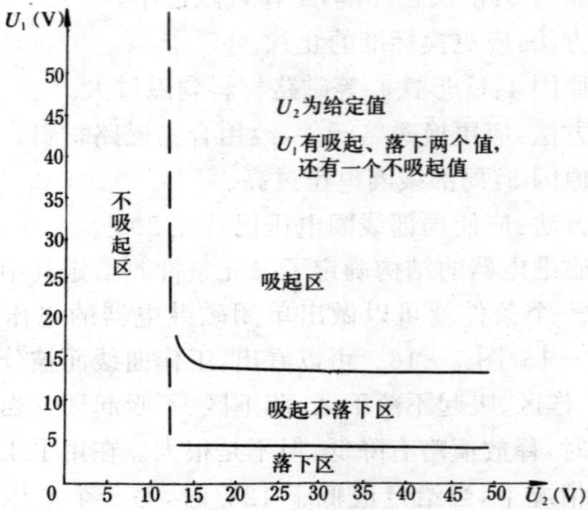

图 7—15　单闭磁继电器电压特性曲线图(U_2 为给定值)

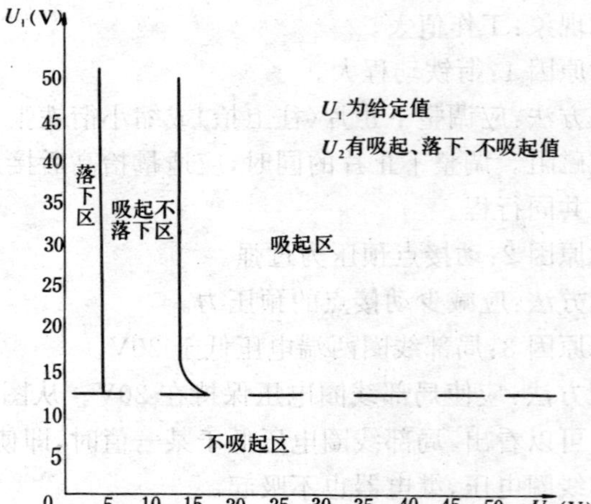

图 7—16　单闭磁继电器电压特性曲线图(U_1 为给定值)

处理方法:应紧固铁心与轭铁。

故障原因 5:衔铁及接点系统的可动部分阻卡,使继电器动作不灵活,引起工作值增加。

处理方法:应查明阻卡处并予以克服。

故障原因 6:磁路材料导磁率低,磁路中磁阻增加,导致工作值增大。

处理方法:应更换导磁率高的磁路材料,并检查磁路材料的成份及磁性处理工艺。

检修人员应知应会

1. 与无极继电器比较,JPXC—1000 型偏极继电器在结构上有哪些相似与不同之处?

2. 偏极继电器的工作特性与无极继电器的不同点在哪里? 与极性保持继电器又有什么差异?

3. 偏极继电器的永久磁钢的极性与电源极性是怎样规定的? 磁钢剩磁通量的标准值是多少?

4. 根据偏极继电器的磁路工作原理,说明衔铁在不同位置时,永磁通与电磁通的变化与相互作用。

5. 为什么说偏极继电器的反向不吸起值是有条件的?

6. 偏极继电器的 $F_M=f(\delta_1)$、$F_D=f(\delta_1)$、$F_{MD}=f(\delta_1)$、$F_j=f(\delta_1)$与无极继电器、极性保持继电器比较,有什么特点,为什么?

7. 试述偏极继电器磁路与接点系统的调整工艺,并与无极继电器比较,找出两者不同之处。

8. 试述偏极继电器的电气特性故障(工作值大;落下值小;反向 200V 吸起等)的原因及处理方法。

9. 单闭磁继电器的电磁系统有哪些显著特点?

10. 试述单闭磁继电器磁路的工作原理。

11. 什么情况下单闭磁继电器可以作为偏极继电器使用？在什么情况下可以作为线路继电器使用？什么情况下可以作为一种二元继电器？

第八章　JSBXC－850型半导体时间继电器

第一节　构造与工作原理

JSBXC－850型继电器是一种电子缓吸时间继电器，通过不同的接线，可获得180s、30s、13s、3s等四种延时，以满足信号电路的需要。继电器由时间控制单元与JWXC－$\frac{370}{480}$型无极继电器组合而成，其外形结构如图8－1所示。时间控制单元组装在印刷板上，安装在继电器的上方。

图8－1　JSBXC－850型半导体时间继电器

半导体时间继电器电路见图 8－2，其核心是采用了由单结晶体管组成的脉冲延时电路，而这种电路在有关半导体脉冲技术的书籍中都有详细的介绍，这里只说明是怎样获得延时的。

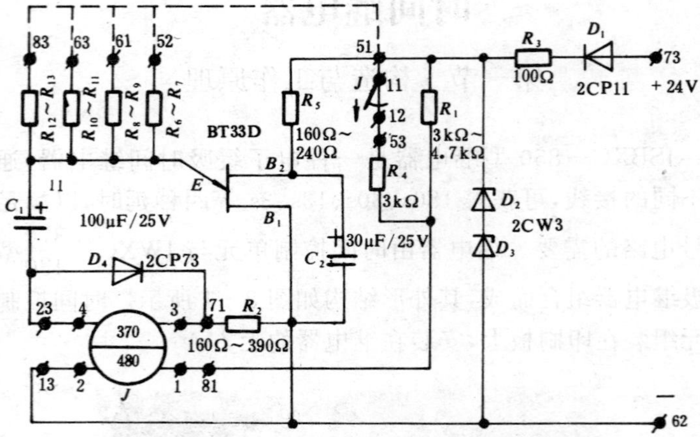

图 8－2　JSBXC－850 型继电器半导体延时电路

$R_6\sim R_7\approx 1M\Omega$　　$R_{10}\sim R_{11}\approx 50\Omega\sim 100k\Omega$

$R_8\sim R_9\approx 150k\Omega\sim 300k\Omega$　　$R_{12}\sim R_{13}\approx 15k\Omega\sim 30k\Omega$

由图 8－2 可知，在单结晶体管 BT 的发射极 E 和第一基极 B_1 的放电回路中接入了继电器 J 的前圈(370Ω)，而 J 的后圈(480Ω)则通过电阻 R_1 直接与电源相连。这样，当接通电源时，后圈(480Ω)将有电流通过，其电路：

＋24V(73 端子)→二极管 D_1→R_3→R_1→81 端子→J_{1-2}(480Ω)→13 端子→62 端子(电源—)

但是，由于 R_1 的电阻值很大，为 3kΩ～4.7kΩ。因此，流过后圈的电流很小，继电器 J 不会动作。

与此同时，电容器 C_1 也开始充电，其电路：

$+24V$(73 端子)→D_1→R_3→51 端子→52(或 61、63、83)端子→R_6～R_7→ C_1 →(D_4)→23 端子→$J_{4\text{-}3}$(370Ω)→71 端子→R_2→62 端子(电源—)

此电流流过前圈(370Ω)的方向正好与后圈(480Ω)的相反，因此继电器更不会动作。

当电容器 C_1 充电电压上升到大于单结晶体管 BT 的击穿电压时，则 BT 的发射极 E 与第一基极 B_1 导通，C_1 放电，其电路：

C_1(＋)→$BT_{E\text{-}B1}$→R_2→71 端子→$J_{3\text{-}4}$(370Ω)→23 端子→C_1(—)

此电流流过前圈的方向与后圈相同，而且两者之和可以达到继电器的工作安匝，因此继电器的衔铁立即吸合。

衔铁吸合后，J 的前接点 11－12 构通了自闭电路：

73 端子(＋ 24V)→D_1→R_3→(R_1)→51 端子→J_{11-12}→53 端子→R_4→ 81 端子→$J_{1\text{-}2}$(480Ω)→ 13 端子 → 62 端子(—)。

由于 R_4 的接入，电路的电阻降低近一半，流过 J 的后圈电流增加到大于继电器的释放电流，继电器可靠吸起。

由此可见，由于 BT 和 C_1 组成的脉冲延时电路的存在，使继电器从电源接通到完全吸合经过一段时间，这一段时间就是继电器吸起延时时间，显然，这一吸起延时与充电电路的下列参数有关：

1. C_1 的电容量越大，则充电达到单结晶体管击穿电压的时间越长，因此吸起时间越大。

2. 充电电路的电阻 R 越大，则电容器充电电流很小，充电时间必然延长，故延时越大。电路就是利用这一特点，在端子 52、61、63、83 分别接入不同电阻值，以获得四种延时。

上述两种因素对延时的影响可以通过图 8－3(*a*)表现出来。图中曲线表示电容器上充电电压与充电时间的关系，电压

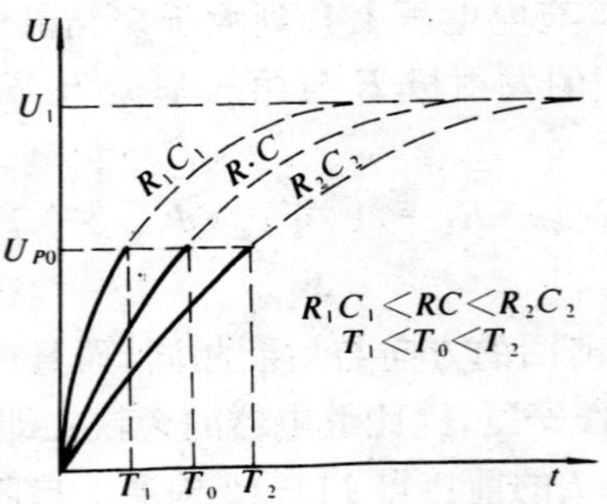

(*a*)R、C 对 T 的影响

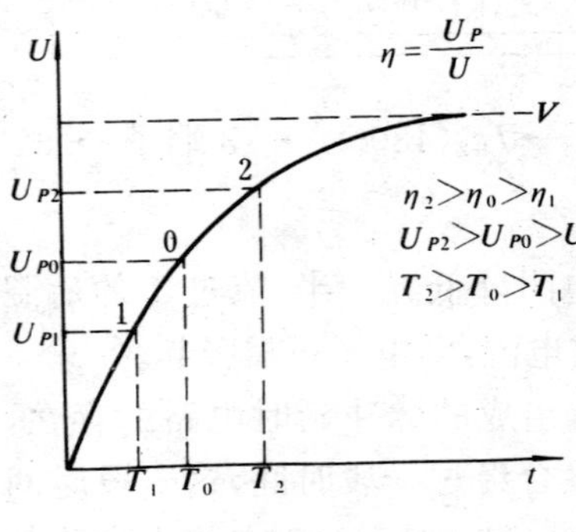

(*b*)η 对 T 的影响

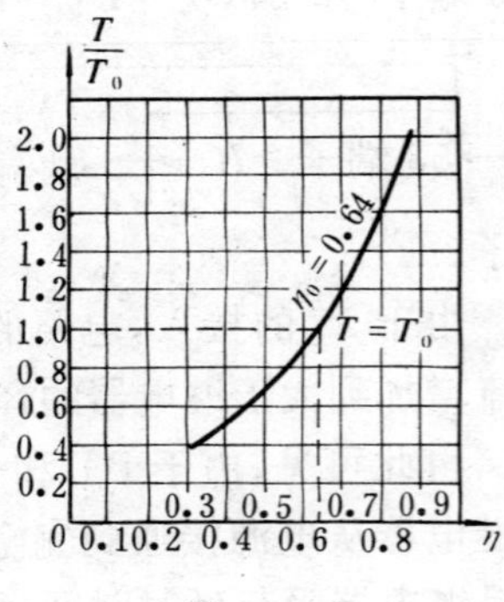

(*c*)$\frac{T}{T_0}=f(\eta)$曲线

图 8－3　影响 JSBXC－850 型继电器时间特性的因素

随时间按对数规律增长，当电压升至单结晶体管击穿电压U_{P0}时，充电停止并开始放电，对应的时间T为继电器缓吸时间。显然，由于$R_1C_1<RC<R_2C_2$，达到同一击穿电压的时间：$T_1<T_0<T_2$，即R与C越大，缓吸时间T越长。

3. 与单结晶体管的击穿电压有关，而击穿电压又由单结晶体管的分压比η决定。分压比η越大，击穿电压越高，则C_1充电电压升高，缓吸延时加大。

图8－3(*b*)说明单结晶体管的分压比η对延时的影响。图8－3(*c*)中设$\eta=0.64$为基准值，对应的继电器缓吸时间为T_0，则由图8－3(*c*)所示的$\frac{T}{T_0}=f(\eta)$曲线可以看出：当$\eta>\eta_0$时，$T>T_0$；$\eta<\eta_0$时，$T<T_0$，即η越大，延时越长。

电路中其他元件的作用是：

1. 为了消除因电源电压波动对延时的影响，电路中加装了两个稳压管D_2与D_3，串联后的稳压值为19.5V～20.5V。它们与R_3串联成一简单的稳压电路，保证继电器电源电压在21V～27V间变化时，吸起时间仍保持标准值。

2. 二极管D_1是防止电源极性接错而设。当电源接错时，它使电路不通而本身承担了全部电源电压。

3. 二极管D_4是吸收继电器J的370Ω前圈的磁场能量的，防止继电器断电时引起的反电势使单结晶体管BT击穿，从而避免了电路的干扰。

4. C_2是单结晶体管第二基极的平滑电容，同时也是稳压后的滤波电容，以消除电源杂音对电路延时的干扰。

5. R_5是单结晶体管的基极电阻。

半导体时间继电器时间控制单元的元件规格及参数见表8－1。

表 8－1　时间控制单元元件规格及参数表

元件名称	规　格	数量
双基极二极管	型号 BT33$F(D)$，$R_{BB}=(5\sim10)$kΩ $\eta=0.65\sim0.85(0.45\sim0.65)$	1
电解电容 C_1	型号 CA30 型钽电容 25V100μF 轴向引出	1
电解电容 C_2	型号 CDX－3－N　25V　30μF 轴向引出	1
硅二极管 D_1，D_4	型号 2CP11	2
硅稳压管 D_2，D_3	型号 2CW3	2
金属膜电阻 R_1	型号 RJ－$\frac{1}{2}$W－(3kΩ～4.7kΩ)由调试确定	1
金属膜电阻 R_2	型号 RJ－$\frac{1}{2}$W－(160Ω～390Ω)由调试确定	1
金属膜电阻 R_3	型号 RJ－$\frac{1}{2}$W－100Ω	1
金属膜电阻 R_4	型号 RJ－$\frac{1}{2}$W－3kΩ	1
金属膜电阻 R_5	型号 RJ－$\frac{1}{2}$W－160Ω	1
金属膜电阻 R_6～R_{13}	型号 RJ－$\frac{1}{2}$W－(7.5kΩ～2.5MΩ)由调试确定	8

时控单元的印刷板电路及元件布置见图 8－4。

半导体时间继电器的电气特性与 JWXC－$\frac{370}{480}$型继电器相同，但有下列补充规定：

1. 继电器的延时误差均不能超出标准值的±15%。

2. 在通电至继电器闭合的缓吸时间内，后接点的压力为 0.098N(10)～0.147N(15)。

继电器的接点组编号与无极继电器相同，参阅图 3－9，而各端子按图 8－2 接线。

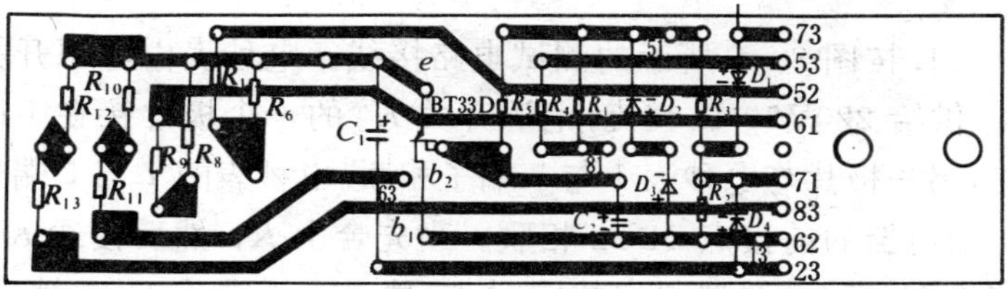

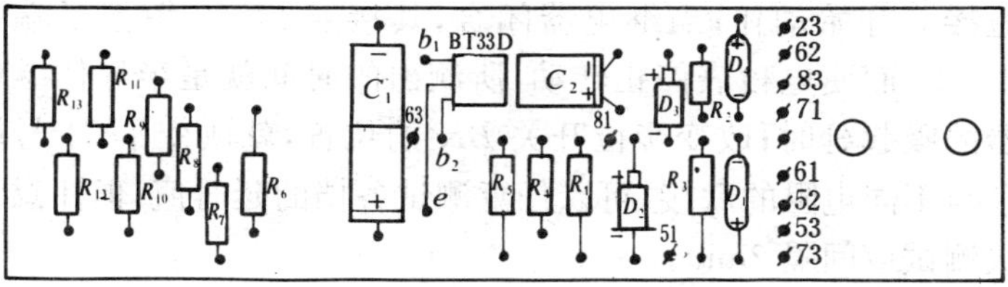

图 8－4　时间控制单元印刷板电路及元件布置

第二节　检修与调整工艺

一、继电器参数的调整

半导体时间继电器参数的调整与无极继电器相同。

二、印刷电路板的检查与修理

1. 检查印刷板的引出线，应无断股、假焊。发现断股与假焊应重新焊接，并应使用 45W 以下的电烙铁，以防高温损伤元件。

2. 检查各元件在印刷板上的焊接，应无假焊，焊点美观。

3. 检查印刷电路板。电路的铜皮不卷边，不断裂。发现微小的断裂应予补焊完整。

三、时控单元的延时调整

1. 按图 8—5 所示的测试电路接线。电秒表由电源开关 K_1 供给 220V50Hz 交流；电源开关 K_2 的一个极片接在主回路，另一极片与电秒表Ⅰ与Ⅲ端子相联。电秒表的Ⅰ与Ⅱ端子与继电器的前接点 21-22 相联。当先合上 K_1，然后接通 K_2，那么在时间继电器得电的同时，电秒表由于端子Ⅰ、Ⅲ被 K_2 短接而开始动作；当继电器闭合，其接点 21-22 短接了端子Ⅰ、Ⅱ，而使电秒表停止转动，所测出的时间就是半导体继电器的吸起延时；改变步位开关 BK 的位置，就改变了 51 号端子与不同电阻的联接，可以任意测试各档的延时值，但注意每次测试应间隔 2min。

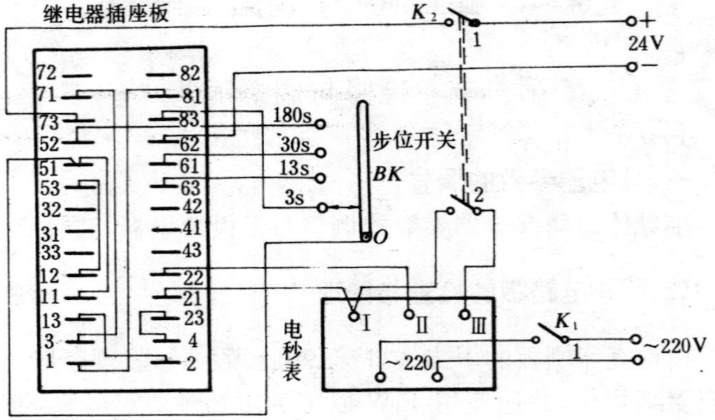

图 8—5　JSBXC—850 型继电器时间特性测试电路

2. 测试稳压后的电源电压。在稳压管的两端测得的电压值应在 19.5V～20.5V 之间，若大于或小于此数值，则应取下稳压管进行特性测试，对于不合格的予以更换。

3. 测试单结晶体管的分压比。用真空管电压表量得 C_1 放电时，C_1 与 C_2 上电压值(负表棒接电源负极，正表棒接电容器正极板)，则分压比：

$$\eta \approx \frac{U_{c1}}{U_{c2}}$$

η 应符合表 8－1 中的规定，不合标准时应予更换。

4. 调整电阻 R_1。R_1 的大小应保证断开稳压管，将电源电压升至 27V、480Ω 单线圈通电时，继电器衔铁不吸起；而且，在单圈通电状态下，继电器的后接点仍应有 0.098N(10gf)～0.147N(15gf)的压力，接点电阻不大于 0.1Ω。R_1 的大小与继电器的工作值有关，工作值大则 R_1 小，反之，工作值小则 R_1 大。

5. 调整电阻 R_2。R_2 的大小应保证在 C_1 充电到延时时间的 60％(即 1.8s；7.8s；18s；108s)放电时，电流通过 370Ω 线圈，继电器不吸起(后接点不断开)。R_2 还必须保证在电源电压降至 21V(接上稳压器)，双线圈同时通电时，继电器要可靠吸起。

6. 调整 180s 延时。将步位开关旋至 51 与 52 端子接通位置，选择电阻 R_6 与 R_7，使延时达到 180s 的标准值，误差不超过±18s(检修时延时误差应控制在±10％)。

7. 调整 30s 延时。将步位开关旋至 51 与 61 端子接通位置，选择电阻 R_8 与 R_9，使延时达到 30s 的标准值，误差不超过±3s。

8. 调整 13s 延时。将步位开关旋至 51 与 63 端子接通位置，选择电阻 R_{10} 与 R_{11}，使延时达到 13s 的标准值，误差不超过±1s。

9. 调整 3s 延时。将步位开关旋至 51 与 83 端子接通位置，选择电阻 R_{12}与 R_{13}，使延时达到 3s 的标准值，误差不超过 ±0.3s。

第三节　常见的电气特性故障的分析及处理

故障举例 1

故障现象：继电器通电后不动作。

故障原因 1：稳压管 D_2 与 D_3 被击穿。由于 D_2 与 D_3 其中之一被击穿短路，使单结晶体管及 C_1 上得不到足够的电压，继电器通电后不动作。同时，R_3 严重发热，甚至烧黑。

处理方法：应立即切断电源，取下稳压管。在没有稳压管情况下，若再一次通电后继电器动作正常，则确认稳压管损坏，应更换稳压管。

故障原因 2：电容器 C_1 被击穿。C_1 被击穿后，继电器前圈 4-3 中有恒定电流通过，此电流与后圈 1-2 中的电流方向相反。因此，继电器通电后不动作。

处理方法：判断这种故障，可用电压表测试 C_1 两端电压，若没有充电时的电压上升过程，即说明 C_1 损坏，应予更换。

故障原因 3：单结晶体管 BT 的发射极 E 与第一基极 B_1 之间被击穿短路。此时 C_1 同样没有充放电过程，但线圈 4-3 中没有电流，而只有线圈 1-2 通电，继电器也不会动作。

处理方法：更换单结晶体管。

故障原因 4：单结晶体管 B_1 与 B_2 之间断路。如 BT 损坏或 B_2 断线、假焊等，则 BT 的 E 与 B_1 之间成为普通二极管，C_1 也没有充放电过程，继电器不动作。

处理方法：更换单结晶体管。

故障原因 5：R_2 断路或假焊，使 C_1 没有放电回路，因此继电器不动作。

处理方法：更换 R_2 或重新焊接。

故障原因 6：C_2 被击穿，使得 BT 的 B_1 与 B_2 被短路，C_1 同样没有充放电过程，此现象伴随着电阻 R_5 的严重发热，甚至烧损。

处理方法：更换 C_2。

故障原因 7：继电器前圈(370Ω)断线，继电器无法工作。

处理方法：更换线圈。

故障举例 2

故障现象：继电器通电后延时动作，但不保持。

这种故障的原因是后圈(480Ω)得不到足够的保持电流。

故障原因 1：R_1 或 R_4 断线或假焊，使后圈供电回路电阻增加，线圈中电流减少，不能保持衔铁的吸合状态。

处理方法：更换电阻或补焊。

故障原因 2：继电器 11-12 接点接触不良，断开了自保电阻 R_4。

处理方法：调整继电器。

故障原因 3：480Ω 线圈断线或假焊。

处理方法：更换线圈或补焊。

故障举例 3

故障现象：继电器在某一延时部位时通电后不动作。

故障原因：这说明该部位的充电电阻开路或假焊。应查明断路处，然后克服之。

JSBXC 型继电器经常发生 3s 延时部位动作，而 13s、30s 以及 3min 等延时部位不动作。当用真空管电压表测试 C_1 上的充电电压，可以观察到在 3s 延时部位，C_1 上有不断的充放电过程，而在其他延时部位，则 C_1 上充电到一定的电压(非常接近单结晶体管的峰点电压 $U_P=\eta U$)即停止上升,放电过程不出现。这种现象说明 C_1 上的充电电压达不到单结晶体管发射极与基极导通所需的峰点电压。其原因是:电容器 C_1 漏泄电流或单结晶体管的 I_{CBO} 过大(超过 10μA 以上),则此漏泄电流在充电电阻上造成的压降(特别当充电电阻很大时)使 C_1 的充电电压达不到单结晶体管所需的峰值电压,因此电路失去了放电过程,继电器不动作。

处理方法:应用微安表对 C_1 的漏电电流或对 BT 的 I_{CBO} 进行测试,确定不良元件,予以更换。

故障举例 4

故障现象:继电器延时显著变小。

故障原因 1:C_1 电容器干枯,容量变小。

处理方法:取下 C_1 测试后更换。当用闲置已久的新电容器更换时,必须进行漏电测试,额定工作电压下漏电电流不大于 2μA。测试后进行稳定性处理,即向新电容器充以 30V 电压,保持 3h,然后放电,再将其放置 24h 后安装。

故障原因 2:单结晶体管特性变化,分压比 η 下降,相应的 C_1 充电电压降低,故延时减少。

处理方法:更换单结晶体管。

故障原因 3:C_2 漏电严重,降低了 B_1、B_2 间的电源电压,等于降低 BT 的峰点电压,故 C_1 的充电延时缩短。

处理方法:更换电容器 C_2。

故障举例 5

故障现象:继电器延时显著增加。

故障原因 1:C_1 本身老化。

处理方法:当继电器闲置日久,在第一次通电时延时一般加长,故应对电容器进行稳定处理。在电路中使用时,应至少三个月使继电器动作一次，才能保证延时的准确性。

故障原因 2：单结晶体管的分压比过高，提高了 C_1 的充电电压值，也能使延时显著增加。

处理方法：更换单结晶体管。

检修人员应知应会

1. 试述 JSBXC－850 型半导体延时继电器的电路动作原理。

2. JSBXC－850 型继电器吸起时间的长短与哪些因素有关？为什么？

3. 试述时控单元中对电阻 R_1 与 R_2 的基本要求与调整方法。

4. 单结晶体管的分压比在检修中怎样测试？标准值应是多少？

5. JSBXC－850 型继电器常见的下列故障的原因有哪些？如何判断和克服？

(1)通电后不动作；

(2)动作后不保持；

(3)3s 延时部位动作良好，其他延时部位(13s、30s、180s 等)不动作；

(4)延时显著减小；

(5)延时显著增大。

第九章　安全型继电器的测试设备

第一节　安全型继电器电气特性测试的基本电路

一、测试内容

继电器的电气特性好坏需要从线圈电阻、绝缘电阻、接点电阻、动作特性(包括工作值、落下值或有极继电器的转极值)及时间特性等五个方面来衡量。因此,测试的内容应包括这五项。但对测试设备来说,可以在同一设备中一次完成此五项内容,也可以在不同的设备中去逐项完成。

二、基本电路

安全型继电器的测试电路,是根据本书第一篇中所列定义以及前面各章中所介绍的各型继电器的不同要求来组成的。它们的测试基本电路如下：

1. 直流无极(加强接点)继电器的测试电路(见图 9—1)

2. 直流无极缓放继电器的测试电路(见图 9—2)

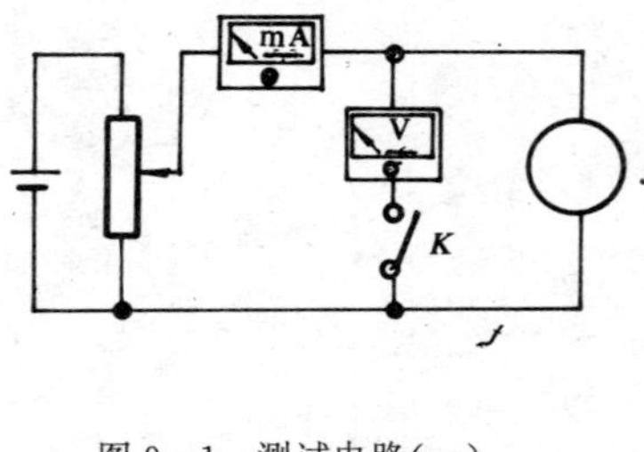

图 9—1　测试电路(一)

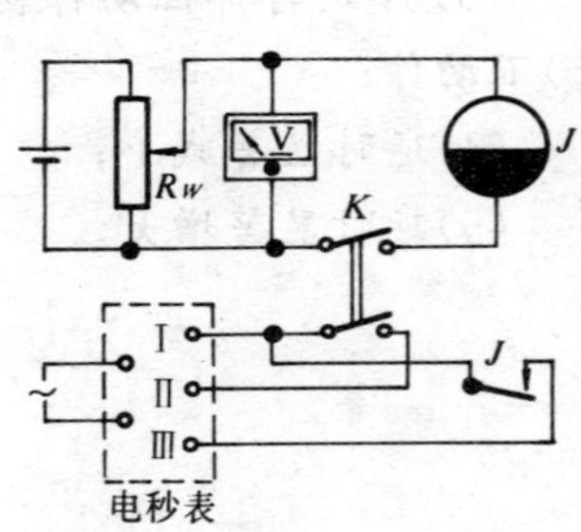

图 9—2　测试电路(二)

3. JZXC－480、JZXC－H156 型整流式继电器的测试电路(见图 9－3)

4. JZXC － H18 型整流式继电器的测试电路(见图 9－4)

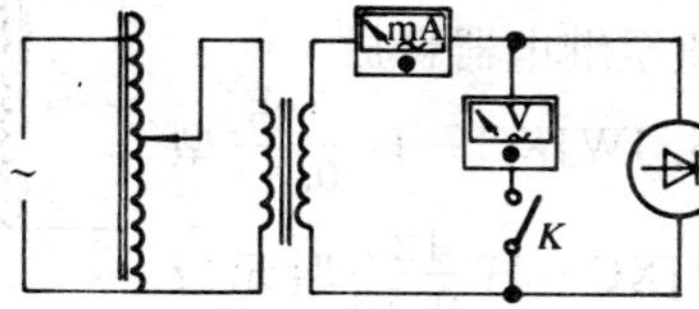

图 9－3　测试电路(三)

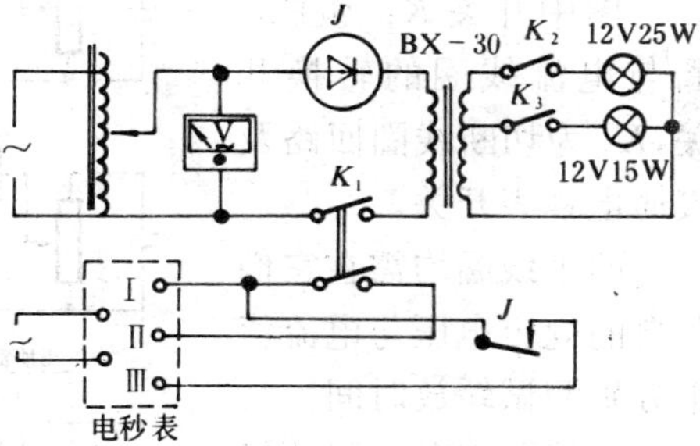

图 9－4　测试电路(四)

当外加电压为 240V 时合上开关 K_1 与 K_2,这时继电器吸起。当开关 K_2 打开时,继电器应可靠释放。然后将外加电压降低到 110V,当开关 K_3 合上时,继电器应可靠吸起,但应注意灯泡此时必须在冷丝状态,其每次测试间隔时间应大于 10s。

测试继电器缓放时间,可合上开关 K_3,使 12V15W 灯泡接通,然后将外加电压调到 220V,这时继电器吸起,然后打开 K_1,切断外加电源,此时电秒表的指示值即为缓放时间。

说明:BX－30 变压器的空载电流应为 11mA～12mA,12V15W 灯泡与 12V25W 灯泡允许误差为±0.3W。

5. JZXC－0.56 型整流式继电器的测试电路(见图 9－5)

如图 9－5 所示,在测试过程中,当电流调到过负载值前开关 K_1 合上,使两个灯泡并联使用,以防过负载电流使灯泡烧坏，而当电流逐渐减少到 1A 时，打开 K_1，使一个灯泡与继电器串联，然后再继续减少电流值至继电器释放。

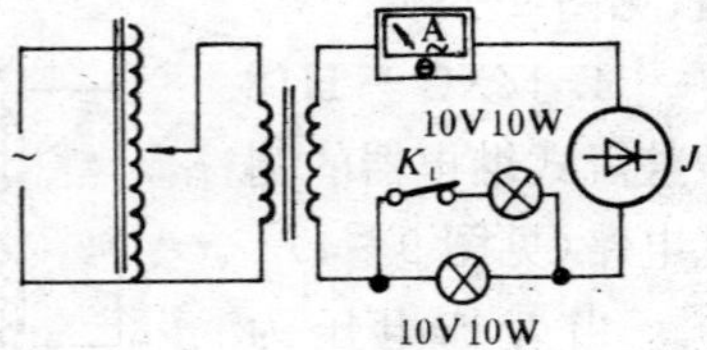

图 9－5　测试电路(五)

6. JWJXC－H $\frac{125}{0.44}$型及 JWJXC－H $\frac{125}{0.13}$型无极加强缓放继电器的测试电路(见图 9－6)。

图中开关 K_1 为主线圈与电流线圈的转换开关，K_2 为切断线圈回路及接通电秒表开关。

两个线圈均需在它们各自的规定电压与电流值下分别测试缓放时间。

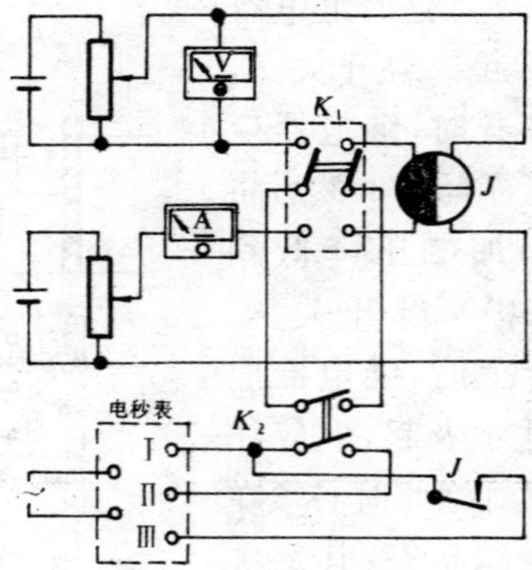

图 9－6　测试电路(六)

7. 线圈串联使用的极性保持继电器的测试电路(见图 9－7)

图中 K 为转极开关，通过它倒换电源极性，使继电器转极。

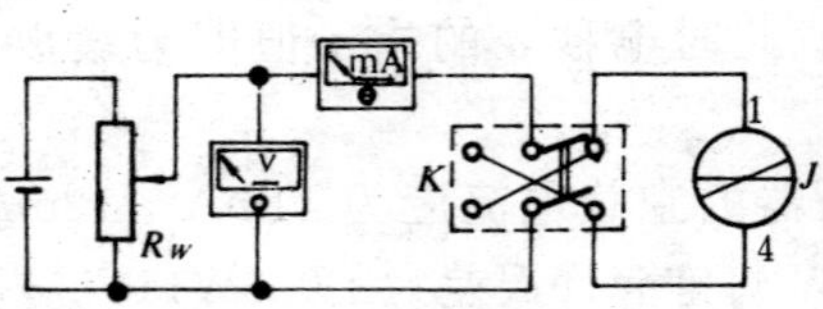

图 9－7　测试电路(七)

8. 单圈使用的极性保持加强接点继电器的测试电路(见图 9－8)

9. 偏极继电器的测试电路(见图 9－9)

电路中反向电源电压应为 240V，以满足测试反向 200V 电压不吸起的要求。

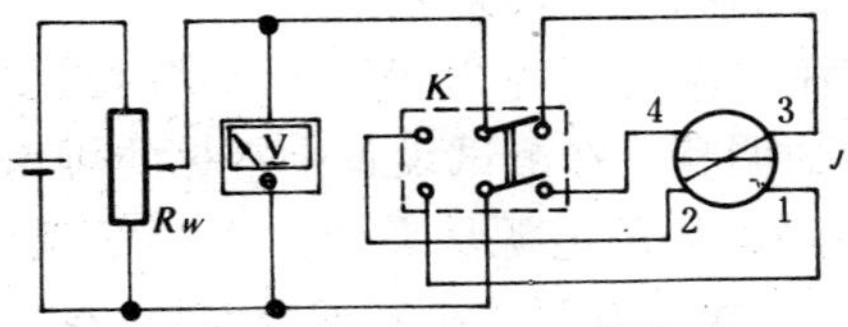

图 9—8　测试电路(八)

10. 单闭磁继电器的测试电路(见图 9—10)

由图可知,在局部线圈加入固定的 20V 电压的前提下,对控制线圈按规定进行测试。

11. 半导体时间继电器的测试电路(见图 8—5)

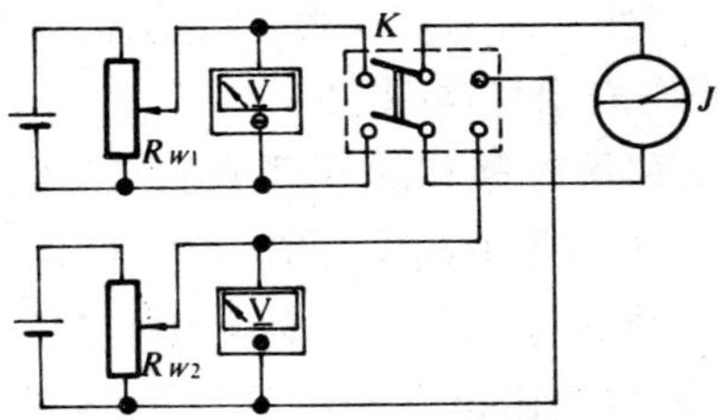

图 9—9　测试电路(九)

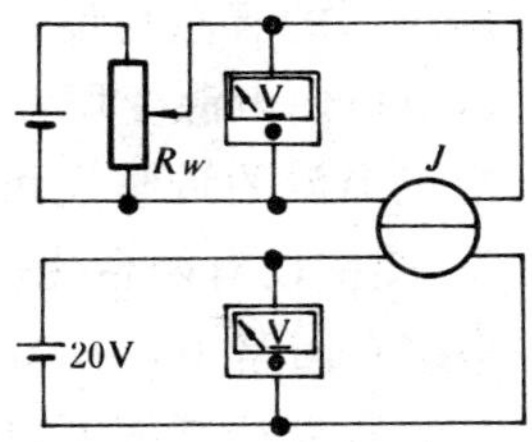

图 9—10　测试电路(十)

第二节　安全型继电器电气特性测试设备的主要组成部分

一、电　　源

1. 交流电源及其调整方法

交流电源的质量好坏直接或间接地影响到测试的准确性。一般要求电源波形为正弦波,电压波动范围为±10%,波动范围过大时需采用稳压装置供电。安全型整流式继电器测试时使用工频 50Hz 的交流电源。

常用的交流电源电压为 220V，在测试时需要经调压装置进行较大范围的调整。在测试设备中常见的调压装置是调压变压器，它可将 220V 的电源从零调至 240V。调压变压器（以下简称调压器）经常和电源变压器配合使用，在这里电源变压器可将电源分成几种范围以及起到隔离的作用。根据测试对象的需要，调压器的容量可采用 0.2kW～1kW。

调压器可接在电源变压器的一次侧，也可接在它的二次侧，见图 9－11。两者各有优点也各有其缺点：前者调压器的容量可以小些，但电源变压器二次电压是随调压而变化的，因此无法使电源变压器兼作电源指示灯及其它表示灯的电源；后者调压器的容量可能需要大些（因为二次侧的电压低而电流大），但可使电源变压器兼作表示灯电源。

交流电源的调整还可以利用磁饱和的原理来实现，见图 9－12。图中设有两台磁饱和电抗器 CB_1 及 CB_2，CB_1 的交流线圈串接在回路中，CB_2 的交流线圈则并联在回路中，它们各有自己的直流控制线圈，控制线圈由极性相反的两个线圈串联组成，不会有交流感应电压存在。直流控制电源通过瓷盘电

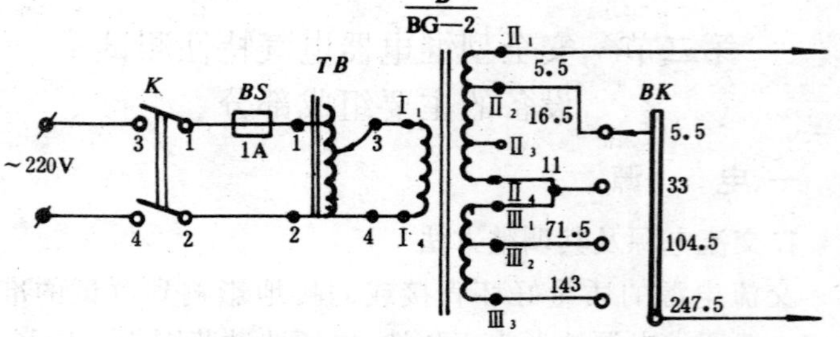

(a)调压器在电源变压器一次侧

图 9－11①

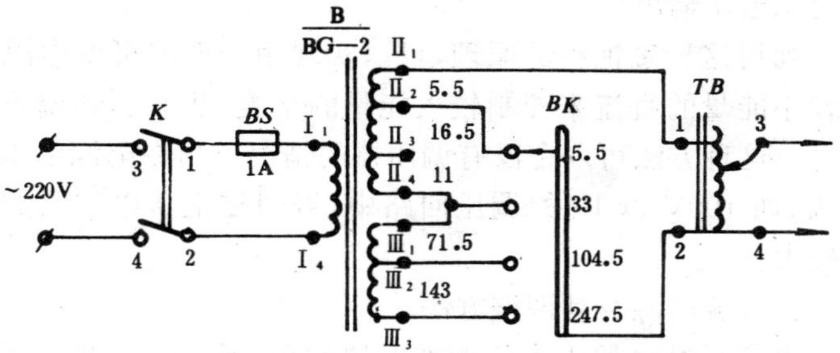

(b)调压器在电源变压器二次侧

图 9—11② 调压器的连接

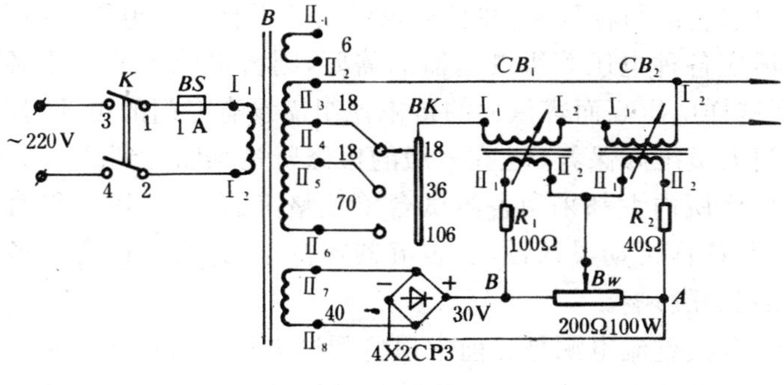

图 9—12 磁饱和调压原理图

阻 B_W 来调整。当 B_W 调至 A 点位置时，CB_2 的控制线圈上无电压，铁心未被直流激磁，其一次侧呈现较高的阻抗；但是在 CB_1 的控制线圈上则加上了一定幅度的直流电压，而直流电流将使铁心饱和，一次侧呈现极低的阻抗，电源在 CB_1 上几乎没有电压降，绝大部分的电压都加在 CB_2 上，此时有高电压输出。如果 B_W 向 B 点方向调至 B 点时，则出现相反的现象，即电压绝大部分降在 CB_1 上，而 CB_2 上几乎没有电压降，此时无电压输出。

利用这种磁饱和的原理，可以实现用一般的可变电阻调整较小能量的直流来控制较大能量的交流，从而达到调压的目的。这种方法可以在没有调压器的情况下用在电源电压不太高(如 100V 以下)的调压回路中，否则磁饱和电抗器的体积较大。

2. 直流电源及其调整方法

在信号继电器中直流型继电器的数量较多，因此测试电源也是直流电源用得较为普遍。当然，直流电源以蓄电池及干电池的电源质量较好，但是，一个检修所公用一组蓄电池，必然要求它们的容量大，并且要求供出若干种不同电压的电源，以适应各种电压等级继电器的需要，则蓄电池组的电压必然高。这样电压高而容量大的蓄电池组需设有专门的电池房，有专门人员维修保养。这在一般的检修所是难以达到的。因此，在检修所内大都采用各测试台单独整流的方式，以获得直流电源，这样机动灵活性大，整流器容量小，并且可以避免各台间的相互影响。

全波整流电源是目前常用的测试电源。整流元件可采用硒整流堆或硅元件组成。在使用硅元件时除了适当选用容量大的元件外，应尽可能地采取过压及过流的保护措施。最常用的过压保护装置由电阻、电容组成，它们串接后并联在整流堆和变压器的线圈上；常用的过流保护措施是在直流侧加装快速熔丝。

为了提高整流电源的素质，以保证电气特性测试的准确，可在全波整流的基础上增加一套滤波的装置，使直流电源更为平滑。

如果测试设备中采用了部分电子电路，则供给电子电路部分的电源还必须采用直流稳压电源。

二、测试仪表

1. 仪表的选择

仪表是测试设备的计量部分，继电器测试的结果都将从仪表上反映出来，并根据它读出数据，填入测试卡片。因此，仪表的准确与否直接关系到测试的结果，关系到继电器的检修质量，在考虑制作测试设备的时候慎重地选择仪表是必要的。

电测仪表的种类繁多，等级不一，测试安全型继电器时需备有交、直流电压表，交、直流电流表，电秒表，欧姆表，电桥及兆欧表，当测试半导体时间继电器时还需用真空管繁用表等常用仪表。

根据不同类型继电器的需要，要求仪表有一定数量的量程，以适应测试时较宽的指示范围和较清晰易读的刻度。近年多采用数字显示的电子仪表，并能自动记录，使测试智能化。

仪表的精度等级原则上要求为 I 级。

2. 常用的仪表及使用方法

(1)交、直流的电压与电流表一般常用磁电式的表头，应能适应测试台立式安装的使用条件。

(2)电秒表是一种常用的测试时间特性的仪表，目前常用的有 407 型及 401 型电秒表。

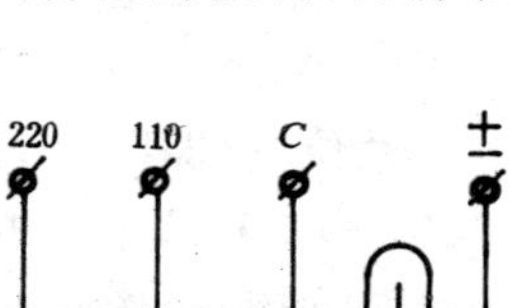

图 9—13　407 型电秒表原理电路

407 型电秒表的原理电路如图 9—13 所示。当电秒表中的励磁线圈通过电流时，表针开始动作。表针的停止有切断电秒表供电电源和分路电秒表励磁线圈（短路图 9—13 中的 C 与±端子）等两种方法。电秒表的表针是用向上扳动扳钮的方法恢复零位的。407 电秒表的计时范围为 1/100s～10s。

401 型电秒表的原理电路如图 9－14 所示，它是由一个同步电动机变速齿轮，和两个继电器的开关电路组成的。

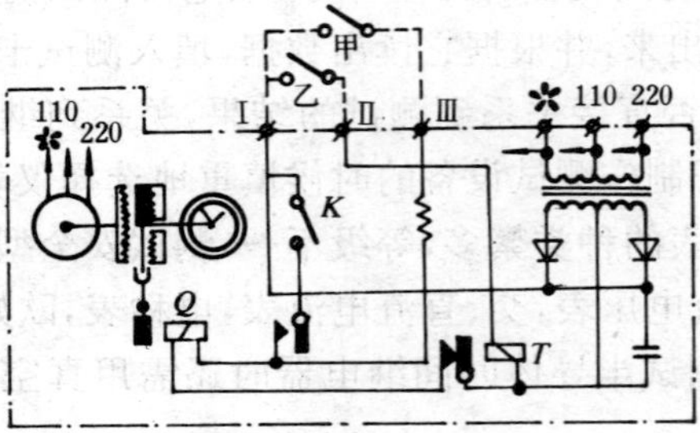

图 9－14　401 型电秒表原理电路

电动机和变压器端子通以电源后，同步电动机即开始转动。当控制端子Ⅰ和Ⅲ接通时，启动继电器 QJ 励磁，其衔铁使带动指针的齿轮接合到电动机的齿轮上，表针开始转动；当控制端子Ⅰ和Ⅱ接通时，由于停止继电器 TJ 的励磁，它的接点断开启动继电器 QJ，使 QJ 释放衔铁，表针停止转动；当端子Ⅰ和Ⅲ断开时，表针也能停转。测试继电器的缓吸及缓放时间，送来的是连续信号，因此将开关 K 扳至连续性位置(即图中 K 断开位置)。如需测试两个脉冲的间隔时间，可将 K 扳至触动性位置(即图中 K 闭合位置)。按压按钮后表针恢复零位。401 型电秒表的计时范围为 1/100s～60s。101 型同步瞬时计时器结构、动作原理与 401 型相同。

(3)欧姆表及惠斯顿电桥是目前广泛用来测试继电器线圈电阻的常用仪表。

电阻表可采用Ⅰ级精度的欧姆表，表上有×1、×10、×

100、×1000 四个量程，可根据被测继电器线圈的电阻数选择。这种欧姆表可供有效电阻为 5Ω 以上的线圈测试之用。对于 5Ω 以下的线圈则需用惠斯顿电桥来测试。

(4)兆欧表是目前测试绝缘电阻的常用仪表。其中有手摇的兆欧表，也有带电绝缘测试器。后者不需手摇，对检修所测试继电器绝缘尤为适用。

三、开关及转接元件

在测试设备中为了接通和断开电路，或是由一条电路转接至另一条电路是通过开关或转接元件来实现的，这些元件一般为测试者的操作元件或测试台的辅助元件。大致有以下几种：

1. 开关及刷形开关

所谓开关及刷形开关，包括有小型电源开关(又称钮子开关)、刀闸型开关、密闭式转换开关、波段开关和刷形开关等。这可以根据在电路中的不同用途选取。例如：刀闸型开关及密闭式转换开关，可以断开或接通较大功率的电路；钮子开关一般只允许使用在 250V5A 以下的电路中；波段开关具有多层多步位的特点，可作为选择开关用，但断开与接通功率较小是它的缺点，所以只能使用在负载功率不大的电路中；刷形开关具有与波段开关同样的优点，并且接触刷子较大，允许通过较大的电流，切断或接通较大的负载功率的电路，接触可靠，可根据需要选购各种型号，是测试设备中比较理想的转接元件。其规格及含义举例，如：30－4－12 型，其中 30——旋转一位的角度；4——层数；12——步位数。

2. 按钮及琴键式按钮

按钮的作用与开关相似，多位琴键式按钮的作用与波段开关相似，但它们的操纵方式不同。按钮分为停留式和自复式，有两位和三位，有敞开和密封，型式多种多样。其优点是操纵方便，缺点是位置不明显，容易造成错觉。

琴键式按钮有单个的也有多位联动的，并且每位的接点组数也多少不一。其优点是使用方便，安装美观，缺点是接点容量小，故只适用于作操纵元件，运用在小负载电路中，如果用继电器来复示其动作，并用继电器接点转接电路，这样就比较理想。

四、表示灯具及表示灯

为了使测试者对测试设备的状态一目了然，经常采用显示灯光的方式来表示。常见的适合于测试台上安装的表示灯具及表示灯品种很多，现介绍如下几种：

1. XD_1 型及 XD_2 型信号灯座

XD_1 型用以安装 C_9 型灯泡；XD_2 型用以安装 E_{10}型灯头泡。其外形与安装开孔尺寸如图 9—15 所示。

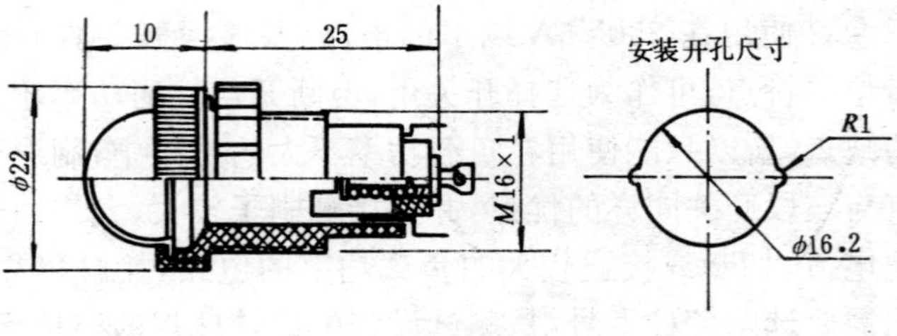

图 9—15　XD 型信号灯

生产图号分别为 GRY_4 · 816 · 004 和 GRY_4 · 816 · 005。灯帽颜色分：大红、嫩黄、翠绿、天蓝和乳白各色。

2. XDX_1 型小型信号灯座

XDX_1 型用以安装 E5/8 型螺旋式小型白炽灯泡。其外形及安装开孔尺寸如图 9—16 所示，生产图号为 GRY_4 · 816 · 001。灯帽颜色同于前者。

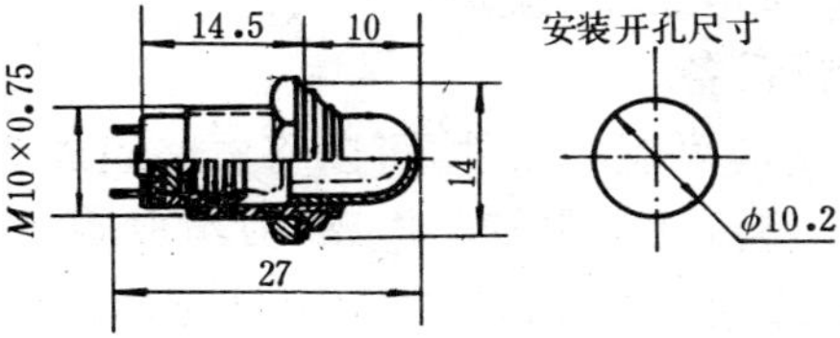

图 9—16　XDX_1 型小型信号灯座

配合 XDX_1 型小型信号灯座用 E5/8 型白炽灯泡分下列几种(见表 9—1)：

表 9—1　E5/8 型白炽灯泡的种类

工作电压　V	12	9	6.3	24	12	9	6.3
工作电流　mA	100	100	100	70	70	70	70

3. XDC-1 型超小型信号灯

XDC—1 型的外形及安装开孔尺寸如图 9—17 所示。生产图号为 GRY_4 · 816 · 002。灯帽颜色同于前者。超小型信号灯直接带有灯泡，并有导线引出。

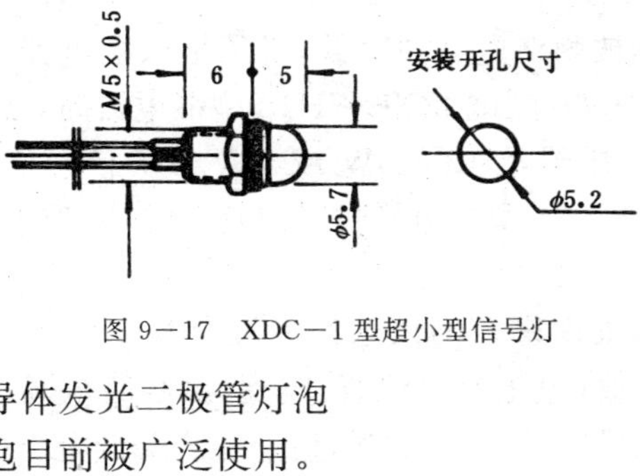

图 9—17　XDC—1 型超小型信号灯

4. 半导体发光二极管灯泡

该灯泡目前被广泛使用。

第三节　安全型继电器的综合测试台

在继电器检修过程中，为了提高效率，避免临时接线的错误，把基本测试电路联合起来，组成比较综合的测试电路，做成固定的测试设备。

根据需要与可能的条件，可以将电路组成测试直流型继电器的电路、整流式继电器的电路，或组成测试缓吸、缓放继电器的电路，或组成能测试三项电阻（即线圈电阻、绝缘电阻、接点电阻）的电路，也可以组成能一次完成五项测试内容的综合电路。

根据测试内容多与少、单项与多项，可以做成大小不同的测试台（箱）。

一、综合性电路的设计原则

1. 电源的变换必须与仪表的量限、被测对象的要求相适应。例如：被测继电器为整流式继电器，电源必须供给交流电源，仪表必须选取交流仪表；若被测继电器最高允许 67V，电源即供给相应的电压，仪表亦应选择在允许指示的量限（如 75V 或 100V 档），避免调压时不慎将仪表损坏。

2. 选择被测继电器的时候，必须把该继电器的附带条件选择进去。例如：测试 JZXC－H18 型继电器时，必须把 XB－30 型信号变压器及 12V15W 或 12V25W 信号灯泡接进去；测试 JZXC－0.56 型继电器时必须将 10V10W 的信号灯泡接进去等。

3. 必须处理好在测试过程中过负载与落下值之间的矛盾。过负载值（电压或电流值）较高，供给的电源电压也需要高，仪表的量限必然也要大些，但是随之降低电压（或电流）至继电器落下，其值又较低，很难在仪表的同一量限内使读数清楚地指示出来，故必然要将仪表量限由高档换为低档，在进行电流表换档（或电源换档）的过程中，应该使电流不中断。这个矛盾需要在电路中处理好。

4. 电路必须保证测试的准确性。因此，要求调压（流）要细，而仪表的读数要精确，刻度细密。

5. 电路要防止混电、窜电和迂回等现象，保证在正常操作或错误办理时均不应造成对设备和仪表的损坏，在电路无法满足时，需设有防护电路或装置。

6. 综合电路应尽可能地考虑到元件的兼用，以节约材料，简化板面布置和方便测试者的使用。

7. 尽可能考虑有外测继电器和外加仪表的可能。

二、设计电路时常遇到的问题和处理方法

1. 克服电源转换过程中电源中断的方法

采用二级调压器调压可以避免电源转换过程中的中断，如图 9－18 所示。根据被测继电器的需要可以将第一级调压器（TB_1）调至某一电压值，称为粗调；第二级调压器（TB_2）就被限制在该电压范围内进行调整，称为细调。这样的方法既满足了电源变档连续不中断，又满足了调压细致的要求。缺点是多用一个调压变压器。

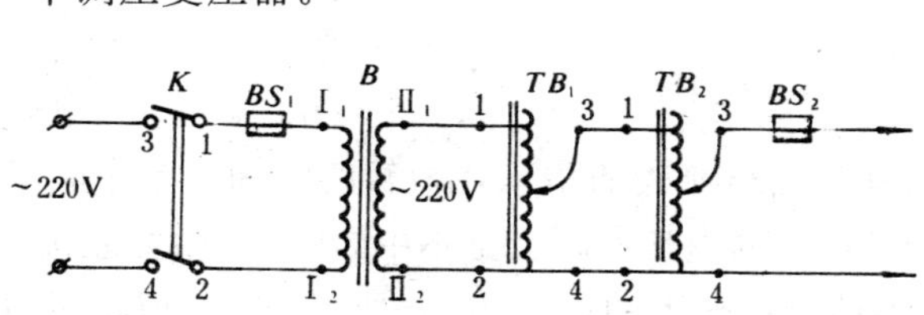

图 9－18　二级调压器调压

2. 实现电流表换档不断电的方法

(1)利用转换元件的特点来实现。转换一步为15°角的步位开关，有先接后断的特点。转换过程中，在未断开前一步位时第二步位已接通，但这个过程时间极短，并且不能停留，这是刷形开关本身的特点所具有的。

(2)设计不中断电路的仪表换档电路来实现。如图9－19所示，当按压过负载按钮 *GZA* 时，首先使短路继电器 *DLJ* 吸起，一方面短路电流表，另一方面使过载继电器 *GZJ* 吸起；*GZJ* 吸起后构成自闭，其一方面使电流表换为过载档，另一方面切断 *DLJ* 回路使 *DLJ*↓，取消对电流表的短路，此时电流表已转换高档。可用下面的接通公式来表示：

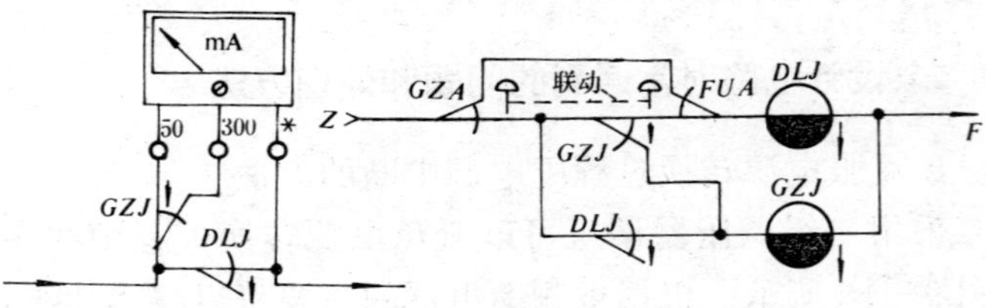

图9－19　不中断电路的仪表换档电路

按压 *GZA*→*DLJ*↑ ─→短路电流表

└→*GZJ*↑ ─→自闭

├→电流表转为过载档

└→*DLJ*↓→取消电流表短路

这样虽然电流表的指示在短暂的时间里是中断了一下，但对测试回路的电流实际上是不中断的。图中复原按钮 *FUA* 与 *GZA* 具有机械上的联动关系，所以，按压 *FUA* 时其接点使 *DLJ* 再次吸起，短路电流表，然后 *GZA* 复原，*GZJ* 落下，

同时 DLJ 落下，取消电流表短路，电路全部复原。必须指出，FUA 接点接通必须早于 GZA 接点的断开。

3. 实现电源电压值与仪表量限相适应（即同步）的方法

（1）用机械的办法。在二级调压的基础上将仪表量限的选择开关（刷形开关）的旋转轴与粗调调压器的轴固定为一体，这样当调压器旋转某一角度时，比如旋转 30°角，则选择仪表量限的刷形开关也将转动 30°角。可以将调压器旋转某一角度时的电压值作为相适应的仪表量限即可。

（2）用电路构成同步。在选择某种被测继电器时，由相应的辅助继电器的不同接点组同时接通或断开所需要的电源变压器二次抽头和仪表的量限挡。

4. 保证测试继电器接点接触电阻的准确性及防护办法

（1）接点接触电阻（以下简称接点电阻）测试的准确性是一个首先应该考虑的问题，因为接点的接触电阻值很低，如果在测试过程中把许多附加的电阻值都带了进去，将会使读出的数据无实际意义。因此采用电压电流法测试接点电阻时，为保证测试的准确性必须把电压与电流回路汇合点严格地控制在被测继电器的接点上，以消除测试引线所引起的附加误差。从图 9—20 即可一目了然。

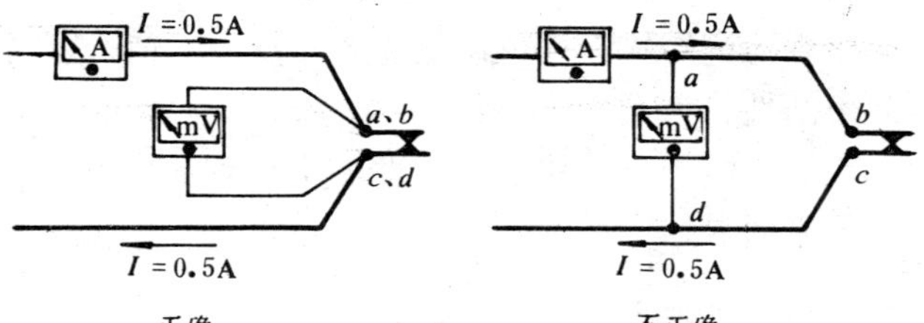

图 9—20　电压、电流回路的汇合点

另外，毫伏表头应根据 0.5A 电流在接点上的电压降换算为欧姆直读，免得测试者在换算中产生错误和误差。

(2)接点电阻的测试电路应该考虑对毫伏(或欧姆)表头的防护。在测试过程中由一组接点转换到另一组接点时，在转换过程中将会引起毫伏(或欧姆)表两端的电压大幅度的增长，使表头损坏。假设，供给的电源电压为 10V，接点电阻为 0.03Ω，而选择毫伏表的量限为 0.5Ω(即 250mV)，在接点上的电压降只有 15mV，绝大部分的电压都加至调流电阻上去了；但当接点开路时，由于电流没有了，在调流电阻上没有电压降，10V 的电压将全部加到毫伏表上，比它允许的最大量限 250mV 大 40 倍，毫伏表将遭到损坏。因此，必须设法采取防护的措施。

防护的基点就是只有当被测接点组在接通状态时，方可测量。其方法有两种：

一是设置电流监督继电器的办法进行防护。只有当接点接触，有 0.5A 电流流通时，监督继电器吸起，此时毫伏表才接入；当电流中断时，监督继电器落下，毫伏表回路被切断。用这个办法要求该监督继电器具有较高的灵敏度和返还系数，才能起到对毫伏表的防护作用。根据此原理，在测试台电路中，可将被测继电器的各接点串联起来，通以 0.5A 电流，毫伏表回路则通过转接元件依次测得各接点的阻值。这样，毫伏表过载可能性将大大减小。

二是利用可控硅的快速开关性能实现对毫伏表的过载保护。详见下面具体电路的介绍。

三、电路实例

1. 交、直流继电器简易测试箱电路(见图 9—21)

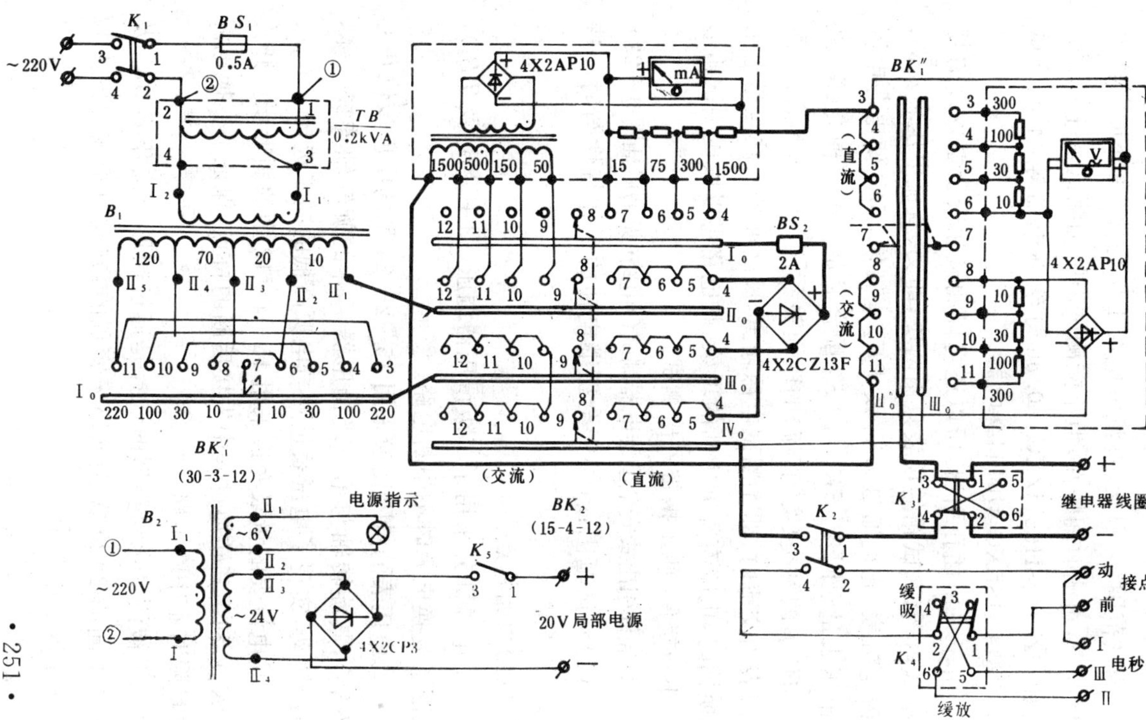

图 9—21 交、直流继电器简易测试箱电路

测试范围：一般交、直流继电器工作特性，在外加电秒表的情况下，可测时间特性。但不能测试需附加测试条件的继电器，如：JZXC－H62、JZXC－0.56 灯丝继电器等，不能测试 JRXC 型和 JSBXC 型时间继电器。

由于采用插孔引出，所以还可以测试除安全型以外的其它型继电器，测试箱的仪表只用两块，即交、直流电压表及交、直流电流表，它们通过 BK_1 及 BK_2 来转换，BK_1 使电源电压与电压表量限同步。BK_1 与 BK_2 配合满足了电源种类（交、直流）与仪表的种类（交、直流）的联锁关系，当电压表为直流，而电流表为交流时，即无测试电源输出，反之亦然。缺点是电压表换档时，电路有瞬间中断的现象。此电路可以做成测试箱形式，小巧轻便、便于携带外出测试。

2. 插件引出式安全型继电器测试台电路（见书后插图 9－22）

(1)测试范围：各类安全型继电器的工作特性与时间特性。

(2)电路特点：

①电源部分采用了二级调压器调压（图中 TB_1 及 TB_2），保证了变换电源时不中断电路。

②电压表的量限变换采用 15－2－24 型的刷形步位开关（BK_2），其旋转轴与第一级调压器 TB_1 的旋转轴连成一体，同步转动，实现了电压表量限与电源高低的同步选择。

③电流表的量限变换采用 15－4－12 型的刷形步位开关（BK_1），利用其转换过程中先接后断的特点，保证了变换电流表量限时不中断电路。

④被测继电器类型的选择是通过刷形步位开关 BK_3 及选择不同的 20 位 A 型插座来实现的，并同时把需要的附加条件接进了电路中。

⑤时间特性的测试由电秒表指示，缓吸、缓放由 BK_4 来选择，利用 BK_4 的中间位置作为电秒表的电源开关，既节省了元件又简便了操作。

⑥被测继电器插在通用的继电器插板上，将 A 型插头插在相应的 A 型插座上。A 型插座安装在测试台板面上，而 A 型插头与继电器插板间用线把连接。这样的方式，缩小了板面上被占面积，变换类型方便，便于边调整边测试，故特别适用于继电器检修人员的使用。若能将继电器插板安装在带有接点同步表示灯的旋转型检修架上，与测试台配合使用，则更有其优点。

⑦JSBXC 型半导体时间继电器的工作特性按 JWXC－$\frac{370}{480}$型测试，时间特性则需用 JSBXC 型专用测试线把插在为 JSBXC 型专设的 A 型插座上进行，通过 BK_5 选择所需测试的时间参数。

(3)开关名称

K_1——电源开关；

K_2——线圈开关(其一半 K'_2 使用在线圈回路中，另一半 K''_2 使用在时间特性测试回路中，它们同步动作)；

K_3——转极开关；

K_4——断丝及转接开关；

K_5——分流开关(JZXC－0.14 型继电器过负载时，为防止 12V25W 灯泡烧毁，K_5 合上，以达到分流的目的)。

3.按钮操纵式安全型继电器综合测试台电路(见书后插图 9－23)

(1)测试范围：各类安全型继电器的工作特性、时间特性及接点电阻的测试，并能对线圈极性进行校验。

(2)电路特点：

①采用琴键式联动按钮操纵的方式，并采用部分继电器作为辅助，在主要电路中由继电器接点构成，次要电路由按钮接点直接构成。具有按钮的机械联锁关系及继电器的电气联锁关系，故电路动作安全可靠，操作简便。

②设有安全型继电器插板和必要的外接端子，故继电器可以直接插在插板上进行测试，并具备外接继电器测试的条件，这样就扩大了测试范围，同时给测试其它元件或做有关试验创造了方便条件。

③设有外接仪表的按钮和端子，以便台上仪表损坏或不能满足需要时外接仪表或断开台上仪表。

④设有电源仪表量限、插板类型、外接仪表、接点接触情况等一整套较完善的指示灯和表示灯。对这些指示(或表示)灯，根据不同需要采用了同一电源而不同型号的灯座，有信号灯座、小型及超小型的灯座，并有各种颜色区分，起到多种显示、直观明了的作用。

(3)电路简要说明：

电路由按钮、电源、仪表、类型选择及输出、时间特性、接点电阻、表示灯等七部分组成。

①按钮电路

a.类型选择按钮采用每排十位琴键式按钮，共三排 30 位，使用 23 位($1A_1 \sim 1A_9$、$2A_1 \sim 2A_9$、$3A_1 \sim 3A_4$、$3A_9$)。一种类型继电器为一个按钮位置(见表 9—2)。

按下被测继电器的按钮，相应的辅助继电器吸起后，即能自动选好电源，区分交流还是直流、仪表量限，完成线圈的连接方式，接入附带条件，选择类型插板，并点亮有关指示灯。

按钮实行机械及电气联锁，不同排按钮虽然有同时按下的可能，但从电路上却保证了辅助继电器不能吸起，不会构成任何测试电路。

表 9—2　继电器的按钮位置

被测类型	供给电源	按　钮	辅助继电器	插板选择
JWXC−1700	～71.5V	$1A_1$	$1J$	Ⅰ型
JWXC−1000	～71.5V	$1A_2$		
JWXC−H600	～7l.5V	$1A_3$	$2J$	
JWXC−H340	～71.5V	$1A_4$		
JWXC−7	11V	$1A_5$	$3J$	
JWXC−2.3	～11V	$1A_6$		
JWXC−$\frac{370}{480}$	～33V	$1A_7$	$4J$	
JWXC−$\frac{500}{H330}$	～71.5V	$1A_8$	$5J$	Ⅰ型
JYXC−660	～71.5V	$2A_1$	$1J$	Ⅱ型
JYXC−270	～33V	$2A_2$	$7J$	
JPXC−1000	～71.5V	$2A_3$	$1J$	Ⅰ型
JDBXC−1100	～71.5V	$2A_4$	$8J$	
JWJXC−480	～71.5V	$2A_5$	$1J$	Ⅲ型
JWJXC−H$\overline{0.44}$	～5.5V	$2A_7$	$10J$	
JWJXC−H$\underline{125}$	～71.5V	$2A_6$	$9J$	
JYJXC−$\frac{135}{220}$	～71.5V	$2A_8$	$11J$	
JYJXC−J3000	～220V	$2A_9$	$12J$	
JZXC−480	～33V	$3A_1$	$13J$	Ⅳ型
JZXC−H156	～33V	$3A_2$		
JZXC−H18	～220V	$3A_3$	$14J$	
JZXC−0.14	～11V	$3A_4$	$15J$	
JSBXC−850	～33V	$3A_9$	$6J$	Ⅴ型

b. 特性选择按钮采用五位带复原的琴键式按钮。它们分别为：吸起（HXA）、缓放（HFA）、接点电阻（JDA）、接点表示

(JBA)四位和一个复原位置。它们间实行机械联锁。按下此类按钮时,构通相应的电路,完成它们应该完成的任务。

由于这几种按钮所接通的电路与接点组选择步位开关(BK)这个非联锁元件之间有着一定的联系,故规定只有当BK在定位位置时按下HXA、HFA、JBA才能有效(JDA除外),这样就避免了由于它们共同使用插板的接点而产生的矛盾。

c. JSBXC－850型继电器时间选择按钮,采用了一组五位带复原琴键式按钮。它们分别为:180s($A180'$)、30s($A30'$)、13s($A13'$)、3s($A3'$)四位和一个复原位置,它们之间实行机械联锁。

d. 特殊按钮采用五位带复原的琴键式按钮。它们分别为:过载(GZA)、并联校验(BYA)、电流与主线圈校验(LYA)、反向200V($F_{200}A$)四位和一个复原按钮(FUA),它们之间实行机械联锁。下面讲述以上各按钮的作用。

过负载按钮(GZA):当按下此按钮后,仪表量限自动变换为适应过负载需要的位置,以满足测试步骤中过负载的需要。详见本节"不中断电路的仪表换档电路"。

并联校验按钮(BYA):当按下此按钮后,$BYJ\uparrow$,使被测继电器两线圈并联,以校验其两线圈磁通方向是否一致。当线圈并联时必然会引起电流的增大,所以,同样需要动作电流表的自动换档电路,以保证换档时电路不中断,而电压表则不必换档。

电流线圈与主线圈校验按钮(LYA):为校验JWJXC－H$\frac{125}{0.44}$型无极启动继电器电流线圈与主线圈的磁通方向是否正确,特设此按钮。当将JWJXC－H$\frac{125}{0.44}$型继电器的电流线

圈按钮 $2A_7$ 按下后，调整电流至 1.5A，然后按下 LYA，此时主线圈即接通了 20V 电压，若衔铁不落下，说明线圈方向是正确的，反之不正确。

反向 200V 按钮($F_{200}A$)：为了满足 JPXC－1000 型继电器测试的特殊要求，特设此按钮。当将此型继电器按钮 $2A_3$ 按下后，再按下 $F_{200}A$，向该继电器供以反向电源（不需扳动转极开关），调整调压器至 DC200V，要求该继电器不能吸起。

e. 外接仪表按钮采用五位带复原的琴键式按钮。它们分别为：外接交流电流表 $\mathrm{A}_{\underset{\sim}{\mathrm{A}}}$、外接交流电压表 $\mathrm{A}_{\underset{\sim}{\mathrm{V}}}$、外接直流电流表 $\mathrm{A}_{\underline{\mathrm{A}}}$、外接直流电压表 $\mathrm{A}_{\underline{\mathrm{V}}}$ 四位和一个复原位置。

当需要使用外接仪表测试时，可按下需要的外接仪表按钮，相应的指示灯亮，将外接仪表接于该处端子上，同时台上仪表被断开。如果为了避免台上电压表的分流而影响电流表读数的准确性时，也可按下外接电压表按钮，断开台上电压表。

f. 当继电器释放值在 DC25V 档不能清楚读数时，可按下直流电压表 10V 档按钮 $\mathrm{A}_{10\underline{\mathrm{V}}}$，直流电压即转换为 10V 档。此按钮为单个自复式按钮，松手后即复原。

②电源部分

电源输入后，经调压器调压送至主电源变压器 B_1，该变压器采用信号专用的 BG－2 型轨道变压器。根据辅助继电器接点接通情况而相应地供出 AC5V、11V、33V、71.5V、220V 五种交流电源，并经由 $13J$、$14J$、$15J$ 接点来区分交流回路还是直流回路。直流回路则经过整流堆 Z_1 整流后供给主回路直流电源。

辅助电源由变压器 B_2 及整流堆 Z_2 组成，供给表示灯的 AC6V 电源和辅助继电器、局部线圈 DC20V 直流电源。

③仪表选择部分

各仪表量限的选择是根据被测继电器的特性要求，通过它们的辅助继电器接点来决定的，并能在测试过程中，满足过负载时自动转换至适当的高量限。电流表能在过负载及并联校验时保证回路在不断电的情况下，进行量限的转换。

④类型选择及输出部分

为适应各类安全型继电器测试的要求，采用了五块安全型继电器插板，继电器线圈的连接是根据被测继电器的特点，由辅助继电器的接点来构成的。

例如：整流式继电器不经转极开关 K_3，但需接入其自己要求的附带条件；时间继电器不经转极开关；某些继电器需经前、后圈开关 K_4 来分别测试其前圈或后圈的特性；而某些继电器则必须经过转极开关 K_3 而便于转换测试电源之极性。

继电器插板及外接端子则为输出元件，根据接点组相似的类型进行归类，可用五块插板来完成：无极、单闭磁、偏极归为一类，称为Ⅰ型插板；有极归为一类，称为Ⅱ型插板；加强接点的无极及有极归为一类，称为Ⅲ型插板；整流式归为一类，称为Ⅳ型插板；半导体时间继电器则归为一类，称为Ⅴ型插板。

⑤时间特性部分

电秒表的电源经由 BK 的定位接点而来，并经需测时间特性的继电器或特性按钮接点接通，亦由它们来实现吸起或缓放的连接。

⑥接点电阻测试部分

此部分电源经 JDA 的按下接点接通，并设有电源及仪表防护部分和圆盘电阻调流、电流表、接点欧姆表、表示灯等部分。

被测接点组的选择是采用一个15°角4层24步的刷形开关，其中5～12步为各组前接点，15～22步为各组后接点，14步为BK之定位位置，只有当BK恢复至定位位置时，才能测试时间特性或观察接点表示灯。

接点电阻的0.5A电流回路与欧姆表回路是分别通过BK不同层的刷子接线片与插板相连的，以免由于线路及刷子接触等附加电阻而引起的测试误差。

⑦表灯部分

为便于使用者测试，设置了电源指示灯、同类接点接触表示灯、仪表量限指示灯、外接仪表指示灯、电秒表接通指示灯、插板类型指示灯以及特殊按钮表示灯等。它们均由辅助继电器或按钮接点来接通。

四、安全型继电器测试台的结构与板面布置

安全型继电器测试台的结构形式多种多样，大小各有不同，但是，考虑的根据不外乎有以下几个方面：

1.根据测试电路的内容及范围来考虑，测试台应具备对其进行合理布置与安装的条件。大小则应根据测试内容的多少和繁简来决定。

2.根据测试台的使用对象和用途来考虑。例如，有作为生产继电器的工厂使用的；也有作为施工单位使用的；有检修所作为验收者使用的，也有作为检修者使用的；有在室内固定使用的，也有携带外出使用的等等。因此，测试台需做成适应上述用途的式样与大小，甚至还可做成小巧便于携带的测试箱形式。

3.根据电路中元件可能占用测试台的空间与面积，考虑测试台板面的大小与台体的厚度。

4. 根据普通身材坐姿的高矮、眼睛视角的范围以及人手能够操作的最远距离，考虑测试台结构的高矮和宽窄，给使用者创造操作方便、准确读数的有利条件。

5. 必须考虑安装牢固，经久耐用，与电气部分绝缘良好。台内布置及配线应考虑到维修方便。

6. 在实用、节约投资的前提下，尽可能使测试台做得既朴素大方，又精致美观。

下面，以按钮操纵式安全型继电器综合测试台为例，对分段结构的台体及其板面布置作一简单介绍：

1. 测试台的台体结构（见图 9—24）

由图 9—24 可知，此台在结构上的特点有如下几方面：

（1）采用分段结构形式

由于选用了一级精度的携带式仪表，占板面面积较大，为了既保证上半部台体不致过高，而测试台的左、右宽度又不致超过 1.5m 以上（超过 1.5m 宽的测试台将会带来使用的不方便）。因此，采用了分段结构的形式。

（2）采用金属结构

台体主要由左、中、右三个长方体用角钢焊接而成，夹角为 120°。长方体厚度为 350mm，高度为 1350mm。外部用铁皮包面。

台面也分左、中、右三部分，面敷木板，用槽形铝板包边。台面前下方设有铁制抽屉及转屉，并备有供电器工具及照明台灯用的电源插座槽。

（3）三个长方体前、后均设铁制柜门，给施工安装及维修时检查创造了便利的条件。

（4）为移动方便，底部装有四个带胶皮的滚轮，可以自由地向前、后、左、右各个方向移动。

(5)中段前方的顶部安装了一支 20W 日光灯,可使台面及左、中、右三段板面照得通明,字迹清晰。

其它,台体内部的上部为安装测试用的各元件之用,下部为安装电路所需之辅助继电器而设。

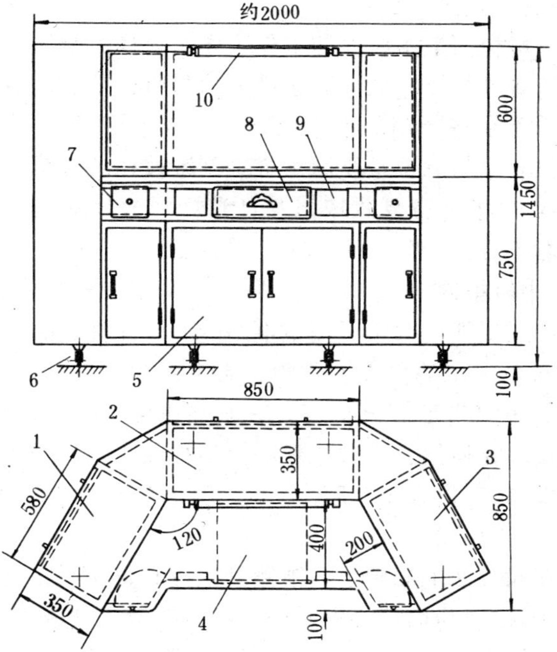

图 9－24　安全型继电器综合测试台的台体结构图

1—左段;2—中段;3—右段;4—台面;5—柜门;

6—胶皮滚轮;7—转屉;8—抽屉;9—电源插座槽;10—日光灯。

台体内部用白色硝基磁漆喷涂,外部用灰色硝基磁漆喷涂。板面经加工后用苹果绿色硝基磁漆喷涂,色泽鲜艳,目视有舒适的感觉。

具体尺寸见图 9—24。

2.测试台的板面布置

图 9—25 绘出了适用于按钮操纵式安全型继电器综合测试台电路且采用了分段结构形式台体的板面布置实例图。

(1)右段板面

在右段板面上主要安装了作为操纵元件的琴键按钮及作为各整流式继电器测试附属条件的信号灯泡及转接开关 K_5。其中有作类型选择用的十位组合式琴键按钮三排,特性选择和外接仪表用的五位带复原组合式琴键按钮各一排。直流电压表 10V 档单个自复式按钮及日光灯开关分别装在板面的左下及右下方。

(2)中段板面

在中段板面上集中了测试电路的心脏元件,如:主要的指示仪表及最常用的操作元件调压器 TB 和开关 $K_1 \sim K_4$ 等。各仪表的量限指示灯设于该表的上方并与名牌协同,指示出该表某量限在使用。外接仪表的接线柱及指示灯设于此段板面的下部,并与仪表相对应。

(3)左段板面

在左段板面上集中了与被测继电器有直接联系的插板和外接端子,以及与插板接点有密切联系的指示灯、仪表和操作元件,如:接点组选择步位开关 BK,特殊按钮和 JSBXC—850 型继电器的时间按钮等。接点表示灯集中地安排在相当于一块插板位置的地方,各插板的上方安装了使用插板指示灯。

整个板面各元件的布置,都尽可能地考虑了使用者右手操作的习惯,故操作元件一般地布置在右偏下的位置;也尽可能地考虑便于准确读数,故仪表设于中偏上的位置;分段式板

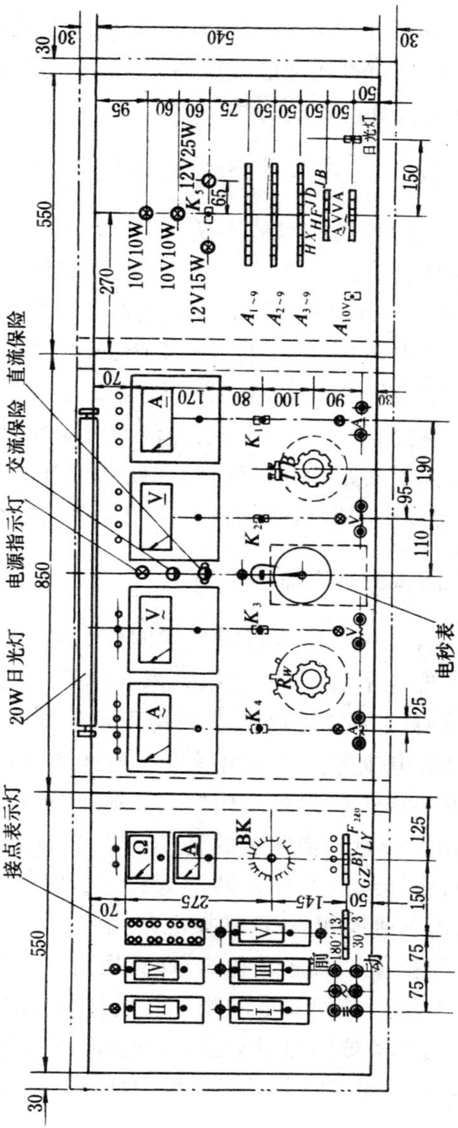

图 9—25　按钮操纵式安全型继电器综合测试台的板面布置图

面互呈 120°,使三个分段均能与测试者视线垂直,缩短操作距离;左段板面的布置还考虑配线的方便、省线和减少测试的误差,并照顾插拔继电器的习惯位置。

第四节　安全型继电器的微机测试设备

随着电子、计算机技术的不断发展和铁路自动化程度的提高,现场对继电器的检测工作提出了更高的要求,用微机进行自动检测和故障诊断成为目前继电器测试设备发展的主流。针对这一要求,安全型继电器的生产、检修单位设计、生产了多种微机控制的安全型继电器测试设备,这些设备的出现在很大程度上提高了继电器生产、检修的可靠性,降低了人员劳动强度,方便了铁路计算机管理。现就微机自动测试的基本原理和安全型继电器微机测试设备作一简单的介绍。

一、微机测试的基本原理

一般来说,计算机所能接受处理的信息是离散形式的数字量,即以高低电平(1 或 0)的组合来表示不同性质的信息。但是,外部信息大部分是以连续的物理量形式存在的,如温度、压力、电压、电流等。要利用微机正确测量、判断这些连续的物理量,就要将这些连续的模拟量正确地转化为离散的数字量。这种由模拟量到数字量的转换叫做 A/D 转换。在微机检测系统中,将连续的物理量转换为数字量的信息提取工作一般由模拟输入通道和 A/D 转换电路完成。

典型的摸拟量输入通道和 A/D 转换电路如图 9－26 所示。传感器的作用是把非电的物理量转化成模拟电量(如电压、电流等)或者将被测电量分压,变换到一定幅值的标准模拟量。如:电阻应变传感器可将机械物理量转换为电阻变化,进而转化为与之有确定对应关系的电压变化；话筒可以把声波转化为与之有确定对应关系的电压变化；温度传感器可以随温度变化输出对应的电压（或电流）。

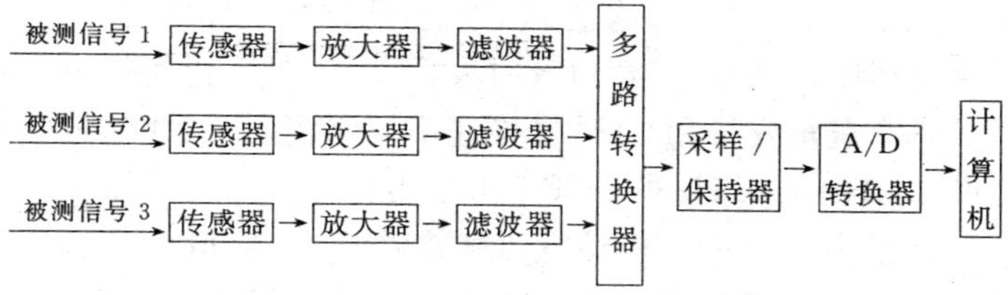

图 9－26　模拟量输入通道

放大器用来放大、缓冲输入信号。由于传感器输出的信号较弱，如常用温度传感器输出的电压只有几个毫伏、生物化学电信号仅是微伏级的，因此，输入信号需要加以放大，以满足以后各级电路的要求。此外，大多数传感器内阻较大，输出功率较小，这样放大器还起到了阻抗变换器的作用，来缓冲输入信号，避免后级电路的输入信号变形、失真。实际应用中，传感器种类繁多，所以放大器的种类也很繁多。如为了减少输入信号共模分量，就有各种差分放大器、仪表放大器和隔离放大器；为了使不同数量级的输入信号都有最佳变换，就产生了放大倍数可以程序控制的程控放大器等。放大器的正确使用是整个模拟量输入通道的精度与可靠性的重要保证。

传感器信号和放大器电路中常会产生噪声，系统其它部分也可能通过各种耦合渠道使信号通道感染噪声。例如电源电路的 50Hz 工频信号是一种常见的干扰源，又如数字电路的高频开关信号等。模拟量输入通道中的噪声可以用滤波器来衰减，以提高模拟输入信号的信噪比。

当模拟输入信号路数较多时，可以用多路转换开关来分时选通某个来自多个输入通道的信号。这样，在多路开关后的单元电路，如采样/保持电路，A/D 及处理器电路等只需一套即可，降低了系统的成本和体积。多路转换开关电路一般适用于变化比较缓慢，变化周期大于数十至数百毫秒的信号下。这样可使用中速 A/D 从容地分时处理被测信号。但使用时应注意泄漏及逻辑安排和 A/D 转换速率等问题。在被测信号频率超过 40kHz～50kHz 的一般不再使用分时多路开关技术。

常用多路开关有机械触点式多路开关、模拟电子开关和集成模拟多路开关等。机械触点式开关包括干簧管、继电器等。机械触点式多路开关接触电阻小，泄漏电流小，但是体积大，开、关过程有抖动，转换速度慢，控制复杂。模拟电子开关和集成模拟多路开关具有切换速度高，无抖动，易于集成等优点，但其导通电阻一般较大，输入电压，电流容量较小，动态范围有限，不适合高电压、大电流信号转换。

模拟开关以后的部分是模拟通道的转换部分。由于微机无法处理无限序列的信号，故须首先对信号进行采样，即在某一时刻对信号取瞬时值。这样，通过连续的固定时间间隔瞬时值的提取，微机便可以得到原始信息的离散表达如图 9－27 所示。一般在采样时我们期望离散和获得的数据尽可能短(采样次数尽可能少)，而又不致使原来的信息失真。采样定理有如下结论：如果采样频率大于 $2f_c$(f_c 为原始信息频率)，则可保证所采集的信号复现而不至失真。采样频率越高，表达越准确，数据量也越大。某些 A/D 转换器要求在 A/D 转换过程中输入的模拟量不能变化，否则会使转换不准确，转换精度下降，这类 A/D 就需要采样/保持单元。保持器的作用是使采样信号保持住，短时间内不随输入信号变化而变化。采样/保持器除了在 A/D 转换速度一定的情况下能提高转换精度外，还能实现多个采样/保持电路对瞬时信息同时采样，如进行瞬时峰峰功率测量时可对被测信号电压、电流同时采样/保持。然后再逐个处理。

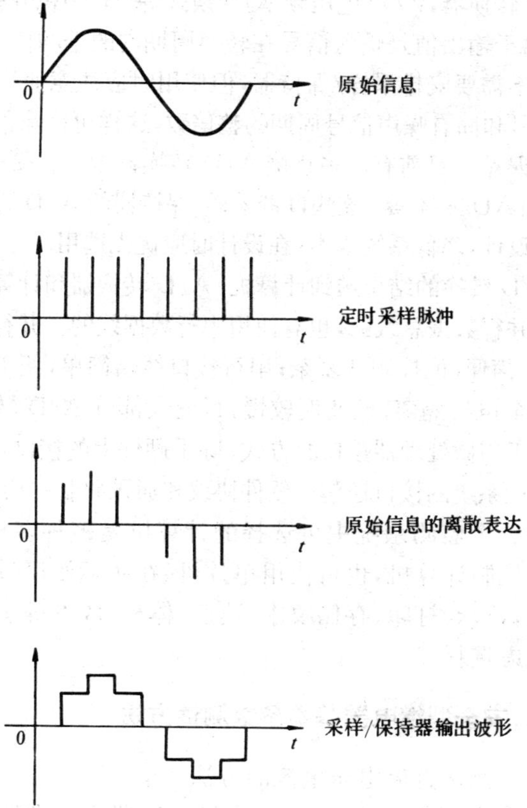

图 9—27　微机采样波形图

采样/保持器输出信号送至 A/D 转换器。A/D 转换器是模拟输入通道的关键单元。由于输入信号变化速率不同，系统的分辨率、精度、转换速率及成本也不同，所以 A/D 转换器种类较多。一般分为直接A/D转换器和间接A/D转换器。直接A/D转换器有逐次逼近式，跟踪计数式等。间接A/D转换器有积分型A/D转换器，V/f（电压频率）变换式等。其中积分型A/D转换器，由于输出值是输入信号在转换周期内的平均值，因此其前面通常不需要安排采样/保持器，但使用时应注意使积分时间是被测信号和固有噪声信号周期的整倍数，这样可排除积分时间上的系统误差。目前有许多直接A/D转换器内部自带采样/保持电路，如AD/674等。这些自带采样/保持器的A/D转换器可简化电路设计，降低系统成本，在设计时应优先选用。

A/D转换的结果送到计算机。A/D转换器和计算机的连接有使用并行数据总线的，也有使用串行数据线的。并行接口速度快，操作简便，但控制线复杂；串行接口线路简单，便于长距离传输和完全电气隔离，但速度较慢，目前大部分A/D转换器都设计成易于与微处理器接口的方式。除了硬件上的接口，A/D转换器和微机系统的接口还包括软件协议和通讯码制的约定等。

在一个监测系统中可选择的计算机是多种多样的，有微型工业控制计算机，也可使用单片机。在实际使用时可根据应用环境，显示、打印、存储要求、速度、体积、成本等多方面因素综合考虑选择。

二、安全型继电器基本参数测试方法

（一）测试直流电压电流的方法

直流电压测量比较简单：通过分压器或放大器网络将输入电压调整到一合适幅值即，如图9—28所示。

电流测试一般使用标准电阻采样法。如图9—29所示，使被测电流通过一个已知阻值的标准电阻，通过测量标准电阻两端的电压，利用欧姆定理即可换算出被测电流。

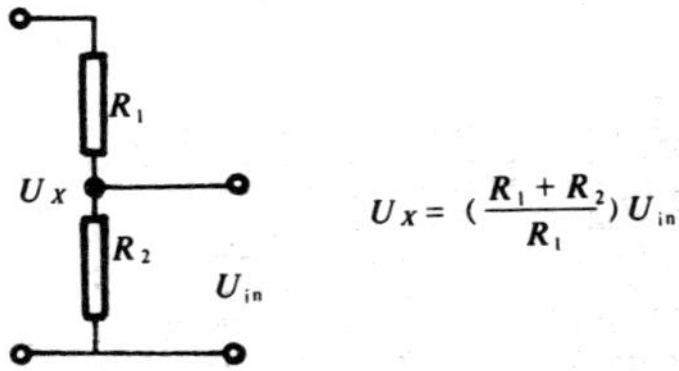

图 9—28　电压测试原理

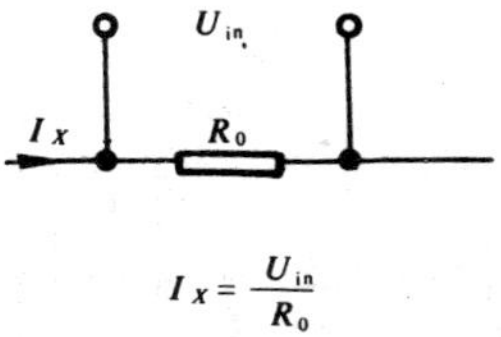

图 9—29　电流测试原理

（二）测试交流电压电流的方法

交流电压的测试相对直流电压来说较为复杂。

在表征交流信号幅度的参数中最常用的是有效值。因为交流信号的有效值直接与信号的功率有关，而统计信号的标准离差也与有效值有关。

测量任意波形的信号的有效值，不能采用测量其峰值或平均值再乘波形系数的方法，除非这是一种特定的不失真波形。若用 A/D 转换器对信号采样，量化成数字量后，用计算机软件对采样样本进行计算，是可以得到复杂波形的真有效值的，但这种方法会受到 A/D 转换器采样速率、数据量、运算速度等因素的限制。一般情况下，可通过硬件电路对交流信号进行真有效值转换，即将交流信号转换成对应有效值的直流信号。在有效值转换硬件电路转换时可考虑使用专用集成真有效值-直流转换电路，如图 9—30 所示。电路中使用 AD 公司的集成真有效值-直流转换芯片 AD637。它可以对任意波形的信号进行模拟计算而实现真有效值-直流转换。其转换精度高，具有很宽的带宽，同时有较完善的输入、输出保护电路，使用非常方便。其详细使用方法可参见有关资料。

（三）测试电阻的方法

电阻测量的基本原理是欧姆定律：

$$R=\frac{U}{I}$$

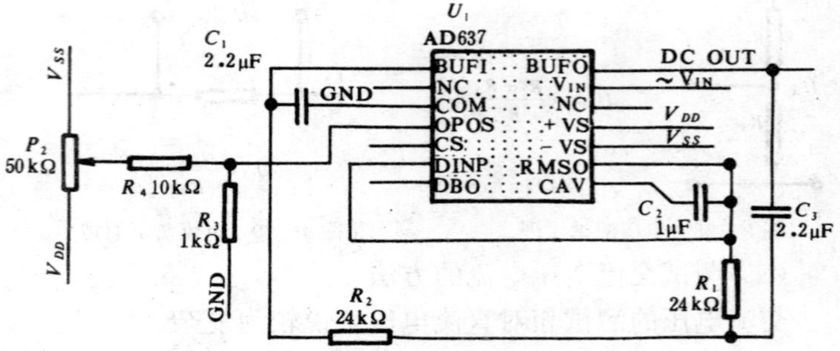

图 9－30　交流-直流变换电路

如图 9－31 所示，测量时测出被测电阻 R_x 的端电压 U_x 和通过电流 I_x，即可根据欧姆定律算出被测电阻阻值。实际使用中通常使用恒流源法，即令被测电阻通过一个标准电流 I_0，微机只需测试被测电阻端电压 U_x。

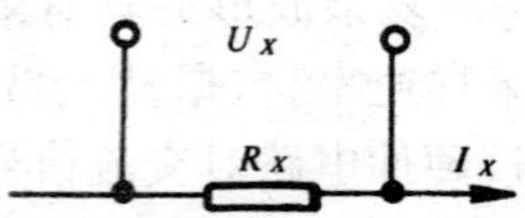

图 9－31　测试电阻的基本原理

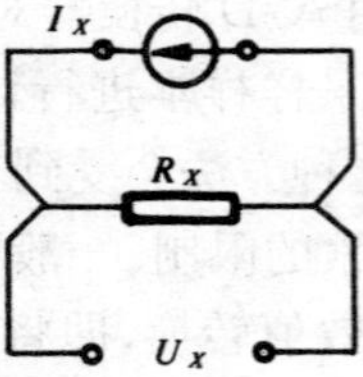

图 9－32　四端法测试电阻

当测量小电阻时，如继电器小阻值线圈电阻（0.13Ω、0.44Ω）和接点接触电阻时，应注意采用四端法测试，以排除测试引线电阻误差，如图 9－32 所示。

在测量继电器线圈电阻（带有大的感性负载的电阻）时，应注意感性负载电流变化，应在恒流源接入后延迟一段时间，等线圈电流完全稳定后再进行测试。另外，应注意恒流源接通和断开时线圈感应电压的防护问题，防止恒流源接通或断开时产生较高的感应电压损坏测试信号的输入通道。

(四)测试时间量的方法

测试时间量一般分为测试频率和测试周期。不论是测量频率还是测量周期，其基本思想都是通过门控技术将输入的未知量与已知的基准量进行比较后再进行量化计数处理显示。测量频率是在某单位时间内对被测信号脉冲进行计数；测量周期(时间)，是在被测周期(时间)内对某一基准脉冲进行计数，两者都要解决门控定时和对脉冲信号的计数问题。

微机(包括单片机)本身就含有定时器/计数器，同时微机具有灵活的控制功能，可以用软件来控制选通被测信号，使得测试时间量非常方便。图 9—33 是一个利用 8098 单片机内部定时器测量接点转换时间的例子。

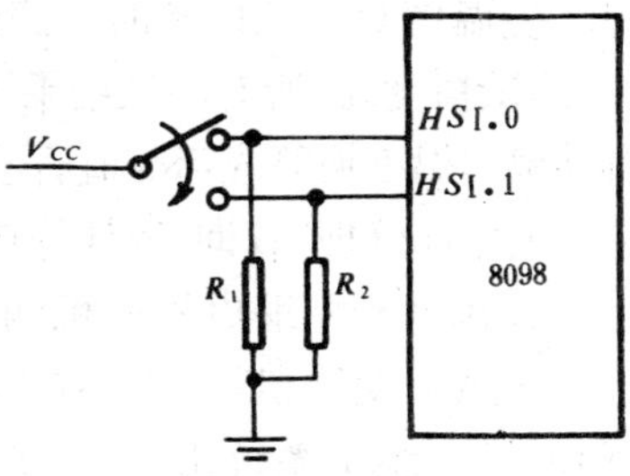

图 9—33　测量时间量实例

HSI.0、*HSI*.1 是 8098 开关量的输入端口，它可以捕捉到输入信号的跳变。测量接点转换时间的方法是：当 *HSI*.0 端口检测到负跳变(输入端由高电平变化成低电平)时，启动 8098 内部定时器，内部计数器开始计数。当 *HSI*.1 端口检测到正跳变时，停止内部计数器计数，那么内部计数器的计数值乘以计数脉冲周期便可获得转换时间。用 8098 这种方式测量时间，其测量误差可小于 2μs。

三、安全型继电器微机测试设备简介

目前，国内设计，生产出的安全型继电器微机检测设备功能各异，自动化程度、测试安全型继电器的种类以及价格都有较大差异。早期的检测设备只能检测部分型号的安全型继电器和部分电气参数，在控制上采用微机-人工结合控制方式。新近开发研制的微机控制的安全型继电器自动检测设备在智能化及测试功能上有了较大提高，同时有的设备还加入了测试数据管理功能。现以JQAX－1型继电器测试系统为例，对继电器计算机自动检测设备做一简单介绍。

JQAX－1型继电器微机测试系统是按照我国AX系列继电器有关手册和标准以及现场继电器检修要求而专门设计的一种自动化程度较高的微机控制的智能化继电器检测设备。该设备可以测试安全型继电器中的交、直流电压型，交、直流电流型等20多种型号继电器的线圈电阻、接点接触电阻、释放值、工作值，转极值，反向不吸起值，缓放、缓吸时间等电气参数以及检测时的环境温度等。该设备的检测过程由微机全自动控制，操作简便，测试精度高，所有测试结果以汉字环境显示、输出，测量数据自动根据温度换算成标准值后进行合格判断。同时测试结果自动建立数据库管理，查询、统计等功能齐备。

1. JQAX型继电器微机测试系统硬件

JQAX型微机测试系统硬件框图如图9－34(见书后插页)所示。整个系统由以8098单片机为核心的测试系统和以80486上位计算机为核心的管理系统两部分组成。两部分之间采用RS－232串行通讯接口连接。两部分分别独立工作。8098单片机测试系统完成安全型继电器检测功能。上位计算机完成以汉字形式输出测试结果及测试数据管理功能。

8098单片机测试系统包括以下几部分：微处理机系统及通用外设；模拟量输入通道；开关量检测电路；线圈测试转换矩阵；接点控制矩阵；控制继电器驱动电路；各测量电源和系统工作电源等。

上位管理计算机系统由80486微机系统和打印机构成。

(1)微处理机系统及通用外设

微处理机采用8098单片机。CPU模块和扩展功能模块间采用STD总线结构连接。在8098CPU板上扩充了一片16KB的EPROM27128来存放监控程序和资料库；一片8KB的随机存储器与8098内部256B的RAM存放处理即时测量数据。另外，在CPU板上配置了RS－232电平转换电路，用它与上位计算机80486进行串行通讯。由于整个系统扩展芯片较多，在CPU板上设有总线控制、驱动电路，以保证足够的总线驱动能力。

(2)模拟量输入通道

本系统要求能够测试线圈电阻、接点接触电阻、工作特性等多种电气参数。这些参数包括交流、直流电压信号和交流、直流电流信号。这些不同形式和数量级的模拟量通过各自的采样转换电路送至A/D、D/A转换板，在A/D、D/A转换板的输入通道上进行不同倍数的程控放大后再进行交流-直流变换，最后统一转换成0～10V的直流电压，最终送至A/D转换器的模拟量输入端，由其转换成数字量，然后由程序进行适当处理，得到测量值。另外，A/D、D/A转换板还由CPU控制输出一路0～10V直流电压，控制程控调压电源的输出电压。

(3)开关量检测电路

微处理系统通过I/O扩展芯片8255扩充了48位I/O口，来增加开关量输入端口。不同的开关量分别接到8255的对应输入端口，测试时只需控制8255对应端口读入即可。

(4)线圈测试转换矩阵

安全型继电器在工作时，其线圈有并联、串联或单独工作等多种连接方式，同时还要根据是测试线圈电阻还是测试工作特性来决定在线圈上加恒流源或系统测试电源。这些特定连接回路的实现靠计算机控制的线圈测试转换矩阵来连接完成。线圈测试转换矩阵如图9－35(见书后插页)所示。

转换矩阵中，由 8098 单片机测试系统控制继电器的通与断来自动完成特定回路的连接。以测试 JWAXC－1700 型继电器为例，对转换原理作一简单介绍。

当测试前圈电阻时，恒流源通过 S_8（断开）、S_9（闭合）、S_{14}（断开）、S_{15}（断开）接入被测继电器前圈。恒流源流过前圈产生的电压信号通过 X_8（断开）、X_7（闭合）、X_4（断开）、X_5（断开）、X_6（断开）送到模拟量输入通道。当测试正向工作值时，系统测试电源通过 S_3（闭合）、S_4（闭合）、S_5（断开）、S_6（断开）、S_7（断开）、S_8（闭合）、S_9（断开），加到串连起来（S_{15}闭合）的被测继电器线圈上。测试信号通过 X_8（断开）、X_7（闭合）、X_9（断开）、X_5（断开）、X_6（断开）送至模拟量输入通道。

转换矩阵的系统控制继电器有许多互锁关系。这种硬件互锁与 8098CPU 控制逻辑相配合，很大程度上保证了系统安全性和测试准确性。

（5）接点测试、转换电路

测试系统中，要求测试继电器的接点接触电阻，同时要求利用接点反映出继电器的动作状态（如前接点单一闭合，前接点全部闭合等）。由于安全型继电器接点组数多样性，专门设计了接点测试，转换电路以完成系统检测要求。接点测试、转换电路如图 9－36（见书后插页）所示。

当控制继电器 REA_{17}闭合时接点通入恒流源测试接点接触电阻，$REA_1 \sim REA_{16}$每一个继电器闭合对应测试一个接点的接触电阻。当 REA_{17}断开时接点通入＋5V 电压来反映接点接触状态。接点状态由 $D1Q \cdots\cdots D8Q$、$D1H \cdots\cdots D8H$ 点的电压反映，接点断开为低电平，接点闭合为高电平。全部前接点和全部后接点接触状态分别送至两片可编程逻辑芯片 GALV8，对输入信号和接点组数信息合成判断后向 8098CPU 输出继电器接点状态。

(6)控制继电器驱动电路

单片机测试系统中控制继电器的动作由系统 I/O 扩展芯片和继电器驱动电路来控制。控制继电器驱动电路如图 9—37 所示,电路中使用达林顿结构。光电耦合器起到电气隔离和功率驱动的作用。在控制继电器线圈两端并联反向二极管以吸收继电器断开时的感应电压。

(7)程控调压测试主电源

安全型继电器的工作电源有多种,同时要求测试电源电压(或电源)连续可调,这使得测试系统主测试电源较为复杂。本测试系统采用集成一体化电源结构,如图 9—34 所示。电源工作时系统 CPU 输出 0～10V 直流控制信号控制程控调压器,输出 0～250V 交流电压,程控调压器输出的电压输入测试系统的测试变压器组,在变压器组中通过特定变压器进行电压、电流变换,再经整流、滤波电路产生不同的测试电源。

程控调压电源中程控调压器电路是一个由步进电机驱动的闭环随动系统。它将调压器的输出电压采样后经过 AC/DC 变换成 0～10V 的直流电压信号。这个直流电压信号反馈到步进电机控制电路与 8098CPU 系统输出的 0～10V 直流控制信号相比较后,对步进电机进行随动调节,并带动调压器调整输出电压,从而达到由 8098 控制输出不同交流电压的目的。在程控调压电源中装有调压器高低限位保护装置,并通过特殊电路和控制算法消除了振荡现象。

2. JQAX 型继电器微机测试系统软件

JQAX 型继电器微机测试系统软件由两大部分组成:一部分是上位计算机管理、测试程序;一部分是 8098 单片机系统监控程序。上位计算机管理测试主程序流程图见图 9—38 和图 9—39,8098 单片机主程序流程图见图 9—40。

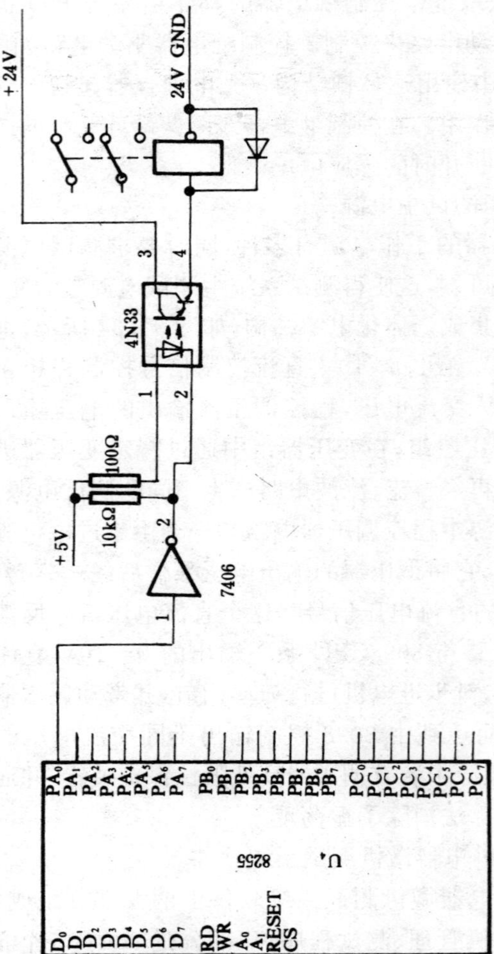

图 9—37　控制继电器的驱动电路

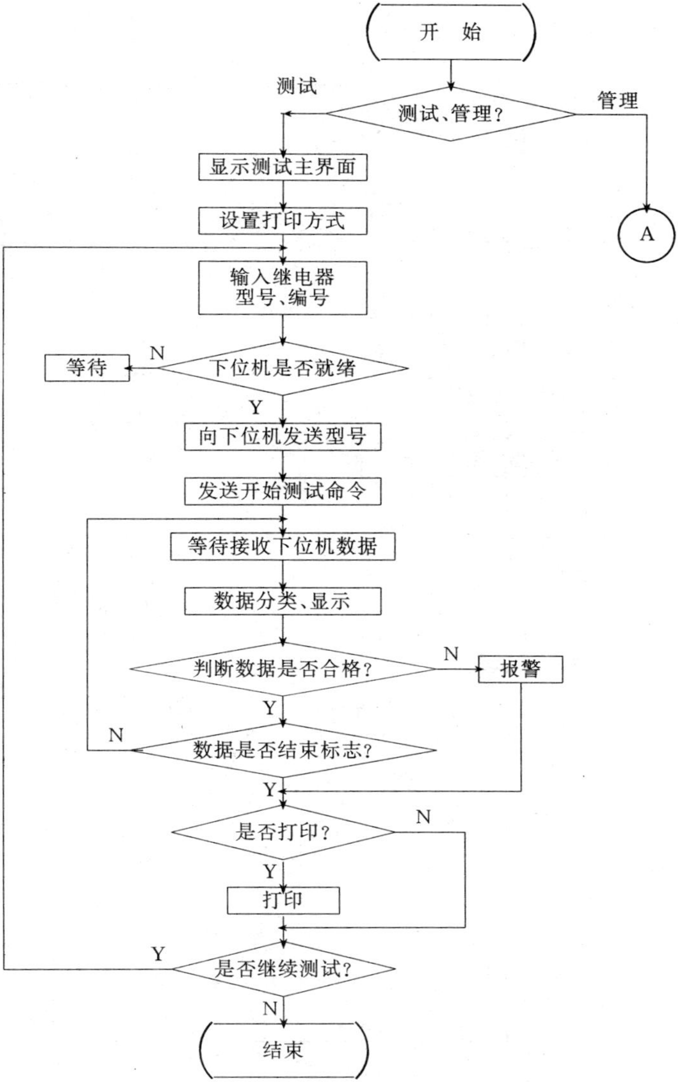

图9－38　上位计算机管理测试主程序流程图(一)

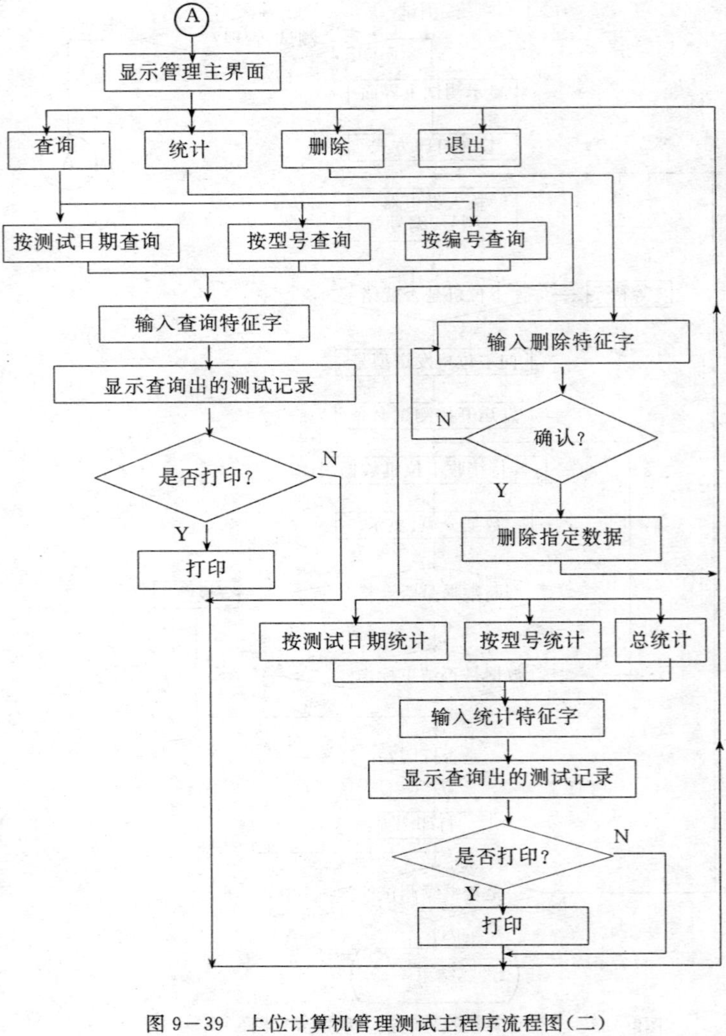

图 9－39　上位计算机管理测试主程序流程图(二)

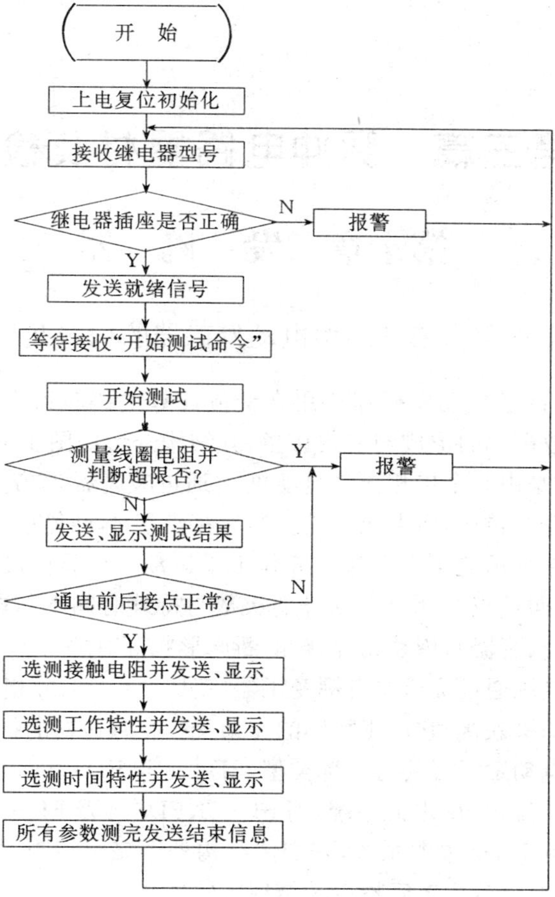

图9—40　8098单片机主程序流程图

第三篇　脉冲电路器材及检修

第十章　发　码　器

第一节　FD(C)型电动发码器的构造及特性

FD 型电动发码器使用在交流计数电码轨道电路中，作为计数电码的形成与发送设备，其结构外形如图 10－1(a)所示。它是由一个单相异步电动机 1，通过减速器 2，带动一组电码凸轮 3 转动，而电码凸轮上装有接点组 4，凸轮旋转时推动带滚珠轴承的下部动接点 5 作上下运动，以闭合或断开其接点组，而接点组闭合与断开的次数与持续时间则与电动机的转数、减速器的传动比、凸轮的断面形状等有关。

电源通过降压的自耦变压器(变比 2：1)6、分相电容器 7 与电动机联接，它们用特别的支架安装在减速器的护壳上。

电动发码器共有五种类型，FD－1 与 FD－2 型发码器适用于交流 50Hz 电源系统，而 FD－3、FD－4 及 FD－5 型适用于交流 75Hz 电源系统，它们的结构外形完全相同，但减速器的传动比、分相电容器以及结线方式各异。

FDC 型电动发码器，其结构外形如图 10－1(b)所示。它与早期的 FD 型发码器比较，将电动机额定电压改为 220V，取消了变压器，线圈及接点组引出改为 A 形 20 位接插件，便于使用中器材的更换。

下面分别说明构成电动发码器的主要部件与特性。

一、电动机与变压器

FD 型发码器中采用了额定频率 50Hz，额定电压 110V 的单相交流鼠笼式异步电动机，电机的定子上安装了两个在空间位置上相差 90°的绕组，每个绕组由 12 个线圈串联起来，并按组成三对磁极的方式连接，即相邻的两个线圈先串联在一起，组成一个磁极，然后各磁极的线圈间始端与始端，末端与末端连接起来组成三对磁极，如图 10—2 所示。

低电阻（146Ω）绕组的每个线圈用0.25mm的漆包线绕 220 匝，而高电阻（340Ω）绕组的每个线圈则用 0.18mm 的漆包线绕 270 匝，每个绕组的始、末端用多股塑料软线引出到面板的接线端子上。

FDC 型发码器采用额定频率 50Hz、额定电压 220V 的交流单相电动机，其低电阻（432Ω）绕组的每个线圈用0.2mm的漆包线绕 400 匝，而高电阻（792Ω）绕组的每个线圈则用 0.16mm的漆包线绕 490 匝。其定子绕组展开图与 FD 型相同。

电动机的电气特性见表 10—1。

表 10—1　电动机的电气特性

额定电压 V	频率 Hz	电流 A	功率 W	cosφ (1)	效率	周期转数（转/分）	无负荷运转		有负荷运转		
							起动电压 V	空载转数（转/分）	起动电压 V	110V 转数（转/分）	80V 转数（转/分）
110	50	0.1～0.15	16.5	1	0.3	1000	<30	>982	<50	970	950
110	75	0.1～0.15	—	—	—	1500	—	>1473	<55	1450	—
220	50	<0.065	—	—	—	1000	<60	>975	<85	970	—

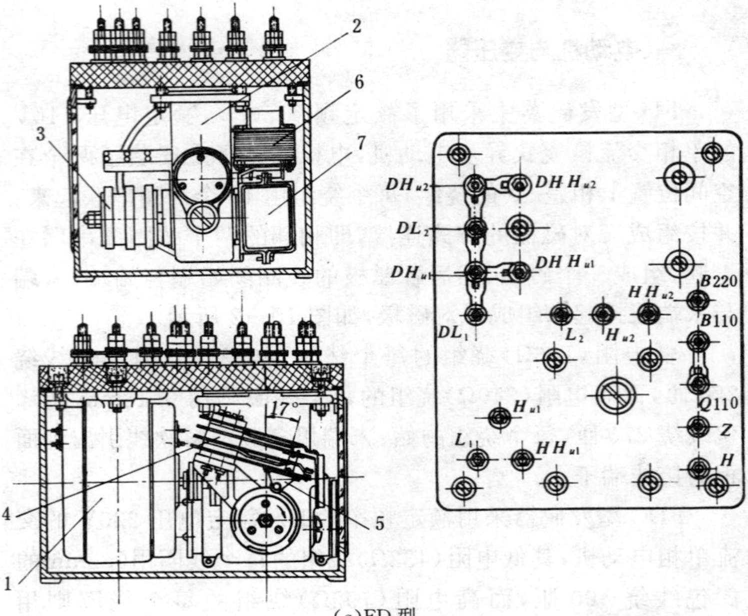

(*a*)FD 型

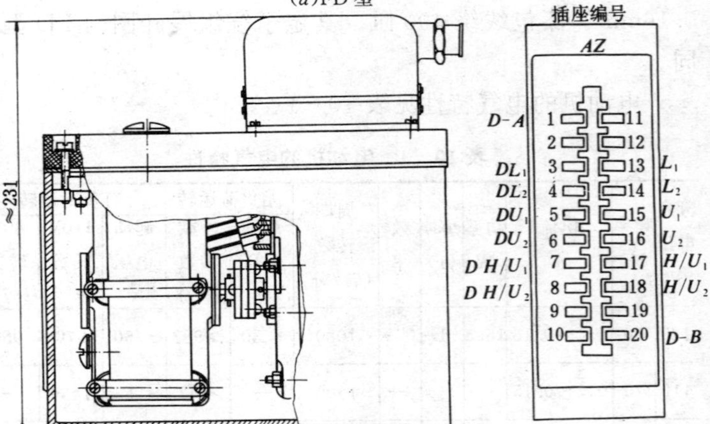

(*b*)FDC 型

图 10—1　电动发码器结构外形及端子(插座)编号

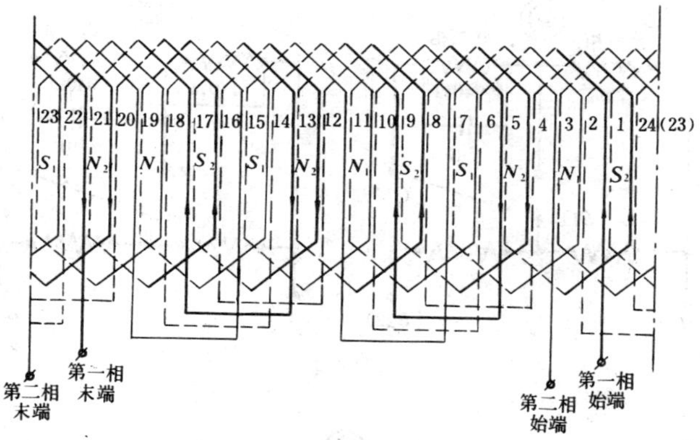

图 10－2 电动机定子绕组展开图

为了使电动机的两个定子绕组在接上同一交流电源时能获得产生旋转磁场所必需的相位差，FD 型发码器采用了耐压 400V的油浸纸质电容器，其电容量在 FD－1、2 型发码器内为 6μF，电容器与定子高阻绕组并联；在 FD－3、4、5 型发码器内，采用 2μF 电容器，并且与低电阻绕组串联；在 FDC 型内则采用 2μF 电容，与高阻绕组并联。

为了使 FD 型发码器既能工作在交流 110V 电压，又能使用在 220V 电压的电源系统中，采用了一个自耦变压器，自耦变压器安装在发码器的内部，电动机与自耦变压器的接线图如图 10－3(a)所示。

FDC 型发码器直接使用在 220V 的电源系统中，其内部接线如图 10－3(b)所示。

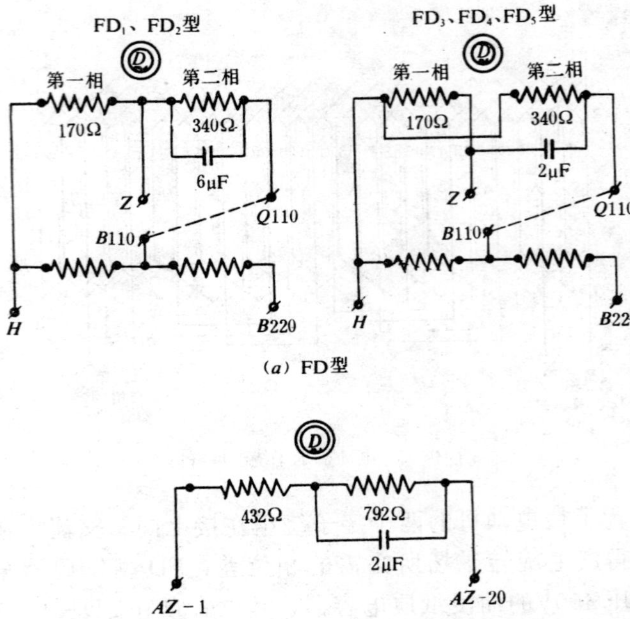

（a）FD型

（b）FDC型

图 10－3 电动发码器的内部接线

由图 10－3 可知，使用在交流 50Hz 电源系统中的 FD－1、2 型发码器的两个绕组是串联以后接上 110V 电源，而使用在 75Hz 电源的 FD－3、4、5 型发码器的两个线圈则是并联以后与 110V 电源连接，显然后者的绕组工作电压比前者提高了一倍，这是因为同一种电动机使用在频率较高的电源中，电动机的转速提高而转矩下降，只有相应地提高工作电压才能达到近似相同的电动转矩以满足机械负荷的需要。

变压器的电气特性见表 10—2。

表 10—2 变压器的电气特性

线　圈	引出端子	空载特性		负载特性		+20℃时的线圈直流电阻 Ω
		电压 V	电流 A	电压 V	电流 A	
一次	0～220	220	0.008	220	0.07	250
二次	0～110	118	—	110	0.1～0.15	135

注：负载特性系指与 FD 型电动发码器连接一起使用时。

二、减速器

FD 型电动发码器内采用了蜗轮与蜗杆组成的减速器，其结构如图 10—4 所示。铁质蜗杆 1 与青铜蜗轮 2 分别由滚珠轴承 3 支撑在密封的护壳 4 上，蜗杆露出护壳外的轴伸部分与电动机主轴利用弹性连轴(结)器 5 联结，因此，蜗杆的转速与电动机的转速相同。而蜗杆的转动通过与蜗轮齿的啮合而使蜗轮以较慢的转速旋转，蜗轮露出护壳外的轴伸上，通过键槽的紧配合安装了胶木凸轮组，因此，胶木凸轮组的转速与蜗轮的转速相同。这样就达到了减速的目的。护壳本来的作

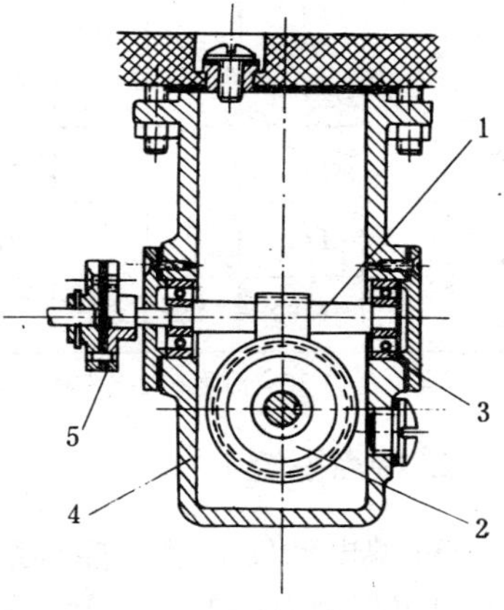

图 10—4 减速器结构

用是为了电动发码器运行中，在其内装入足够量的润滑油以润滑蜗轮与蜗杆，但实际现场使用中由于护壳密封不良而漏油现象严重，因此，现在都不在其内装油润滑，而是每次检修时，在蜗轮与蜗杆的啮合部分注入钟表油，同样能达到较好的润滑效果。

减速系统的传动特性见表 10－3。

表 10－3　电动发码器传动特性表

发码器类型	电动机的标准转数（转/分）	电源频率 Hz	蜗杆罗纹头数	蜗轮齿数	减速器传动比	电码凸轮转数（转/分）			凸轮每转一周的时间 s
						额定值	较小值	较大值	
FD－1 （FDC－1）	970	50	3	78	26	37.5 （36.4	35	38.5	1.6
FD－2 （FDC－2）	970	50	3	92	30.7	31.6 （30.6）	29	32.5	1.86
FD－3	1450	75	2	77	38.5	37.5	35	38.5	1.6
FD－4	1450	75	2	91	45.5	31.6	29	32.5	1.86
FD－5	1450	75	2	91	45.5	31.6	29	32.5	1.86

注：当电压为 80V 时电码凸轮转数应大于表中之较小值。

三、接点系统

FD 型电动发码器的接点系统，有接点组三排，分别受三个不同码型的电码凸轮控制，每一排接点又有两组动、前接点（见图 10－5），下面的动接点通过固定在接点弹片上的滚珠轴承与电码凸轮接触，随着凸轮外缘形状的变化而作上、下运动，并通过推杆的传动，带动上一层的动接点运动，达到同时接通和断开前接点的目的。

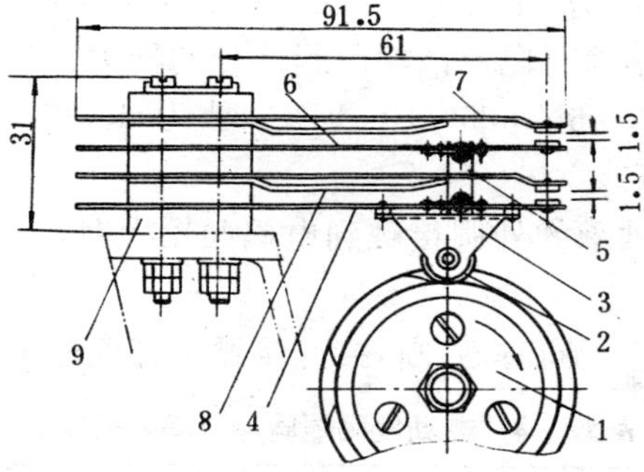

图 10－5　FD(G)型电动发码器的接点系统

1—电码凸轮；2—滚珠轴承；3—滚珠架；4—下动接点；5—推杆；
6—上动接点；7—前接点；8—托片；9—胶木垫块。

动、前接点片均由磷青铜片制成，端部铆有银接点。前接点有托片，同样是防止接点接触时弹动而设。接点系统与电码继电器一样，可以按两或四个单元拼装，当固定在接点座上时，用胶木垫块与绝缘套管来保证接点之间以及接点对外壳的绝缘强度。

接点系统组装后的机械特性应满足下列要求：

1. 接点接触时，其上、下接点中心线应在同一轴线上，其误差为±0.2mm。

2. 接点断开时，接点间隙不得少于1.5mm。

3. 滚珠轴承位于电码凸轮的凸起部分时，测量接点压力：FD型不得小于0.245N(25gf)，FDC型为0.245N(25gf)～0.343N(35gf)，接点共同行程不得小于0.5mm。

4. 前接点对托片的压力为0.147N(15gf)～0.196N(20gf)。

5. 上动接点弹片对推杆（胶木支板）的压力，当滚珠轴承位于电码凸轮的凹下部分时，应不小于 0.196N(20gf)。

6. 滚珠轴承对电码凸轮凸起部分的压力：FD 型为1.96N（200gf）～2.45N（250gf），FDC 型为 1.47N（150gf）～1.96N(200gf)。

7. 滚珠轴承的外圆接触到电码凸轮上时，不得有倾斜或摆动。

8. 接点组应同时通、断，接点接触不齐度应小于 0.2mm。

表 10－4　电动发码器脉冲及间隔时间表

发码器类型	电码名称	电码周期 s	脉冲及间隔时间　单位：s					
			第1脉冲	第1间隔	第2脉冲	第2间隔	第3脉冲	第3间隔
FD－1 (FDC－1) FD－3	绿(L)	1.6	0.35	0.12	0.22	0.12	0.22	0.57
	黄(HU)	1.6	0.38	0.12	0.38	0.72	—	—
	红黄(HHU)	0.8	0.23	0.57	—	—	—	—
FD－2 (FDC－2) FD－4	绿(L)	1.86 (1.9)	0.35	0.12	0.24 (0.25)	0.12	0.24 (0.25)	0.79 (0.81)
	黄(HU)	1.86 (1.9)	0.35	0.12	0.60 (0.62)	0.79 (0.81)	—	—
	红黄(HHU)	0.93 (0.95)	0.30	0.63 (0.65)	—	—	—	—
FD－5	平码	0.465	0.315	0.15	—	—	—	—

注：1. 各个脉冲与间隔时间允许误差±0.01s，而对超过 0.5s 的长脉冲和长间隔，允许误差±0.02s。

2. 当电压为 80V 时其电码脉冲与电码间隔时间仍应符合表 10－4 的规定。

接点系统的电气特性要求如下：

1. 接点接触电阻不得大于0.03Ω。

2. 接点片之间及接点片对外壳的绝缘电阻应大于20MΩ。

3. 接点容量：当接点通以220V0.5A的无感负载或12V2A的电感性负载时，连续运转三个月后，接点的机械、电气特性均应符合技术标准。

4. 接点系统的脉冲与间隔时间应符合表10—4的规定。

第二节　FD(C)型电动发码器的检修与调整工艺

一、检修前的准备工作

1. 准备好检修工具及用品

检修电动发码器所需的通用及专用工具与检修一般继电器相同，但应补充下列专用工具及仪器：接点弯形调整器（见图10—6），转速表（0～3000转/分），闪频检查器，秒表（计时1min），黄铜塞尺（0.5mm、1.5mm），慢扫描示波器等。

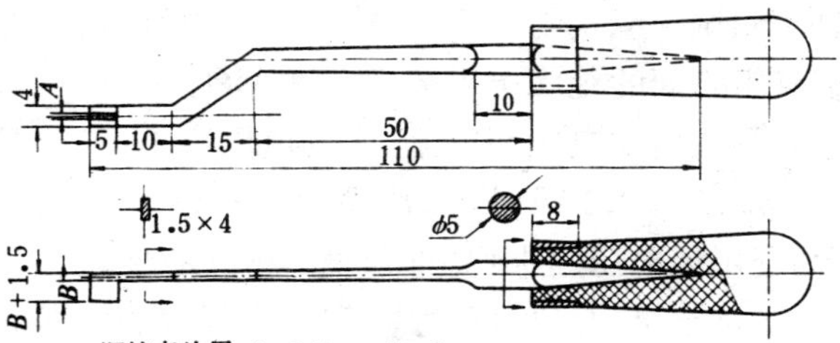

调接点片用 $A=0.7\text{mm}$ $B=6\text{mm}$

调托片用 $A=1\text{mm}$ $B=4\text{mm}$

图10—6　接点弯形调整器

电动发码器检修时的用品及特殊材料：牙刷、白布、白绸带、酒精、汽油、银砂纸、二硫化钼轴承脂、钟表油、开口销

(2mm×25mm)，需用的滚珠轴承等。

2. 外部清扫检查

(1)清扫外部尘土和污物。

(2)检查外罩窗孔玻璃有无破损。

(3)检查胶木面板有无裂纹、变形。

(4)检查接线端子螺丝有无折断、滑丝、锈蚀以及根部是否松动。

发现上述缺陷时，对不良部件应予更换。

3. 检修前测试

(1)将面板端子间的连接片分开。

(2)测试电机线圈电阻。用欧姆表测试，从端子 H 及 Z 测得的是粗线绕组电阻，应为 170Ω±17Ω(老型)或 144Ω±14.4Ω(新型)。从端子 Z 及 $Q110$ 测得的为细线绕组电阻，应为 340Ω±34Ω。

(3)测试接点电阻。用电流电压法测得的接点电阻应小于 0.03Ω。

(4)测试绝缘电阻。用 500V 兆欧表测得的导电部分对外壳、接点组之间的绝缘电阻应大于 20MΩ。

(5)测试启动电压和电流。启动电压应小于 110V；启动电流应为 0.1A～0.15A；同时从端子 H－B110－B220 上测得的自耦变压器电压应平均，符合表 10－2 的规定。

将测试结果记入检修卡片，作为检修时的依据。

二、检修工艺及作业程序

1. 检修电动机

在电动机定子线圈完整良好的情况下，电动机检修重点主要放在轴承的清洗与注油，使之达到润滑良好，同时调整转子在定子空间内的安装位置，达到气隙均衡运转灵活而且无噪音的目的。下面讲述作业程序。

(1)取出转子。首先取下连轴器的开口销，使电动机与蜗杆轴分离，然后松开电动机端盖固定螺丝，将转子连同滚珠轴承从电机内取出。

(2)清洗与检查滚珠轴承。用牙刷蘸汽油将滚珠轴承内的残存油脂刷洗掉，用放大镜检查轴承内的滚珠与珠套，应无裂纹、破损以及变形，内、外轴套无过大的相对旷动。

如果发现轴承内的滚珠及珠套磨耗过甚，必须更换。此时，可以首先用轴承拆卸器将坏的轴承从转子的轴上取出，如图 10—7 所示；然后将新的轴承(规格为国标 GB276—64 26# $\phi 6\times\phi 19\times 6$mm)用油浴法加温到 200℃左右，然后趁热套到转子轴上，冷却后即形成轴与轴承的紧配合。

(3)填加润滑油脂。等清洗好的滚珠轴承风干后，填入干净的 3 号二硫化钼轴承脂，填入量为轴承容量的 2/3，不宜太少或过多：油脂太少保证不了长期运行的润滑需要；油脂过多又引起油质阻力增大，使轴承发热以致使油脂变稀流失或干枯，同样达不到良好的润滑效果。

(4)清扫与检查定子线圈。检查定子线圈有无击穿短路、烧损断线以及绝缘老化漆皮脱落等现象，线圈连接处焊接是否良好，引出线有无断股等，确认一切良好后用毛刷将定子内的灰尘、脏物清除干净。

如果发现定子线圈对机壳被击穿或内部断线则应重新更换电机或返厂大修。

(5)检查转子。转子短路铜条嵌入不松动，接头处的焊锡无熔化现象，转子轴不弯曲，重心平衡。

(6)装配电动机。将检修好的转子装入定子内，上好电机两端盖，适当地拧紧螺丝，使端盖贴紧定子外壳，然后用手将转子转动，注意转子在定子内是否转动灵活，如发现有磨卡现象，可移动端盖位置，直至转子转动灵活无阻卡为止。此时，转子外圆与定子内圆间应有 0.2mm～0.3mm 的均匀间隙，然后将端盖螺丝拧紧。

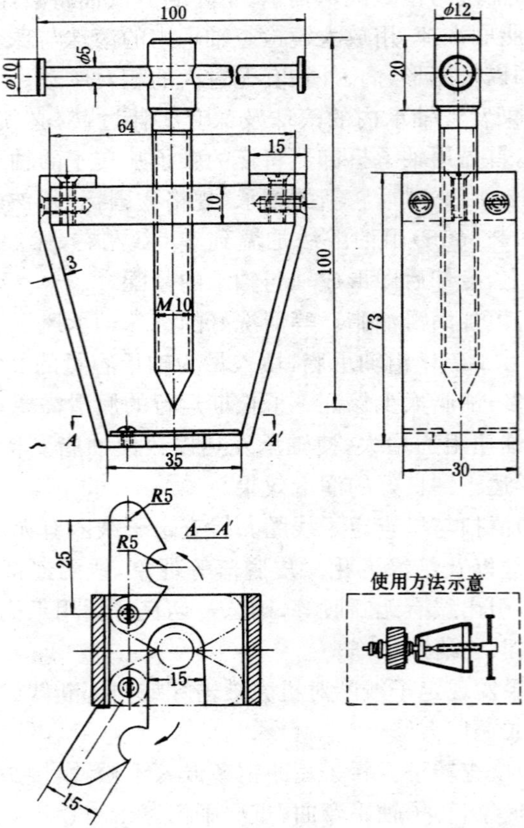

图 10—7　轴承拆卸器

然后，调整转子的轴向游程。转子的轴向游程由滚珠轴承本身的轴向旷动、轴承外套端沿与轴承盖之间的间隙等两部分形成，一般用轴承盖与电机端盖间加垫片的办法来调整。此间隙可用千分表测量，应为 0.1mm～0.2mm。

(7)电动机空载试验。电动机检修并装配好以后，应进行空载启动及运转试验。

①测量空载启动电压。接上 50Hz 的电源，将电压由零升至电机开始转动时的电压值，取试验三次的平均值，应不大于 30V。

②测量电动机的空载转差率 S。电动机的转差率是指转子的实际转速 n_2 与定子磁场转速 n_1 之间的差额与 n_1 相比的百分率，即：

$$S=\frac{(n_1-n_2)}{n_1}\times 100\%$$

测试转差率可以得知 n_2 是否合乎标准，从而可以保证电码周期的准确性。测试的方法可以用转速表直接测试 n_2，但通常采用闪光测频法来直接得出转差率。闪光测频法的原理电路见图 10－8。

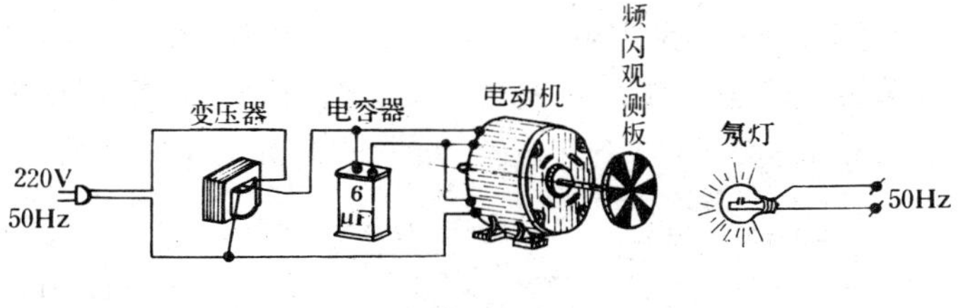

图 10－8　用闪光测频法测试电动机的转差率

由图 10－8 可知，在电动机的轴上安装一块频闪观测板，此板可用一块圆形的厚纸板做成，厚纸板上划分为黑白相间的扇形，扇形的数量与电机的磁极数相等(因电动机为 3 对磁极，故图示为 6 个扇形)。当电机空载转动时,厚纸板跟着转子旋转,板上的扇形也就混为一体而分不出来。如果用氖灯(或日光灯)来照明频闪观测板,且其电源与电动机取自同一电源,则氖灯将按电源频率而闪动。如果电动机转子的转速与定子磁场转速同步,则厚纸板上肩形在闪光灯的照明下,好象不转动一样。如果电动机转子的转速与定子磁场转速不同步,而慢了某一转速,则定子磁场每转一周而转子则转不到一周,相差一个角度,这样在闪光灯(或日光灯)的照明下,厚纸板上的扇形黑影将会朝转子转动的相反方向旋转,将此扇形黑影在一分钟时间内的转数 Δn 读下来就可以得出电动机空载或负载时的实际转数 n_2:

$$n_2 = n_1 - \Delta n$$

上式中 n_1 为同期转数,50Hz 频率时 $n_1=1000$ 转/分,75Hz 频率时 $n_1=1500$ 转/分。

由此可以计算出电动机的转差率:

$$S = \frac{\Delta n}{n_1} \times 100\%$$

空载时的转差率应小于 1.8%。

③测量空载启动力矩。将电动机电源电压升至 110V,利用带重锤的平衡杠杆测试,杠杆与电动机轴是硬性联接,启动力矩应不少于 3.528×10^{-2}N·m(360g·cm),如图 10-9 所示。

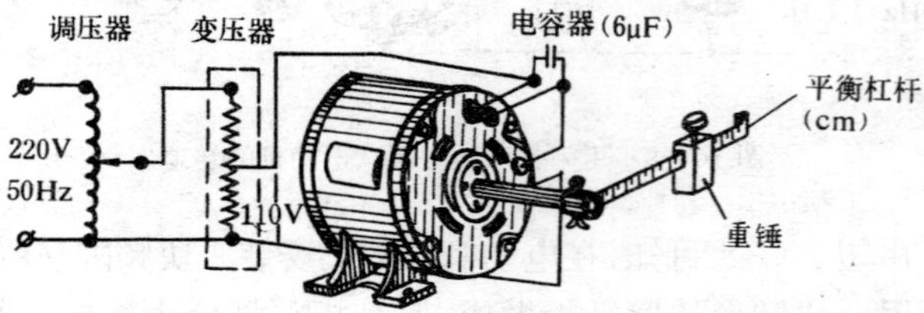

图 10-9　电机启动力矩的测量

④电动机空载运转试验。将电动机在额定电压下运转，应无噪音，更不允许磨卡。噪音过大应检查转子的安装是否偏离定子中心过大，使定子与转子间隙不均匀而使转子运转时噪音增大；另外，应检查是否由于轴承磨耗过大而引起的噪声增加。前者应重新松开端盖调整转子的安装位置，而后者则应更换滚珠轴承。空载运转时还应打开轴承端盖，观察滚珠轴承外套是否有慢速转动的现象。如果有此现象应设法紧固外套，其方法是在外套上开一键槽，在端盖上嵌一键，用键来固定轴承外套，这样可以消除转动以防端盖磨耗。

2.减速器的检修

(1)检修蜗杆。打开减速器轴承盖，取下蜗杆，用汽油将蜗杆及轴承油脂全部清洗干净，然后检查蜗杆螺纹有无硬伤，磨耗是否超限：有硬伤的蜗杆容易发生阻卡，而磨耗超限将引起噪音显著增加，因此应予更换。

(2)检查蜗杆轴承及填注油脂。清洗风干后的滚珠轴承同样用放大镜检查滚珠及珠套，滚珠应不破损变形，珠套无断裂，内外轴承套没有相对的旷动，检查完毕即可向轴承内填入二硫化钼轴承脂，填入量为容量的2/3。

(3)检查蜗轮。用汽油刷洗蜗轮齿面，去掉油污，检查蜗轮齿，应无破损残缺，齿面磨耗不超限，否则同样增加发码器运转时的噪音，应予更换。之后打开两端轴承盖，清洗轴承并注入二硫化钼轴承脂，注入量同前。蜗轮滚珠轴承损坏需要更换时，其规格为国际GB276－64 27[#]ϕ7×ϕ22×7mm。

(4)装配与调整减速器。将清洗、检查并注油完毕的蜗杆与蜗轮组装到密封护壳内，装配要求如下：

①蜗杆两端轴承盖上紧后，蜗杆的轴向游程不得大于0.2mm～0.4mm，游程过大或过小可在端盖处加、减钢垫圈

来调整。

②蜗轮应严格地安装在蜗杆轴的中心线上，以保证两者的最好啮合，蜗轮的轴向游程应在 0.1mm 左右，这可以通过调整蜗轮轴承盖与外壳间的纸垫来达到。

③减速器装配好后，用手转动蜗杆应动作灵活无阻卡，然后在蜗轮齿面与蜗杆罗纹上注入足量的钟表油，使啮合面润滑良好。

④在蜗杆处测得装配好的减速器的动作转矩不能大于 1.96×10^{-3}N·m。

3. 电动机与减速器的装配

(1)将检修、试验良好的电动机安放在面板上，并与减速器用连轴器连接起来，进行整体装配与调整。

(2)对轴线中心。在电机上通电源，使电动机带动减速器运转，用听声音的办法使电动机轴与减速器轴水平，两者的轴线应在同一中心线上。若左右不对中心，可水平移动电机；若上下不对中心，可在电机与面板间垫垫片。当中心一致时，电机运转灵活，噪声最小。

(3)紧固电动机。当电机与减速器的轴线中心对准后，立即紧固电动机底脚螺丝，边拧紧边调整，使装配位置达到理想的要求，然后切断电源，使电机停止转动，将连轴器上的开口销劈开，翻转大于 90°，开口销应无裂纹或钳伤，在销口内不旷动。

4. 接点系统的装配、检查与调整

(1)检查电码凸轮。胶木无破损，凸轮表面平滑无伤痕；蜗轮轴不弯曲或歪斜，电码凸轮在其上安装端正；键与键槽完整，配合紧固不松动。紧固电码凸轮的螺丝不滑丝，检修时用活口扳子拧紧。

(2)检查接点片间胶木垫块，胶木垫块应无破裂、残缺，绝缘良好，在金属底座上安装端正，使接点组与凸轮对准，并且紧固良好。

(3)检查动接点。接点片应平直、无硬伤，镀层良好，接点头在其上铆接牢固，烧损较严重的接点面可用什锦锉打平，但接点头不能磨耗到低于 0.5mm 的高度，否则应予更换。

带滚珠轴承的动接点上的滚珠轴承在轴套上应安装牢固，如果活动则应取下在轴的一端用冲子扩孔，使之与滚珠轴承内套挤紧，如图 10－10 所示。滚珠轴承外圆应与电码凸轮表面密贴，在运行中只能滚动而不许滑动或摆动。产生滑动的原因是滚珠破损，运动中发生阻卡所致，应予检查更换；而滚珠轴承在凸轮上摆动的原因主要由于电码凸轮安装不正或蜗轮轴弯曲、歪斜所致，应予修理。

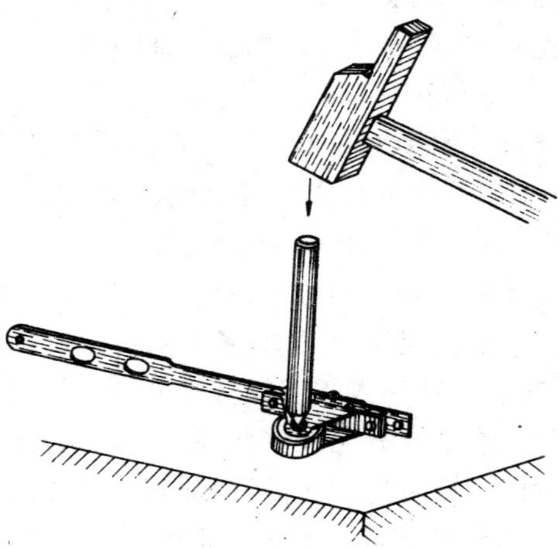

图 10－10　动接点滚珠轴承的紧固

检查接点片顶杆轴与顶杆。轴应平直不弯曲，与顶杆接触处的磨耗不超限，否则应更换。顶杆应无阻卡地通过接点上的方孔，与顶杆轴接触处磨耗不能过深，以免影响上部动接点的正常动作，磨耗超限则应更换。

(4)调整动接点。用弯曲接点弹片的方法调整动接点压力，要求当接点滚珠轴承位于电码凸轮凹处时，上面的动接点对顶杆的压力为 0.196N(20gf)，带滚珠轴承的动接点对凸轮凹面的压力为 0.098N(10gf)～0.196N(20gf)；当滚珠轴承位于电码凸轮凸处时，其压力为 1.96N(200gf)～0.245N(250gf)。

(5)调整接点间隙，使接点滚珠轴承位于凸轮凹处。调整前接点托片，使接点间隙达到 1.5mm 以上的距离。

(6)调整前接点压力。用弯曲接点弹片的方法，调整前接点片与本身托片间的压力，此压力应为 0.147N(15gf)～0.196N(20gf)，然后，让滚珠轴承处于电码凸轮的凸面上，此时用测牛(克)计测得的接点压力应大于 0.0245N(25gf)。接点的共同行程应大于 0.5mm。

(7)检查接点的接触齐度。同一码型的接点应同时通、断，接触不齐度小于 0.2mm，这可用微调托片位置达到；同一码型的接点弹片应处于同一中心线上，左右偏差不能大于 0.2mm，这可用移动接点组胶木座的安装位置来调整。

(8)清洗接点组及滚珠轴承。用牙刷蘸汽油刷洗接点弹片各部分，去掉油污，使接点组明亮有光泽。同时，刷洗掉滚珠轴承内的油污，检查滚珠有无破损与残缺。确认良好并待汽油风干后，在轴承内注适量的钟表油，保证其转动灵活。

(9)调整接点接触面。用银砂纸擦平接点接触面，使接触面增大并且密合良好。

5.变压器及电容器的检查与测试

(1)变压器安装牢固,应与外壳保持 2mm 以上的间隙。

(2)变压器绕组应无短路或断线,引出线焊接良好,无断股现象。

(3)变压器的线圈电阻从中间抽头处测量为 135Ω ±13.5Ω,全部绕组电阻为 250Ω ±25Ω。

(4)变压器通电空载试验,空载电流应符合表 10－2 的规定。

(5)电容器安装牢固,外壳密封良好,无漏油现象,引出线无假焊、断股,用万能电桥测得的电容量应符合第一节的规定。

6. 发码器检修后的整体试验

(1)测试启动电压与电流。应符合表 10－1 与表 10－2 的规定。

(2)转速试验。同样用闪光测频法测出电动机在有负载下的转差率,并求出转子转速 n_2,应符合表 10－1 的规定。

(3)测试电码凸轮转数。用跑表计时,测试一分钟内的转数,取三次记录的平均值,应符合表 10－3 的规定。

(4)测试码型。用带时标的慢扫描示波器或波纹电报机测试各种码型的脉冲与间隔时间,应符合表 10－4 的规定。

(5)发码器温升试验。将发码器接通电源运转 5h,电机及变压器的温升不超过环境温度 45℃,可用半导体点温计或电阻法测量。

第三节　常见的电气特性故障的分析与处理

故障举例 1

故障现象:电动机带负载启动的电压过高或启动过程有死点。

故障原因:

(1)机械总体安装不良,特别是电机轴线与减速器轴线不对中心,引起传动时的别劲,转动不灵活。

(2)电动机或蜗杆轴的滚珠轴承有缺陷,形成局部阻卡。

(3)蜗杆与蜗轮组装不良,啮合处没有足够的活动游程,增大了机械传动的阻力。

(4)接点压力过强,使电机轴的机械负荷过重,必须提高启动电压以增加启动力矩。

处理方法:检修时,可针对原因进行克服。

故障举例 2

故障现象:电动机在额定电压下也不动作。

故障原因:

(1)变压器断线或短路,使电动机得不到电压。

(2)电动机定子断线或短路。

(3)电容器击穿或断线。

(4)内部配线错误,特别是电容器与电动机定子线圈的连接错误,达不到电源分相的目的。

故障举例 3

故障现象:燃轴。

故障原因:电动机或蜗杆的滚珠轴承内由于油脂流失、干枯而失去润滑作用,或者轴承油脂中含有杂物,使滚珠与轴套间摩擦力显著增加,在高速运转下,轴承发热冒烟,机械因热膨胀而卡死,使电动发码器停止工作,这种现象叫燃轴。

处理方法:要注入清洁无杂质的优质油脂,而二硫化钼轴承脂具有油脂流失、发干后仍有润滑作用的特点,是一种理想的润滑脂,使用在发码器这种小型滚珠轴承内特别合适。

故障举例 4

故障现象:码型不标准,甚至没有输出。

故障原因：

(1)接点系统调整不良，没有达到规定的机械特性标准。

(2)顶杆磨耗严重，传动损失增加。

(3)接点滚珠轴承铆接不良，使滚珠轴承脱落。

(4)动接点片折断。常因检修调整时人为造成的钳伤引起动接点片的损伤折断或者接点使用时间已超过其寿命而自然折断，致使某一组接点没有码型输出。

(5)接点因运行中电弧烧损而接触不良。

处理方法：检修时，应针对具体原因进行处理。

检修人员应知应会

1. FD(C)型电动发码器共有几种类型？各型发码器之间结构上有什么特点？在使用上有什么区别？

2. FD(C)型发码器电动机使用在不同频率电源(如50Hz与75Hz电源)时电气与机械特性都有哪些变化？用什么方法来弥补这种特性的改变？

3. 试述FD(C)型发码器的检修工艺，并重点说明：

(1)怎样检修滚珠轴承以及保证其润滑良好？当轴承损坏时如何处理？

(2)怎样装配和调整才能保证电动发码器运转时噪音最小？

(3)怎样测试电动机的转差率与启动力矩？

(4)怎样调整才能保证电码凸轮及接点系统的机械特性？

4. FD(C)型电动发码器下列故障的原因及处理方法：

(1)启动电压过高或启动过程出现死点；

(2)电动机在额定电压下不动作；

(3)电动机燃轴；

(4)没有电码脉冲输出。

第十一章　JM_2(C)型脉冲轨道继电器

第一节　构　　造

JM 型脉冲继电器是一种速动的直流有极继电器，在信号设备中作脉冲轨道继电器使用。其中 JM_2 型用在交流计数电码轨道电路中，在继电器内附有整流堆，如 JM_2－110 型。JM_2 型继电器的基本结构如图 11－1(a)所示。

JM_2C 型插入式脉冲轨道继电器，安装在安全型继电器的底座及外壳中，型别盖孔位号为 53、11。其结构外形如图 11－1(b)所示。图 11－1(b)中标号的意义见该图下方的图注。

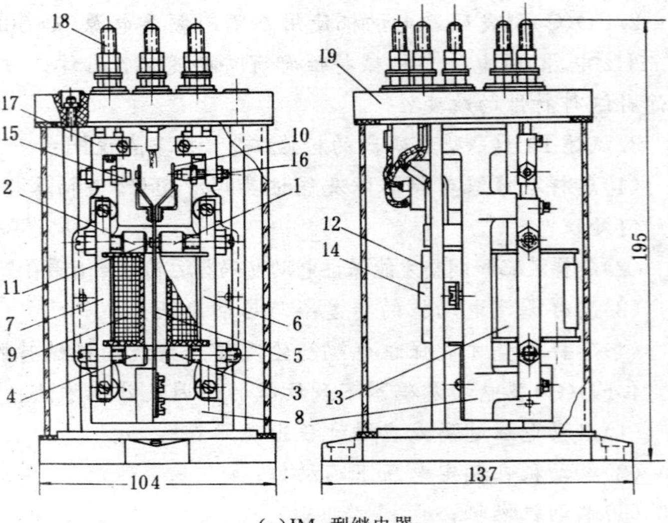

(a)JM_2 型继电器

图　11－1①

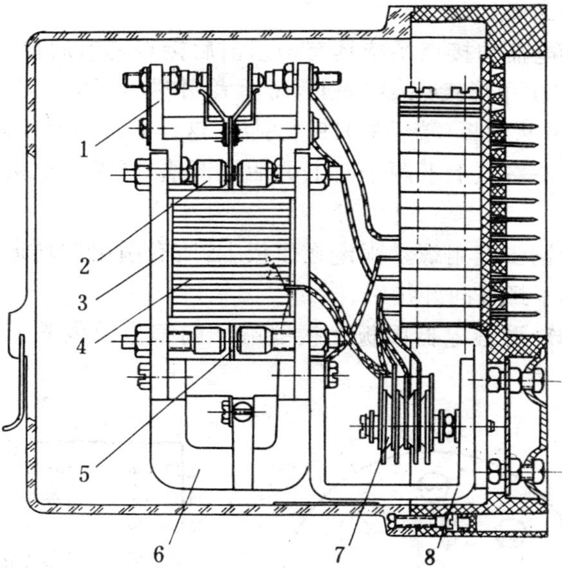

(*b*)JM_2C 型插入式继电器

图 11－1② 脉冲轨道继电器结构外形

1—塑料接点架；2—极靴；3—外轭铁；4—线圈；

5—衔铁；6—永久磁钢；7—硒整流器；8—支架。

由图 11－1(*a*)可知，JM_2 型继电器的电磁系统由四个极靴(右上极靴 1、左上极靴 2、右下极靴 3 与左下极靴 4)与衔铁 5 组成一个桥式磁路，4 个极靴安装在导磁体 6 与 7 上，而导磁体用四个带弹簧垫圈的螺钉紧固在铸青铜支架 8 上；衔铁穿过线圈 9 的内孔，其一端被固定在青铜底座上，而另一端则固定了两个动接点弹片 10。在与上极靴对应的位置上，衔铁的左右两侧铆有青铜止钉 11。线圈靠线圈架上的凹槽嵌入到导磁体内，牢固地安装在左、右两导磁体之间。永久磁钢 12，磁垫块(磁钢垫片)13 在线圈的背面用卡箍(永磁护套)14 固定在青铜支架上。

继电器的接点系统具有一组前后接点,前、后接点 15 与 16 安装在角形接点架 17 上,而后者用螺丝固定在端子螺栓 18 上,并从面板(端子板)19 上引出。这样的结构可以使前、后接点在左右与上下两个面上灵活地调整,便于与动接点对中心。

青铜支架用螺丝固定在面板上,所有引出线均通过面板上的端子螺杆向外接引。

JM_2 型继电器面板上接线端子的编号及线圈连接见图 11－2。

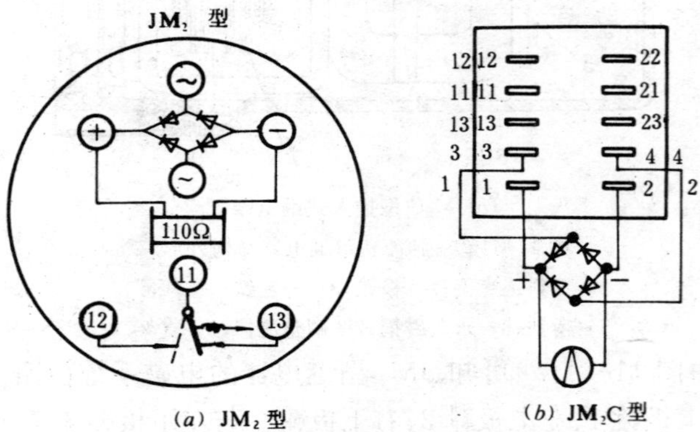

(a) JM_2 型　　(b) JM_2C 型

图 11－2　脉冲轨道继电器端子(接点组)编号及线圈连接

第二节　动作原理及特性

一、动作原理

JM 型脉冲继电器的电磁系统基于磁路的差动原理而工作,即衔铁的偏转是依靠电磁通与永磁通的相互作用:两者在磁路的某一工作气隙处相加，而在相对的另一工作气隙处相减，使综合电磁吸力在前一气隙处显著上升而在后一气隙处明显下降，产生了力的不平衡而驱动衔铁向电磁吸力大的方向偏转。JM 型继电器的磁路工作原理见图 11—3。

1. 永磁磁路

在线圈不通电的情况下，继电器磁路仅存在永久磁钢的磁通 ϕ_M，其磁路允许有四条并联支路，如图 11—3(*a*)及(*b*)所示。

(1)ϕ_{M1}：从磁钢的 N 极→左导磁体→左上极靴→$\delta_{Ⅱ}$→衔铁→$\delta_{Ⅰ}$→右上极靴→右导磁体→磁钢 S 极。

(2)ϕ_{M2}：从磁钢的 N 极→左导磁体→左下极靴→$\delta_{Ⅳ}$→衔铁→$\delta_{Ⅲ}$→右下极靴→右导磁体→磁钢 S 极。

(3)ϕ_{M3}：从磁钢的 N 极→左导磁体→左下极靴→$\delta_{Ⅳ}$→衔铁→$\delta_{Ⅰ}$→右上极靴→右导磁体→磁钢 S 极。

(4)ϕ_{M4}：从磁钢的 N 极→左导磁体→左上极靴→$\delta_{Ⅱ}$→衔铁→$\delta_{Ⅲ}$→右下极靴→右导磁体→磁钢 S 极。

其中 ϕ_{M3} 与 ϕ_{M4}，当衔铁处于中心位置，且 $\delta_{Ⅰ}=\delta_{Ⅱ}$，$\delta_{Ⅲ}=\delta_{Ⅳ}$ 时，由于桥式磁路的桥臂绝对平衡，它们是不存在的。

当衔铁紧靠右上极靴时存在 ϕ_{M1}、ϕ_{M2} 和 ϕ_{M3}〔见图 11—3(*a*)〕；而当衔铁紧靠左上极靴时则存在 ϕ_{M1}，ϕ_{M2} 与 ϕ_{M4}〔见图 11—3(*b*)〕。

在永磁通 ϕ_M 的作用下，衔铁工作在偏极特性（磁优势调整），即继电器只有一种稳态（如 JM_2—110 型继电器），衔铁在线圈无电状态下，始终偏向一个位置（一般偏向右上极靴）而使后接点闭合。这样的偏极特性是用不同的衔铁止钉厚度与调整四个磁路气隙的方法来实现的，只要使 $\delta_{Ⅱ}\gg\delta_{Ⅰ}$，且右

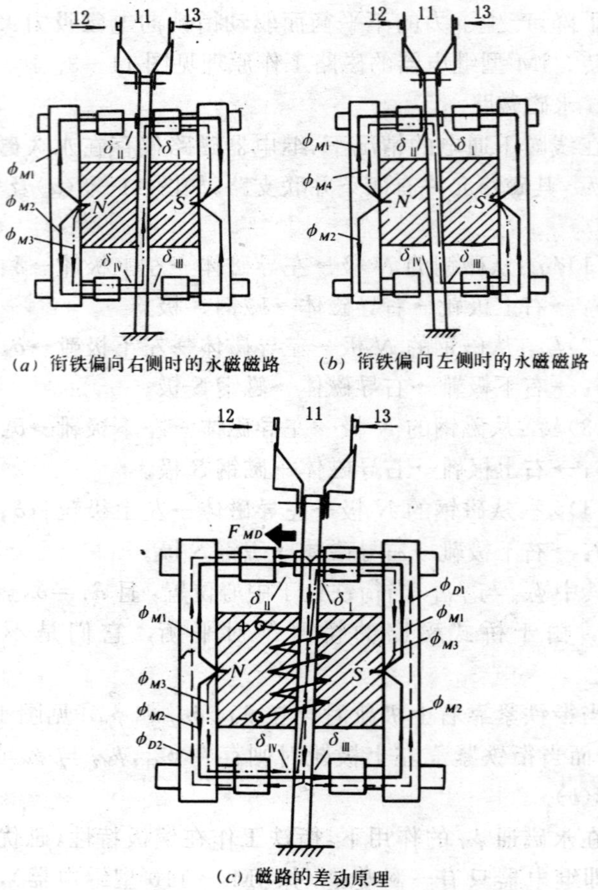

(a) 衔铁偏向右侧时的永磁磁路　(b) 衔铁偏向左侧时的永磁磁路

(c) 磁路的差动原理

图 11－3　JM 型继电器磁路工作原理

侧止钉厚度小于左侧止钉厚度，则由于 $\delta_{Ⅱ}$ 处的磁阻远大于 $\delta_{Ⅰ}$ 处的磁阻，使 ϕ_{M3} 显著增加，此时 $\phi_{M1}+\phi_{M3}\gg\phi_{M2}$，而使 $F_{MⅠ}\gg F_{MⅡ}$；另一方面，由于 $\delta_{Ⅱ}\gg\delta_{Ⅰ}$，衔铁偏向左侧的反弹力又远大于偏向右侧的反弹力，因此，在 F_M 与 F_j 的共同作用下，衔铁在无电状态下将始终偏向右上极靴。

2. 电磁磁路

当线圈中通以电流，则在磁系统中，电磁通 ϕ_D 将有两条并联支路〔参看 11－3(*c*)〕：

ϕ_{D1}：衔铁→$\delta_{Ⅲ}$→右下极靴→右导磁体→右上极靴→$\delta_{Ⅰ}$→衔铁。

ϕ_{D2}：衔铁→$\delta_{Ⅳ}$→左下极靴→左导磁体→左上极靴→$\delta_{Ⅱ}$→衔铁。

这两条并联支路随着衔铁位置的变化而改变其磁阻的大小，磁阻的变化将使 ϕ_{D1} 与 ϕ_{D2} 随之增加或减少。

3. 磁路的差动原理

图 11－3(*c*)为永磁与电磁磁路的综合，可以看出，在图示的情况下：

在 $\delta_{Ⅰ}$ 处 ϕ_{D1} 与 $\phi_{M1}+\phi_{M3}$ 相减，$F_{MD1}\downarrow$；

在 $\delta_{Ⅱ}$ 处 ϕ_{D2} 与 ϕ_{M1} 相加，$F_{MD2}\uparrow$；

在 $\delta_{Ⅲ}$ 处 ϕ_{D1} 与 ϕ_{M2} 相加，$F_{MD3}\uparrow$；

在 $\delta_{Ⅳ}$ 处 ϕ_{D2} 与 $\phi_{M2}+\phi_{M3}$ 相减，$F_{MD4}\downarrow$；

但是，在 $\delta_{Ⅰ}$ 与 $\delta_{Ⅱ}$ 处力臂长，F_{MD} 的增和减起主要作用；而 $\delta_{Ⅲ}$ 与 $\delta_{Ⅳ}$ 处力臂短，F_{MD} 的增和减起辅助作用。

因此，在图示情况下，当 F_{MD2} 的增长到大于 F_{MD1} 时，衔铁将在 $F_{MD}=F_{MD2}-F_{MD1}$ 的作用下由落下位置转换到吸上位置，改变自己的极性。

如果线圈中电流极性与图示的相反，则 F_{MD1} 将增加而

F_{MD2}将减少，这样衔铁只会停留在原来的位置，而不可能改变极性。

二、电气与机械特性

1. 特性参数

JM_2 型继电器的电气、机械特性参数，分别见表 11－1 与 11－2。

表 11－1　JM_2 型继电器电气特性表

型号		过负荷值 V	反向负荷 A	工作值不大于 V	落下值不小于 V	线圈参数 电阻 Ω	线圈参数 线径 mm	线圈参数 匝数
JM_2－110 (JM－110)	直流	4.5		1.5～1.7	0.6～0.7	110±11	0.27 (0.25)	5100 (3880)
	交流	12		3.2	2			

表 11－2　JM_2 型继电器机械特性参数表

顺号	机械特性参数		JM_2－110	备注
1	衔铁与极靴之间的气隙 mm	右上气隙 δ_{I}	0.15	取下永久磁钢，衔铁处于自由状态时
		左上气隙 δ_{II}	$0.7<\delta_{II}<0.95$	
		右下气隙 δ_{III}	>0.8	
		左下气隙 δ_{IV}	>0.8	
2	衔铁止钉高度 mm	右上止钉	0.55＋0.02	
		左上止钉	0.65＋0.02	
3	接点间隙　mm		>1.1	
4	接点压力 N	前接点(左接点)	0.098(10)	
		后接点(右接点)	0.196(20)	
5	接点对托片的压力(初压力)　N		0.049(5)±0.0098(1)	
6	接点自由动程　mm		>0.9	
7	动接点与固定接点中心偏差　mm		<0.5	
8	衔铁厚度　mm		0.85	

2. 接点系统的电气特性

接点电阻小于 0.03Ω；接点容量：在无感负载电流 0.5A、电压 28V 条件下，允许动作 1000 万次。

3. 电磁牵引特性曲线与机械特性曲线

JM 型继电器的工作好坏也可以用电磁牵引特性曲线与机械特性曲线的配合情况来衡量。图 11－4 所示就是实测的 JM_2－110 型继电器电磁牵引特性曲线与计算所得的机械特性曲线的配合。显然，在线圈工作安匝作用下，$F_{MD}=f(\delta_{II})$在衔铁动程范围内处处高于 $F_j=f(\delta_{II})$，衔铁被吸上并紧靠左

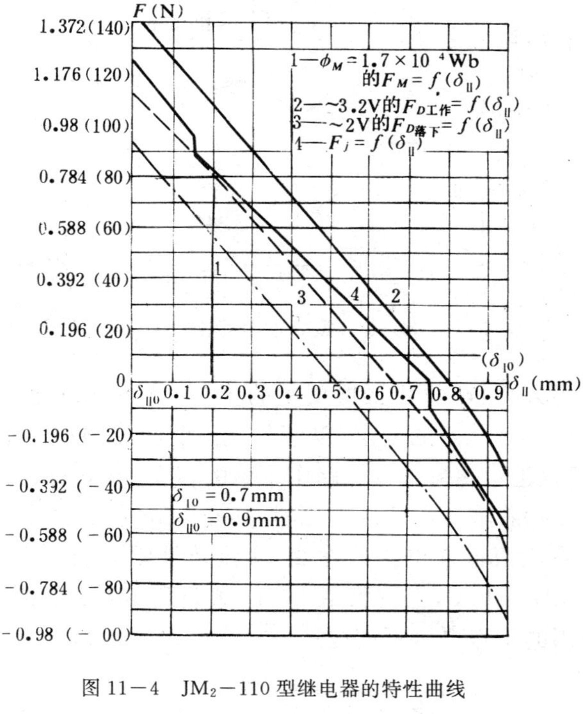

图 11－4 JM_2－110 型继电器的特性曲线

上极靴，反之，在落下安匝下，$F_{MD}=f(\delta_{\rm I})$处处低于 $F_j=f(\delta_{\rm I})$，衔铁落下到原来的位置，与右上极靴靠紧。

JM_2-110 型继电器使用在交流电气牵引区段时，工作在 75Hz 的电源系统中，电源频率的改变对其电气特性虽有一定的影响但并不显著。从图 11－5 所示的试验曲线可知，继电器工作在 75Hz 电源较 50Hz 电源的工作值略有增加，而落下值略有降低，即特性有所变坏，但不显著。因此，在检修调整时可以忽略这种影响，仍用 50Hz 电源测试。

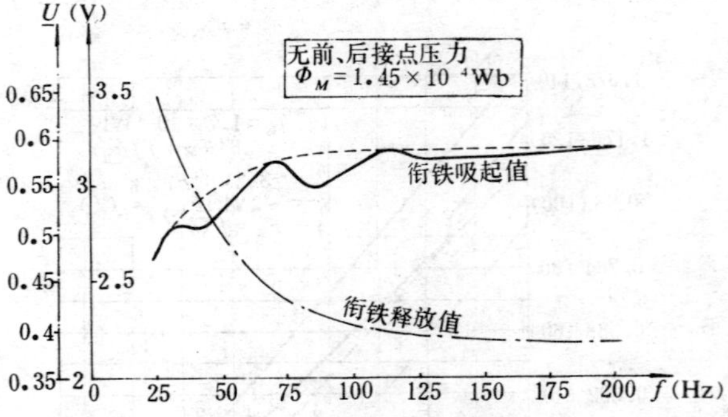

图 11－5　JM_2-110 型继电器电源频率对电气特性影响

另外，对电气化区段使用的 JM_2-110 型继电器的交流特性阻抗有一定的要求，以便与轨道滤波器的特性阻抗相匹配。但是由于整流堆及磁路中永磁的存在，继电器的交流特性阻抗是随着输入电压而变化的，其变化范围如图 11－6 所示，即随着交流输入电压的增高，交流特性阻抗将降低，电压从 3V 增加到 12V，阻抗将从 200Ω 降低到 140Ω，因此，该继电器使用的工作电压不宜过高。

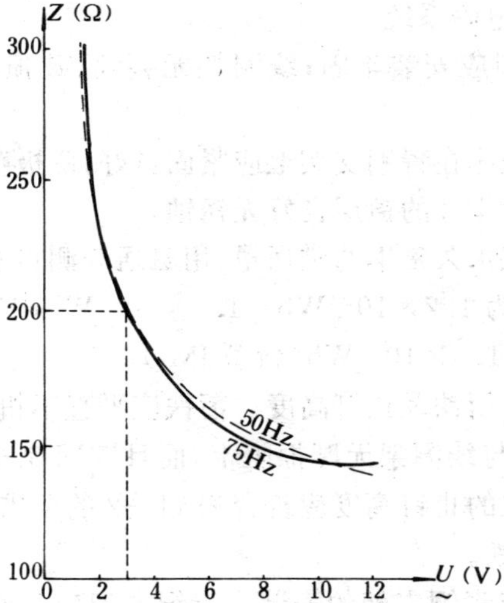

图 11－6　JM_2－110 型继电器交流特性阻抗曲线

第三节　检修与调整工艺

一、检修前的准备工作

检修 JM 型继电器前应准备好通用及专用检修工具，在黄铜塞尺中应有 0.15mm、0.18mm、0.9mm、0.95mm、1.1mm、1.2mm 等规格。

外部清扫检查与检修安全型继电器相同。

检修前测试的项目、内容与安全型继电器相同，但特性应达到表 11－1 的规定。JM_2－110 型继电器以测试交流特性为准，直流特性可在测交流特性时从面板的“＋”与“－”端子上读取，而测试电源的频率采用 50Hz。

二、内部检查与修理

1. 检修电磁系统

(1)线圈应安装牢固;线圈架无裂纹、破损,引线焊接牢固、无断股。

(2)导磁体在青铜支架上应紧固良好;磁极靴的紧固螺丝不滑丝;磁性零件的镀层良好无锈蚀。

(3)测试永久磁钢的磁通量。用磁通表测量永久磁钢的剩余磁通量应为 1.2×10^{-4}Wb～1.4×10^{-4}Wb(旧型 JM_2),1.7×10^{-4}Wb～1.8×10^{-4}Wb(新型 JM_2)。

(4)检查衔铁及止钉高度。衔铁应平直不扭曲,在线圈中通过的部分与线圈架无摩擦阻卡,而且牢固地安装在青铜支架上。衔铁上的止钉高度应符合表 11－2 的要求,不符合规定的应更换衔铁。

(5)检查青铜支架的安装。青铜支架应与面板紧固不松动,用手扭转时不活动。

2. 检修接点系统

(1)动接点与衔铁铆接牢固。动接点片平整不扭曲,接点在接点片上铆接紧固。

(2)前、后接点在银接点杯内紧固不活动,接点头伸出银杯不小于 0.5mm,不足此高度应予以更换。接点在角形架上的安装螺丝应不滑丝。

(3)检查角形接点架。角形接点架应无裂纹,固定螺丝不滑丝。该螺丝不宜过长,更不允许螺丝与青铜支架相碰。

3. 擦洗去污

(1)用汽油清洗衔铁与极靴,达到止钉明亮,与极靴接触处无粘性脏物残留,两者不粘连。

(2)用酒精擦去接点片上的氧化物,使之明亮有光泽。

(3)用银砂纸擦去接点接触面上的斑点和污物,使接点面平整无烧损的深坑。

4.检修整流器

(1)从青铜支架上取下整流堆,检查整流片是否良好,不允许有大面积烧损、起泡现象。

(2)整流片测试

正向特性:电流升至 75mA,正向压降应小于 0.7V。

反向特性:电压升至 18V,反向电流应小于 3mA。

(3)组装后特性测试

正向特性:向整流堆输入 18V 交流电压时,整流电压不低于 12V,电流不小于 75mA;

反向特性:向整流堆直流侧输入 30V 直流电压,反向电流不大于 8mA。

绝缘电阻测试:用 500V 兆欧表测试硒片对螺杆的电阻值应大于 3MΩ。

5.将测试合格的整流堆重新安装到青铜底座上。

三、磁路与接点系统的调整

1.基本原则

JM 型继电器属于高灵敏度有极继电器,继电器的返还系数较高(偏极继电器),线圈的动作安匝很小(极性保持继电器),因此电气特性与机械特性的配合很紧凑,接点系统的压力、衔铁弯曲后的反弹力对继电器电气特性的影响较大。而这些因素在继电器使用中是经常变化的,往往因为接点的电弧烧损使接点行程显著变小,接点压力大幅度下降,衔铁因长期工作产生变形使反弹力减弱,这些都使得这种继电器的电气特性在使用中变化很大，再加上有时继电器接点间因电弧高温作用而产生轻微的熔接，或在止钉处衔铁与极靴因脏物相粘联等，往往出现衔铁吸起后不落下(偏极继电器)的现象，这样就破坏了继电器的正常工作。为此，在调整 JM 型继电器时仍应首先正确处理磁路中的电磁与永磁之间的矛盾，把它作为达到继电器的电气机械特性要求的主要矛盾来解决，然后再解决电磁系统与接点系统之间的矛盾，把它作为满足电气与机械特性标准的辅助手段。在调整方法上，先在无接点压力的条件下，使衔铁在某一规定的电压(或电流)下可靠地转极，然后再调整接点压力使其满足规定的电气特性标准。下面的检修作业程序就是遵循这一原则制定的。

2. 作业程序

(1)从继电器上取下永久磁钢；将前、后接点螺丝松开，退出前、后接点，达到衔铁处于任何极限位置时它们均不与动接点接触。

(2)再一次检查衔铁，此时衔铁应与左、右极靴均不接触，要求平直一条线，不扭曲或弯背。

(3)松开左上及右上极靴螺丝，将左上极靴推至与衔铁左上止钉刚刚接触；然后，在右上极靴与衔铁右上止钉间放入塞尺(JM_2-110 型为 0.15mm)，将右上极靴推至与塞尺紧贴，此时右上极靴位置即调好，将螺丝紧固好，如图 11－7(a)所示。

(4)装上永久磁钢，注意磁钢极性不能装反，要紧固好，使之与磁垫块及导磁体密贴，此时衔铁即与右上极靴密贴。

(5)先拧出左上极靴，在左上极靴与衔铁止钉间放入塞尺(JM_2 型为 0.9mm～0.95mm)，然后将左上极靴推至与塞尺密贴，此时，左上极靴位置即已调好，应将螺丝紧固好，如图11－7(*b*)所示。

(6)在无接点压力的情况下调整衔铁吸起与落下值。对于JM_2－110型继电器，交流50Hz时吸起值为4.5伏左右，交流落下值为0.8V～1.2V或无电能释放。达到这些数值是通过调整左、右下极靴的位置来实现的，如：吸起值大于4.5V则缩小右下极靴与衔铁的间隙；若衔铁无电不能释放，则缩小左下极靴与衔铁的间隙。调整合格后，将下面的极靴紧固好，注意下极靴的最小间隙应不小于0.8mm(JM_2－110型)。

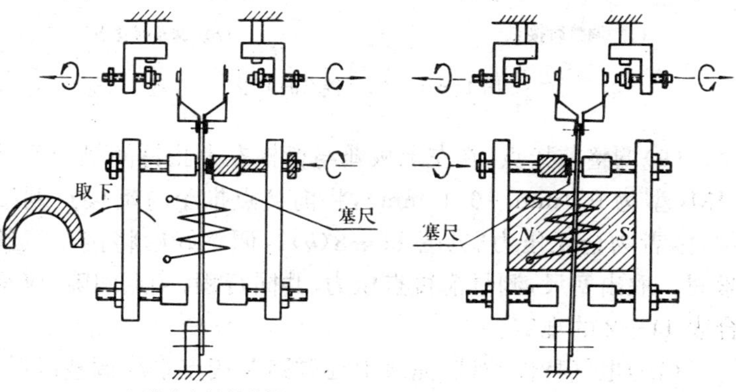

(*a*) 调整右上极靴位置

(*b*) 调整左上极靴位置

图11－7　上部磁路气隙的调整

(7)调整动接点片与托片之间的压力，此初压力应在0.0294N(3gf)～0.049N(5gf)之间。

(8)调整后接点。在右上极靴与衔铁右上止钉处垫上一塞尺(JM_2型为0.15mm～0.2mm)，将后接点推至与动接点刚接触，两者吻合无压力〔见图11－8(*a*)〕。调整好后将接点螺丝紧固。取下塞尺，测试后接点压力与共同行程应满足表12—2的规定。

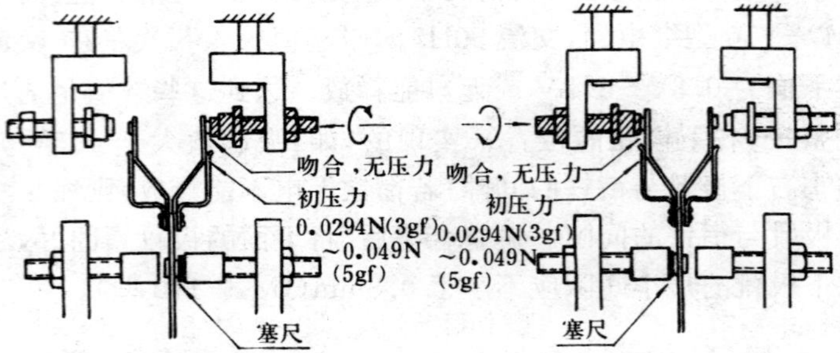

(*a*) 调整后接点　　(*b*) 调整前接点

图 11—8　前、后接点的调整

(9)调整前接点。在左上极靴与衔铁左上止钉间垫一塞尺(JM_2 型为 0.1mm～0.15mm)，将前接点推至与动接点刚接触，两者吻合无压力〔见图 11—8(*b*)〕，调整好后将接点螺丝紧固。取出塞尺，测量前接点压力、共同行程、接点间隙，应符合表 11—2 的规定。

(10)电气特性测试。完成上述磁路及接点系统调整以后，进行一次电气特性测试，以检查调整的效果。应符合表 11—1 的规定。

四、辅助工艺

JM 型继电器检修的辅助工艺，如恒温处理、动作试验、验收及加封等均与安全型继电器相同，只是恒温时应取下磁钢使接点及衔铁处于不受力的自由状态。动作试验的时间应加长到 4h。

第四节　常见的电气特性故障的分析及处理

故障举例 1

故障现象：工作值大。

故障原因 1：右下极靴及左下极靴位置不当，气隙 δ_{III} 太大或 δ_{IV} 过小。

处理方法：缩小 δ_{III} 或增大 δ_{IV} 以减少工作值。δ_{III} 与 δ_{IV} 对工作值的影响见图 11－9（图示以 JM_2－110 型继电器为例，以下同）。

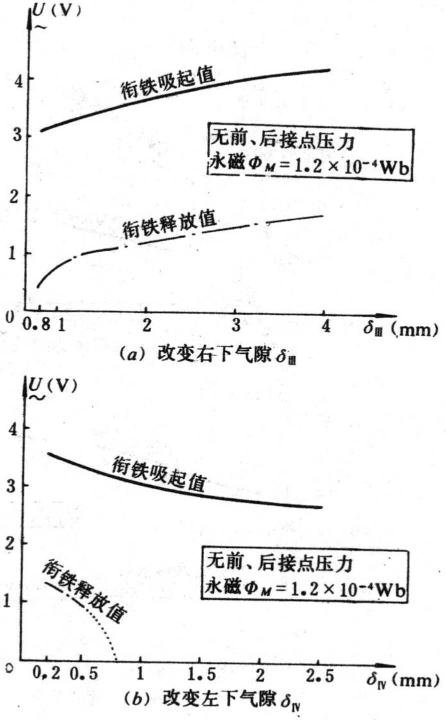

图 11－9　下部气隙与电气特性的关系曲线

故障原因：2. 磁钢过强，使永磁保持力增加很多，造成转极困难，因此，往往工作值高而落下值低。

处理方法：将磁钢更换成较弱的磁钢，或者磁钢与磁垫块间加薄铜片，以削弱永磁对衔铁的保持力，从而降低工作值。图 11－10 的曲线(a)和(b)分别说明了永久磁钢强弱与衔铁保持力和电气特性的关系。

故障原因 3：后接点压力与行程太小，接点反作用力不够。

处理方法:应加大后接点压力,见图 11－11。但不能太大,以免造成衔铁吸上过程的动作呆滞,甚至衔铁与右上极靴靠不密贴等现象。

故障原因 4:右上止钉太薄,这样衔铁在落下位置时永磁保持力过强。

处理方法:必须更换成标准高度的止钉。

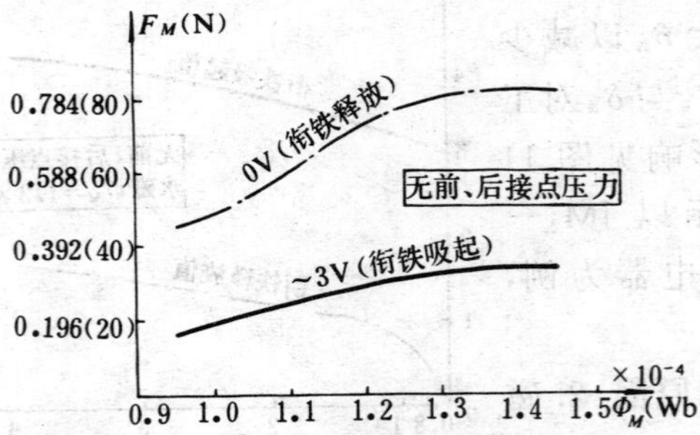

(*a*) 与保持力的关系

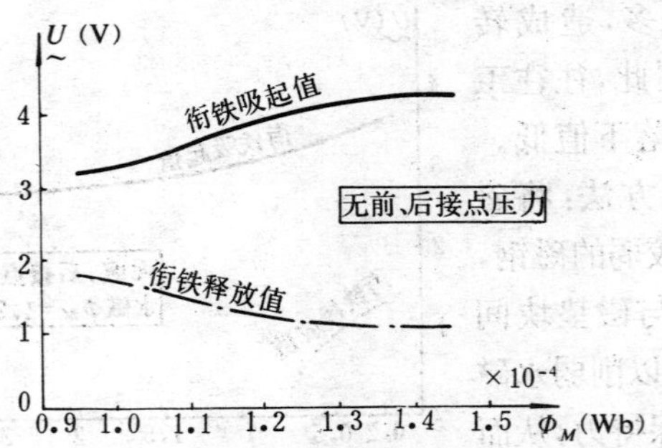

(*b*) 与电气特性的关系

图 11－10　永久磁钢强弱与衔铁保持力和电气特性的关系曲线

故障举例 2

故障现象:落下值小。

故障原因 1:右下极靴与衔铁间距离大或左下极靴与衔铁距离小。

处理方法:加大 δ_{M} 或减少 δ_{N},以提高落下值,但应注意工作值将同时增高。参见图 11—9。

故障原因 2:前接点压力过小。

处理方法:加大前接点压力〔见图 11—11 的曲线 2〕,但不宜过大而造成衔铁落下过程动作呆滞,或者吸起过程与左上极靴靠不紧而使衔铁振动发响。

故障原因 3:磁钢太强。

处理方法:更换成较弱的磁钢,或垫非磁性垫片,见图 11—10(*b*)。

故障原因 4:左上止钉太薄,使衔铁在吸上位置时永磁保持力过强。

处理方法:将左上止钉更换成标准高度的止钉。

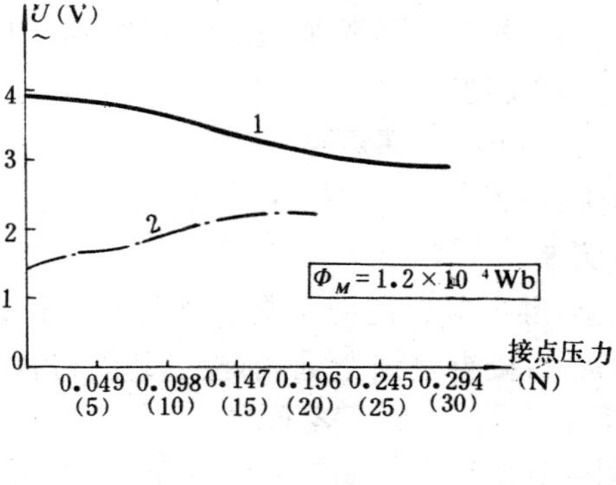

图 11—11　接点压力大小与电气特性的关系曲线

曲线 1:后接点压力大小对工作值的影响

曲线 2:前接点压力大小对落下值的影响

故障举例 3

故障现象:继电器通电不吸起。

故障原因 1:对于偏极继电器常因磁钢极性装反,造成加电压后不吸起。

处理方法:调整磁钢极性。

故障原因 2:线圈断线或线头假焊。

处理方法:更换线圈或重新焊接。

故障原因 3:整流片被击穿,将测试电源短路。

处理方法:更换整流片。

故障原因 4:整流片组装不良,形成一桥臂断路,使工作值增高,甚至不吸起。

处理方法:重新组装整流片。

故障举例 4

故障现象:电气特性测试中电流值过大。

故障原因 1:整流片老化,局部被击穿使反向漏泄电流增加,或者导电部分接外壳等都能造成测试电流的增大。

处理方法:更换整流片。

故障原因 2:线圈内部短路

处理方法:更换线圈。

故障举例 5

故障现象:继电器在使用中发生吸上不落下而造成漏码。

故障原因 1:接点烧损严重,前接点共同行程与压力显著减少,造成落下值低,甚至不落下。

故障原因 2:衔铁在线圈中安装不正,与线圈架产生机械阻卡。

故障原因 3:使用中衔铁因受吸上时的撞击力而弯曲变形,使吸上时的反弹力变小,造成落下值降低。

故障原因 4:衔铁止钉与极靴的接触面上有氧化物堆积，发生粘连，造成衔铁吸起不落下。

针对上述原因，分别对继电器进行调整。

但最主要的原因是：

故障原因 5:接点因电弧高温作用产生“金属迁移”现象而熔接。由于 JM 型继电器的接点多运用在大电容的充放电电路中，此种容性电流在接点接通瞬间产生较大的冲击电流而形成高温电弧，对接点金属（特别是银材料制成的接点）产生熔化作用，熔化后的金属从一个接点迁移到另一接点，形成一个接点（电路中的负极性）上多一块，称为“针状突起”，另一接点上（电路中的正极性）少一块称为“火山口”，如图 11—12 所示。这种情况发展到一定程度，就有可能使接点在“金属迁移”处熔接而粘住。造成这种现象的原因主要是电路参数不合理，即与电容串联的充放电限流电阻的阻值过小，使电路中存在着冲击的电容性大电流，此电流所形成的火花放电就可以产生“金属迁移”现象。

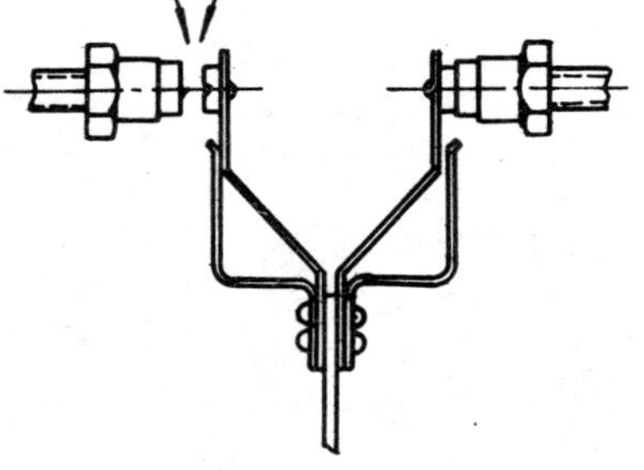

图 11—12　接点的“金属迁移”现象

处理方法：应从电路方面改进，即增大限流电阻。

检修人员应知应会

1. 用图示法说明 JM_2 型继电器的工作原理。

2. JM_2 型继电器使用在电气化区段的 75Hz 电源系统中

电气特性有哪些变化？使用中如何满足对交流阻抗的特定要求。

3. JM_2 型继电器的磁路系统与接点系统的调整应遵循什么原则？这些原则在具体检修时如何贯彻？

4. 从磁路工作的特点说明：

(1)为什么增大右下间隙 δ_{III} 使工作值、落下值均增高？

(2)为什么增大左下间隙 δ_{IV} 使工作值、落下值均减小？

(3)为什么永久磁钢过强使吸起值增高而落下值变小？

第十二章　JCZ(C)型电码传输继电器

第一节　构造、部件及特性

一、构造与部件

JCZ_1(旧型号 JC_2)与 JCZ_2(内附整流器)型电码传输继电器是一种带加强接点的 JD_1 型电码继电器，使用在功率较大的交流计数电码轨道电路中作传输发码器的电码之用，因此，与 JD_1 型电码继电器比较，JCZ 型继电器在结构上的特点是：衔铁对接点系统的推动点后移，加强接点弹片加长，使接点间隙加大，以满足开断较大功率的需要。其结构外形如图 12－1(*a*)所示。图 12－1(*b*)为 JCZC 型插入式传输继电器，内部结构与 JCZ 型完全相同，只是采用了安全型继电器的插座和外罩，其型别盖孔位号：$JCZC_1$ 型为 52、14，$JCZC_2$ 型为53、14。

JCZ 型继电器的电磁系统由线圈 1、铁心 2、轭铁 3 与衔铁 4 组成，衔铁由调整片 5 活动地固定在轭铁上，可以绕轭铁的刃口转动，通过铆接在衔铁上的绝缘支板 6 带动传动板 7(新型)或支撑杆(旧型)，推动接点系统运动，以接通或断开加强接点；普通接点则直接由绝缘支板传动，与电码继电器的传动方式相同。加强接点由顶杆传动改为传动板，是根据实践的经验，顶杆在运动中严重磨耗，保证不了使用周期而改进的。传动板形状见图 12－2。

接点系统由 $1QH$ 加强接点组与 $1Q1H$ 普通接点组组成(见图 12－1)。加强接点的后接点片 8，动接点片 9 与前接点

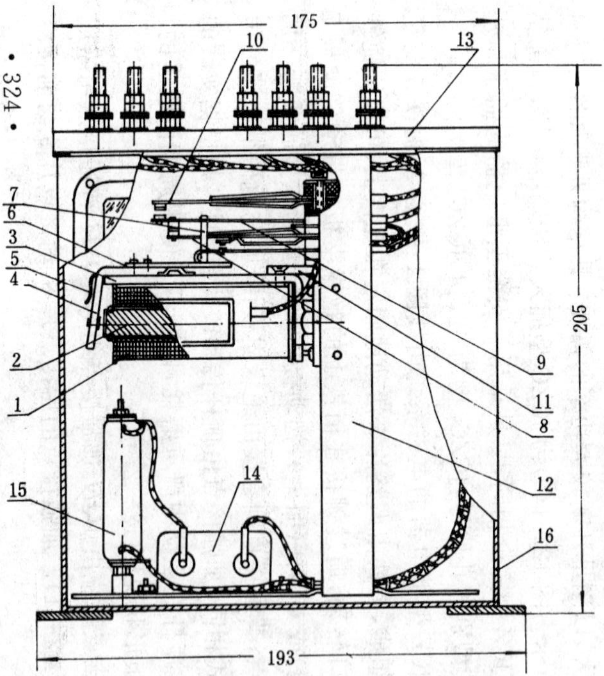

(a)JCZ 型

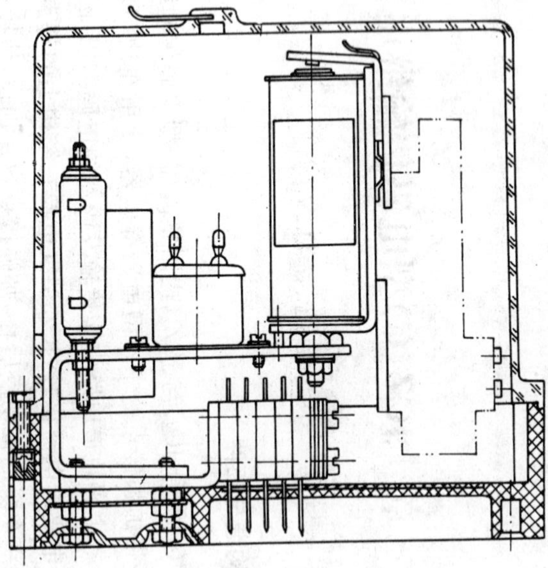

(b)JCZC 型

图 12—1　电码传输继电器的结构外形

片 10 均由 0.5mm 的锡磷青铜片制成，接点材料为银氧化镉；普通前接点组安装在加强接点组右面，普通后接点组则处于左面。接点系统连同电源片由绝缘片，绝缘管，以及压片等组装在接点组座板 11 上，而座板直接用螺丝固定在轭铁尾部，使接点系统与电磁系统联接成一整体。

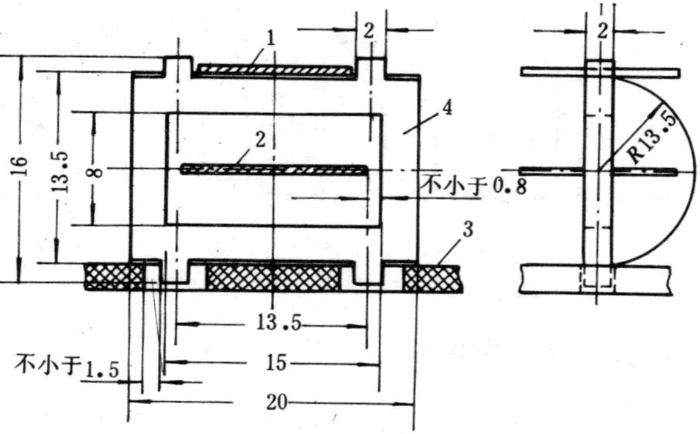

图 12－2　传动板及其安装

1—加强动接点片；2—加强后接点片；3—绝缘支板；4—传动板

继电器通过铁心螺丝紧固在继电器骨架 12 上，骨架的上面安装了端子面板 13，面板上的端子螺丝与接点组的电源片及接点片用多股塑料线连接，端子编号见图 12－3。

骨架的下面，固定有灭弧电容器 14(400V0.25μF)与电阻 15(40Ω)或硒整流堆(JCZ_2－2000 型)。电容与电阻串联后与线圈并联，以消耗线圈断开时的电感能量，达到消灭发码器接点火花的目的；而 JCZ_2－2000 型继电器的硒堆则由 23mm×23mm 的硒片组成桥式整流电路(每臂串联 14 片，共 56 片)，使继电器运用到较高电压(110V)的交流电路中。

整个继电器连同骨架放在铁制的外罩 16 中，而外罩的两侧留有玻璃窗孔，以便观察继电器的动作状态。

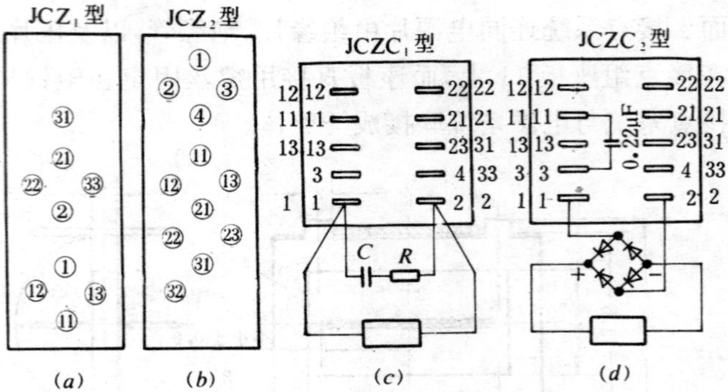

图 12－3　JCZ 型继电器面板端子编号

二、电气与机械特性

1. JCZ 型继电器的线圈参数与电气特性（见表 12－1）

表 12－1　JCZ(C)型继电器线圈参数及电气特性表

新　型　号	旧型号	线圈参数			电气特性　V			备　注
		电阻 Ω	线径 mm	匝数	额定电压	工作值不大于	落下值不小于	
JCZ_1(C)－31	JC_2	31	0.35	2600	12	5	1.3	分割点用
JCZ_1(C)－48	JC_2	48	0.31	3200	12	7	2	分割点用
JCZ_1(C)－72	JC_2	72	0.29	4000	12	7.5	2	信号点用
JCZ_2(C)－2000	JC_2	2000	0.12	20000	～110	～75	～45	站内电码化用

2. JCZ 型继电器的机械特性参数（见表 12－2）

JCZ(C)型加强接点容量：最大允许电压交流 220V，直流 220V；最大允许电流交流 5A，直流 3A；最大开断功率交流 1000VA，直流 120W。

接点在 12V2A 无感直流负载下，动作 200 万次后接点电阻仍满足 0.3Ω 的要求。

表 12－2　JCZ(C)型继电器机械特性参数表

型号	磁路系统 mm					接点系统				传动系统压力 N		
	衔铁动程	衔铁游程			止钉高度	间隙 mm	共同行程 mm	压力		动接点对传动板压力		辅助动接点对绝缘支板压力
		径向	轴向	垂直				加强	普通	有后接点	无后接点	
JCZ(C)	1.2	0.3～0.7	0.05～0.15	0.3～0.5	0.2	>1.5	0.2～0.5	>0.441 (>45)	>0.245 (>25)	0.0784 (8)～0.1176 (12)	0.588 (60)～0.637 (65)	0.0784 (8)～0.1176 (12)

3. JCZ(C)型继电器的电磁牵引特性曲线与机械特性曲线的配合(见图 12－4)

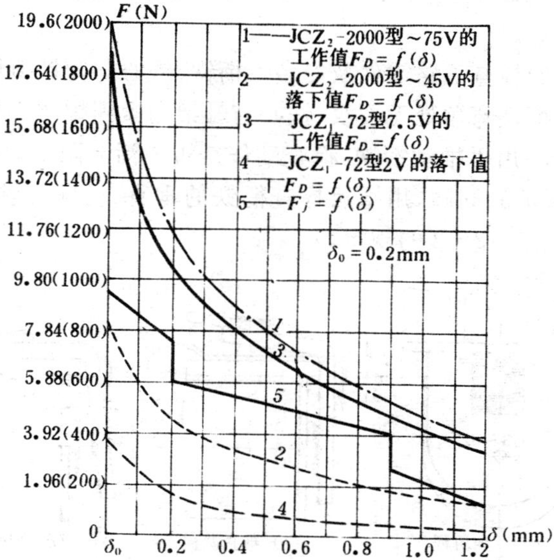

图 12－4　JCZ 型继电器 $F_D=f(\delta)$与 $F_j=f(\delta)$配合曲线

第二节　检修与调整工艺

一、检修前的准备工作

JCZ(C)型继电器检修所用工具与安全型继电器相同，但应准备 0.15mm、0.2mm、0.3mm、0.5mm、0.7mm、0.9mm、1.2mm与 1.5mm 等规格的黄铜塞尺。

外部清扫检查，检修前测试项目、内容与安全型继电器相同，但电气特性按表 12－1 的标准检查之。

二、内部检修与擦洗

1. 检修电磁系统

(1)线圈应安装牢固；线圈架无破损、裂纹；引出线无断股、假焊。

(2)检查磁路零件及安装。衔铁、铁心与轭铁镀层良好无锈蚀；衔铁弯角处无裂纹；铁心与骨架的紧固螺丝不松动。

(3)用手推动衔铁，检查动作是否灵活无阻卡，并按图 12－5 所示的间隙，用塞尺检查衔铁的垂直、径向与轴向游程，应符合表 12－2 的规定。

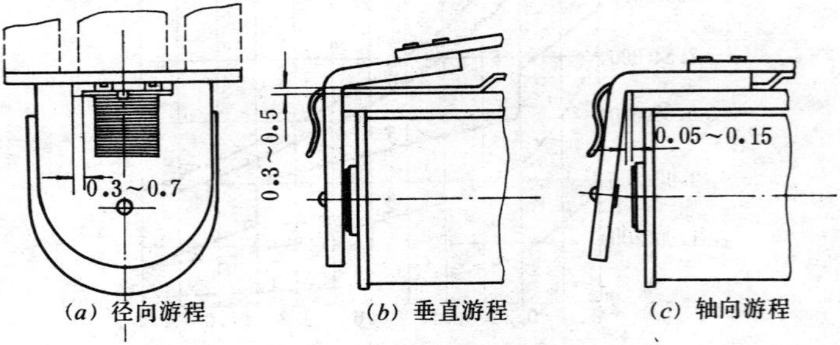

(*a*) 径向游程　(*b*) 垂直游程　(*c*) 轴向游程

图 12－5　检查衔铁的游程

衔铁的径向游程是将衔铁沿铁心之水平直径移动至轭铁的边缘处，其与调整片之间的距离，见图 12—5(*a*)。

衔铁的垂直游程是将衔铁沿铁心之垂直直径提高时，它的弯角处与轭铁边缘之间的距离，见图 12—5(*b*)。

衔铁的轴向游程是在衔铁落下时，将衔铁沿着铁心的轴心线拉出后，其转角处与轭铁顶端之间的距离，见图 12—5(*c*)。

用弯曲调整片的方法，来改变上述衔铁活动部分的间隙，以满足游程的需要。

(4)检查衔铁与铁心间间隙。用塞尺测量出的衔铁动程(不包括止钉高度)，在铁心中心处应为 1.2mm；不足此动程时，应弯曲调整片或加大衔铁角度来调整。用塞尺测量出衔铁与铁心的闭合间隙(即止钉高度)，同样在铁心中心处应大于 0.2mm，此间隙过大可以锉平止钉，若太小则应更换较高的新止钉。

(5)卸下调整片螺丝，取下衔铁，检查衔铁与轭铁接触处，应是刀刃形。若因磨耗成圆角时，应用什锦锉修成锐角。衔铁安装在轭铁上应不扭曲，与铁心接触面平正，使气隙均匀。

(6)检查调整片。调整片应无裂纹，与衔铁接触处无过甚的磨耗；固定螺丝不滑丝。

(7)检查绝缘支板。绝缘支板与衔铁铆接牢固；当衔铁处于落下位置时绝缘支板应平整地安放在调整片上；与调整片和传动板接触处、绝缘支板上无过甚的磨耗，磨耗超限应更换绝缘支板。

2.检查接点系统

(1)接点组在座板上安装牢固，胶木垫块无裂纹、破损。

(2)接点片平直、无钳伤、硬弯；加强动接点与传动框接触处无过甚的磨耗，当磨耗影响接点强度时应更换接点片。

(3)接点头牢固地铆接在接点片上，其高度不能小于

0.5mm，否则应更换。

(4)接点片至面板端子的引线无假焊、断股，不良的应重新焊接。

(5)检查传动板。传动板的下部应插入绝缘支板的两孔中心，动作时不阻卡；传动板的上部应与动接点片全面接触，并有足够压力，防止点接触和斜接触造成局部磨耗的增加。

3. 检查附件

(1)灭弧电容、电阻等元件完整，安装牢固，焊接良好。

(2)整流堆按硒片要求进行选片，整体测试及绝缘电阻、片间电压的测量，应符合技术要求。

4. 擦洗去污

(1)用汽油清洗衔铁及铁心间的氧化物与污物，使止钉明亮，铁心与衔铁不粘连。

(2)用汽油洗刷接点各部分，将各种脏物擦净。

(3)用酒精擦去接点片上氧化物，使接点片明亮有光泽。

(4)用白金砂条和银砂纸擦净接点接触面，使接点面无烧损的深坑。

三、磁路与接点系统的调整

1. 调整衔铁动程，使之达到 1.2mm，方法如前述。

2. 调整加强动接点片对传动板的预压力。事先用垫块将后接点移开，用弯曲动接点弹片的方法使预压力达到 0.588(60gf)～0.637N(65gf)，如图 12－6(*a*)所示。

3. 在止钉与铁心间夹上 0.9mm 的塞尺，推紧衔铁，调整加强后接点托片，使后接点与动接点接触，两者吻合无压力，如图 12－6(*b*)所示。

4. 调整加强后接点的初压力。用弯曲后接点弹片的方法，达到与托片之间的压力为 0.294N(30gf)～0.343N(35gf)同见图 12—6(*b*)。

5.取出塞尺，松开衔铁，检查后接点压力，共同行程(即托片间隙)，以及加强动接点与传动板之间的压力(当衔铁处于落下位置时)，均应符合表 12—2 的规定。

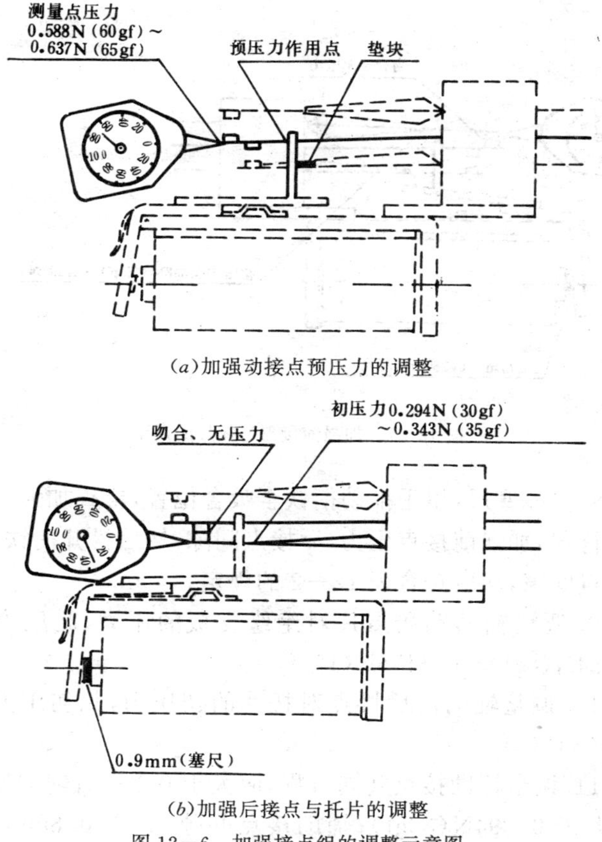

图 12—6　加强接点组的调整示意图

6. 在止钉与铁心间夹上 0.2mm～0.25mm 的塞尺，推紧衔铁，调整加强前接点托片，使前接点与动接点吻合无压力，如图 12—7 所示。

7. 调整加强前接点初压力。同样用弯曲前接点片的方法，使之与托片间的初压力为 0.343N(35gf)～0.392N(40gf)，见图 12—7。

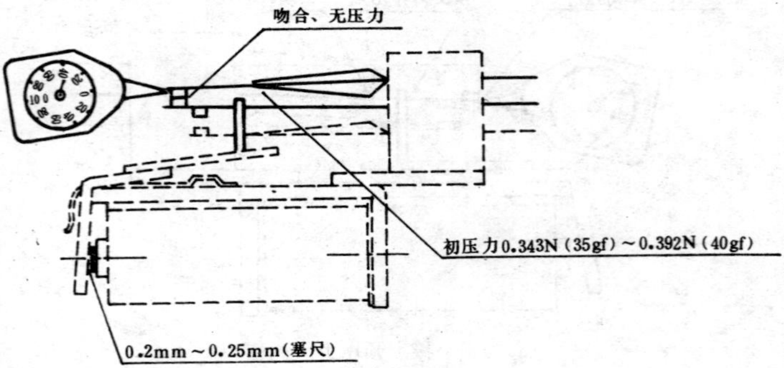

图 12—7　加强前接点与托片的调整

8. 去掉塞尺，用手推动衔铁至吸合位置，检查加强前接点共同行程，加强前接点压力，后接点间隙，然后松开衔铁，检查前接点间隙，均应符合表 12—2 的规定。

9. 调整辅助动接点片对绝缘支板的压力，此压力应为 0.0784N(8gf)～0.1176N(12gf)。

10. 调整辅助前后接点对托片的初压力，此初压力应为 0.196N(20gf)。

11. 调整辅助接点共同行程，应大于 0.2mm；辅助接点压力，大于 0.294N(30gf)；辅助接点间隙，大于 0.8mm，小于 1.2mm。

12. 调整辅助接点与加强接点同时接触齐度，应尽量做到同时通、断，辅助接点不允许有桥接现象（即后接点未断开而前接点已接通的现象）。

13. 用白金砂条和银砂纸擦接点，使接点有足够的接触面积。

四、电气特性测试与调整

磁路与接点系统调整完毕，进行一次电气特性测试，按表12—1所列标准值检查，以考核调整效果。

五、辅助工艺

JCZ型继电器检修的辅助工艺如恒温处理、动作试验及微调，验收与加封，均与安全型继电器相同，但动作试验应大于4h。

第三节　常见的电气特性故障的分析及处理

故障举例 1

故障现象：工作值大。

故障原因1：衔铁与铁心间动程大于1.2mm。

处理方法：弯曲调整片或缩小衔铁张角。

故障原因2：动接点预压力过强。

处理方法：减少动接点预压力。

故障原因3：衔铁与轭铁接触处磨耗过甚，阻力增加，衔铁动作不灵活。

处理方法：修成刀形。

故障原因4：铁心螺丝松动，铁心与轭铁间不密贴，增加磁路的磁阻。

处理方法：松开铁心，检查并重新紧固。

故障原因 5：衔铁的径向游程不够，造成调整片对衔铁的磨卡、别劲，使衔铁动作呆滞。

处理方法：加大衔铁的径向游程。

故障原因 6：前接点压力过强，造成衔铁两步动作，使工作值增高。

处理方法：减小前接点压力。

故障举例 2

故障现象：落下值小。

故障原因 1：前接点压力小。

处理方法：增大前接点压力。

故障原因 2：衔铁止钉太薄，使剩磁增大。

处理方法：更换较高的新止钉。

故障原因 3：止钉面脏，与衔铁粘连。

处理方法：重新清洗止钉。

故障原因 4：动接点预压力小。

处理方法：应增大动接点预压力。

故障原因 5：衔铁被调整片阻卡，主要是径向游程不够。

处理方法：加大衔铁的径向游程。

故障举例 3

故障现象：特性变化不定。

故障原因：

1. 衔铁轴向游程过大，旷动超限，这样游程小时工作值低，游程大时工作值高。

2. 机械阻卡严重，特别是衔铁与轭铁刃角不尖锐，使衔铁动作时好时坏。

检修人员应知应会

1. JCZ(C)型继电器与 JD 型电码继电器比较，在结构上有哪些特点？

2. 什么是 JCZ(C)型继电器的轴向、径向与垂直游程？这些游程的标准范围是多少？达不到时如何调整？

3. 怎样调整与衡量加强动接点的预压力？后接点与前接点的位置怎样确定？

4. 对辅助接点的机械特性有哪些具体要求？调整时怎样达到？

5. JCZ(C)型的机械特性曲线有什么特点，为什么？

6. JCZ(C)型继电器常见的电气特性故障(如工作值大，落下值小，特性变化不定等)的处理方法有哪些特点？

附录 1　安全型继电器机械特性汇总表

名　　称	型　　号	接点间隙不小于 mm	前接点(定位)压力 N	后接点(反位)压力 N	加强接点压力不小于 N	托片间隙 mm	止片厚度 mm	衔铁张角
无极继电器	JWXC－1000	1.3	$0.294^{+0.098}_{-0.049}$ (30^{+10}_{-5})	$0.196^{+0.098}_{-0.049}$ (20^{+10}_{-5})		>0.35	$0.4_{-0.04}$	93°30′
无极继电器	JWXC－7	1.3	$0.294^{+0.098}_{-0.049}$ (30^{+10}_{-5})	$0.196^{+0.098}_{-0.049}$ (20^{+10}_{-5})		>0.35	$0.4_{-0.04}$	93°30′
无极继电器	JWXC－1700	1.3	$0.294^{+0.098}_{-0.049}$ (30^{+10}_{-5})	$0.196^{+0.098}_{-0.049}$ (20^{+10}_{-5})		>0.35	$0.2_{-0.05}$	93°30′
无极继电器	JWXC－2.3	1.3	$0.294^{+0.098}_{-0.049}$ (30^{+10}_{-5})	$0.196^{+0.098}_{-0.049}$ (20^{+10}_{-5})		>0.35	$0.6_{-0.04}$	93°30′
无极继电器	JWXC－$\frac{370}{480}$	1.2	$0.294^{+0.098}_{-0.049}$ (30^{+10}_{-5})	$0.196^{+0.098}_{-0.049}$ (20^{+10}_{-5})		>0.35	$0.3_{-0.03}$	93°30′
无极继电器	JWXC－2000	1.3	$0.294^{+0.098}_{-0.049}$ (30^{+10}_{-5})	$0.196^{+0.098}_{-0.049}$ (20^{+10}_{-5})		>0.35	$0.3_{-0.03}$	93°30′
无极缓放继电器	JWXC－$\frac{500}{H300}$	1.3	$0.294^{+0.098}_{-0.049}$ (30^{+10}_{-5})	$0.196^{+0.098}_{-0.049}$ (20^{+10}_{-5})		>0.35	$0.2_{-0.05}$	93°30′
无极缓放继电器	JWXC－H600	1.3	$0.294^{+0.098}_{-0.049}$ (30^{+10}_{-5})	$0.196^{+0.098}_{-0.049}$ (20^{+10}_{-5})		>0.35	$0.2_{-0.05}$	93°30′

续上表

名称	型号	接点间隙不小于 mm	前接点(定位)压力 N	后接点(反位)压力 N	加强接点压力不小于 N	托片间隙 mm	止片厚度 mm	衔铁张角
无极缓放继电器	JWXC—H340	1.3	$0.294^{+0.098}_{-0.049}$ (30^{+10}_{-5})	$0.196^{+0.098}_{-0.049}$ (20^{+10}_{-5})		>0.35	$0.2_{-0.05}$	93°30′
整流式继电器	JZXC—H62	1.3	$0.294^{+0.098}_{-0.049}$ (30^{+10}_{-5})	$0.196^{+0.098}_{-0.049}$ (20^{+10}_{-5})		>0.35	$0.8_{-0.06}$	93°30′
整流式继电器	JZXC—H18	1.3	$0.294^{+0.098}_{-0.049}$ (30^{+10}_{-5})	$0.196^{+0.098}_{-0.049}$ (20^{+10}_{-5})		>0.35	$0.8_{-0.06}$	93°30′
整流式继电器	JZXC—H156	1.3	$0.294^{+0.098}_{-0.049}$ (30^{+10}_{-5})	$0.196^{+0.098}_{-0.049}$ (20^{+10}_{-5})		>0.35	$0.6_{-0.04}$	93°30′
整流式继电器	JZXC—480	1.3	$0.294^{+0.098}_{-0.049}$ (30^{+10}_{-5})	$0.196^{+0.098}_{-0.049}$ (20^{+10}_{-5})		>0.35	$0.6_{-0.04}$	93°30′
整流式继电器	JZXC—0.14 (0.56)	1.3	$0.294^{+0.098}_{-0.049}$ (30^{+10}_{-5})	$0.196^{+0.098}_{-0.049}$ (20^{+10}_{-5})		>0.35	$0.4_{-0.04}$	93°30′
无极加强接点继电器	JWJXC—480	$\frac{3}{5}$	>0.147 (>15)	>0.147 (>15)	前 0.392 (40) 后 0.294 (30)	0.1～0.3	$0.8_{-0.06}$	97°30′

续上表

名称	型号	接点间隙不小于 mm	前接点(定位)压力 N	后接点(反位)压力 N	加强接点压力不小于 N	托片间隙 mm	止片厚度 mm	衔铁张角
无极加强接点继电器	JWJXC—H $\frac{125}{0.44}$	$\frac{1.5}{2.5}$	>0.147 (>15)	>0.147 (>15)	前 0.392 (40) 后 0.294 (30)	0.1～0.3	0.3	96°30′
无极加强接点继电器	JWJXC—H $\frac{125}{0.13}$	$\frac{1.5}{2.5}$	>0.147 (>15)	>0.147 (>15)	前 0.392 (40) 后 0.294 (30)	0.1～0.3	0.3	96°30′
极性保持继电器	JYJXC—660	1.3	$0.294^{+0.098}_{-0.049}$ (30^{+10}_{-5})	$0.294^{+0.098}_{-0.049}$ (30^{+10}_{-5})		>0.35		94°30′
极性保持继电器	JYJXC—270	1.3	$0.294^{+0.098}_{-0.049}$ (30^{+10}_{-5})	$0.294^{+0.098}_{-0.049}$ (30^{+10}_{-5})		>0.35		93°30′
极性保持加强接点继电器	JYJXC—$\frac{220}{220}$	$\frac{4.5}{7}$	>0.147 (>15)	>0.147 (>15)	0.392 (40)	0.1～0.3		97°30′
极性保持加强接点继电器	JYJXC—$\frac{135}{220}$	$\frac{4.5}{7}$	>0.147 (>15)	>0.147 (>15)	1.96 (200)			97°30′

续上表

名　　称	型　　号	接点间隙不小于 mm	前接点(定位)压力 N	后接点(反位)压力 N	加强接点压力不小于 N	托片间隙 mm	止片厚度 mm	衔铁张角
极性保持加强接点继电器	JYJXC－3000	$\frac{4.5}{7}$	＞0.147 (＞15)	＞0.147 (＞15)	0.392 (40)	0.1～0.3		97°30′
极性保持加强接点继电器	JYJXC－J3000	$\frac{4.5}{7}$	＞0.147 (＞15)	＞0.147 (＞15)	1.96 (200)			97°30′
偏极继电器	JPXC－1000	1.3	$0.294^{+0.098}_{-0.049}$ (30^{+10}_{-5})	$1.96^{+0.098}_{-0.049}$ (20^{+10}_{-5})		＞0.35	$0.4_{-0.04}$	93°30′
单闭磁继电器	JDBXC－1100	1.3	$0.294^{+0.098}_{-0.049}$ (30^{+10}_{-5})	$0.196^{+0.098}_{-0.049}$ (20^{+10}_{-5})		＞0.35	$0.4_{-0.04}$	93°30′
半导体时间继电器	JSBXC－850	1.2	$0.294^{+0.098}_{-0.049}$ (30^{-10}_{-5})	$0.196^{+0.098}_{-0.049}$ (20^{+10}_{-5})		＞0.35	$0.3_{-0.03}$	93°30′

注:1. 衔铁张角与止片厚度均为参考数值,在满足其它的机械和电气特性时可以微量变动。

2. 接点间隙栏中分数:分子表示普通接点间隙,分母表示加强接点间隙。

3. 括号内数据单位为 gf。

附录 2　安全型继电器电气特性汇总表

名称	型号	线圈参数			电气特性					时间特性	
		线径 mm	匝数	电阻 Ω	充磁值（过负载）	释放值不小于	工作值不大于	反向工作值不大于	转极值范围	吸起时间不大于 s	缓放时间不小于 s
无极继电器	JWXC—1000	0.16/0.16	8000/8000	500/500	58V	4.3V	14.4V	15.8V			
无极继电器	JWXC—7	0.59/0.59	760/760	3.5/3.5	600mA	45mA	150mA	165mA			
无极继电器	JWXC—1700	0.14/0.14	10000/10000	850/850	67V	3.4V	16.8V	18.4V			
无极继电器	JWXC—2.3	0.8/0.8	450/450	1.15/1.15	750mA	50%实测工作值	170mA～188mA	225mA			
无极继电器	JWXC—370/480	0.18/0.17	7000/800	370/480	48mA/48mA	3.8mA/3.6mA	12mA/11.5mA	14.4mA/13.8mA			
无极继电器	JWXC—2000	0.14/0.14	12000/12000	1000/1000	30V	2.4V～3.2V	7.5V				
无极缓放继电器	JWXC—500/H300	0.16/0.18	8000/5100	500/300	54V/54V	2.7V/2.7V	13.5V/13.5V	16.2V/16.2V			24V　0.16
无极缓放继电器	JWXC—H600	0.18/0.18	5100/5100	300/300	52V	2.6V	13V	15.6V			24V　0.32

续上表

名称	型号	线圈参数			电气特性					时间特性	
		线径 mm	匝数	电阻 Ω	充磁值（过负载）	释放值 不小于	工作值 不大于	反向工作值 不大于	转极值范围	吸起时间 不大于 s	缓放时间 不小于 s
无极缓放继电器	JWXC－H340	0.19/0.19	3000/3000	170/170	46V	2.3V	11.5V	13.8V		18V 0.35 24V 0.3	18V 0.45 24V 0.5
整流式继电器	JZXC－H62	0.33/0.33	1800/1800	31/31	与 BX－30 变压器配合的稳定回路中冷丝吸上＜110V（12V15W 时），断丝落下＞240V（12V25W 时）						～220V（12V25W）＞0.15
整流式继电器	JZXC－H18	0.44/0.44	930/930	9/9	～400mA	～40mA	～100mA				～100mA 0.15
整流式继电器	JZXC－H156	0.25/0.25	2800/2800	78/78	～136mA	～12mA	～34mA				～34mA 0.1
整流式继电器	JZXC－480	0.2/0.2	5800/5800	240/240	～37V	～4.6V	～9.2V				
整流式继电器	JZXC－0.14（0.56）	1.12/1.12	200/200	0.28/0.28	（～1800mA）～2160mA	（～180mA）～400mA	（～450mA）～1100mA	（串联 10V10W 灯泡试验）串联 12V25W 灯泡试验			
无极加强接点继电器	JWJXC－480	0.2/0.2	5800/5800	240/240	64V	4.8V	16V	19.2V			

续上表

名称	型号	线圈参数			电气特性					时间特性	
		线径 mm	匝数	电阻 Ω	充磁值（过负载）	释放值 不小于	工作值 不大于	反向工作值 不大于	转极值范围	吸起时间 不大于 s	缓放时间 不小于 s
无极加强接点继电器	JWJXC—H $\frac{125}{0.44}$	$\frac{0.2}{0.9}$	$\frac{2700}{180}$	$\frac{125}{0.44}$	$\frac{48V}{}$	$\frac{2.5V}{}$	$\frac{12.4V}{}$	$\frac{14.4V}{}$			18V 0.35 $\frac{24V\ 0.4}{1.5A、>0.2}$
无极加强接点继电器	JWJXC—H $\frac{125}{0.13}$	$\frac{0.2}{1.25}$	$\frac{2700}{92}$	$\frac{125}{0.13}$	$\frac{48V}{5A}$	$\frac{2.3V}{1A}$	$\frac{11V}{2.5A}$	$\frac{13.2V}{3A}$			18V 0.35 $\frac{24V\ 0.4}{1A>0.2}$
极性保持继电器	JYJXC—660	$\frac{0.18}{0.18}$	$\frac{6500}{6500}$	$\frac{330}{330}$	$\frac{60V}{60V}$				10V～15V		
极性保持继电器	JYJXC—270	$\frac{0.23}{0.23}$	$\frac{4300}{4300}$	$\frac{135}{135}$	120mA	于铁心极面中心处，在衔铁上测量定位或反位的保持力应不小于 1.96N(200gf)			20mA～32mA		
极性保持加强接点继电器	JYJXC—$\frac{220}{220}$	$\frac{0.2}{0.2}$	$\frac{5500}{5500}$	$\frac{220}{220}$	$\frac{64V}{64V}$				$\frac{10V～16V}{10V～16V}$		
极性保持加强接点继电器	JYJXC—$\frac{135}{220}$	$\frac{0.23}{0.21}$	$\frac{4300}{5900}$	$\frac{135}{220}$	64V	同上，保持力不小于 3.92N(400gf)			$\frac{10V～16V}{10V～16V}$		
极性保持加强接点继电器	JYJXC—3000	$\frac{0.12}{0.12}$	$\frac{14500}{14500}$	$\frac{1500}{1500}$	160V	同上，保持力不小于 1.96N(200gf)			25V～58V		

续上表

名称	型号	线圈参数			电气特性					时间特性	
		线径 mm	匝数	电阻 Ω	充磁值（过负载）	释放值 不小于	工作值 不大于	反向工作值 不大于	转极值范围	吸起时间 不大于 s	缓放时间 不小于 s
极性保持加强接点继电器	JYJXC－J3000	$\frac{0.12}{0.12}$	$\frac{14500}{14500}$	$\frac{1500}{1500}$	160V	同上，保持力不小于 3.92N(400gf)			定 30V～65V 反 20V～55V		
偏极继电器	JPXC－1000	$\frac{0.16}{0.16}$	$\frac{8000}{8000}$	$\frac{500}{500}$	64V	4V	16V	200V不吸起			
单闭磁继电器	JDBXC－1100	$\frac{0.16}{0.16}$	$\frac{9000}{9000}$	$\frac{550}{550}$	64V	4V	16V				
半导体时间继电器	JSBXC－850	$\frac{0.18}{0.17}$	$\frac{7000}{8000}$	$\frac{370}{480}$	$\frac{48mA}{46mA}$	$\frac{4mA}{3.8mA}$	$\frac{14mA}{13.4mA}$			180、30、13 3±15%	

注：1. JWJXC－H $\frac{125}{0.44}$型后圈当电流由 5A 降至 1.5A 时断电缓放时间＞0.3s。

JWJXC－H $\frac{125}{0.13}$型后圈当电流由 4A 降至 1A 时断电缓放时间＞0.2s。

2. JDBXC－1100 型局部线圈电压 20V。

3. JSBXC－850 型在通电后延时时间内的后接点压力为 0.098N(10gf)～0.147N(15gf)。

4. 充磁值是测试释放值时的短时过负载电压和电流值，不是继电器正常使用时允许的过负载值。但对于 JZXC－0.56(0.14)型继电器，允许与 12V25W 灯泡串联使用，工作在过负荷状态。

附录3　安全型继电器型别盖板孔位图及汇总表

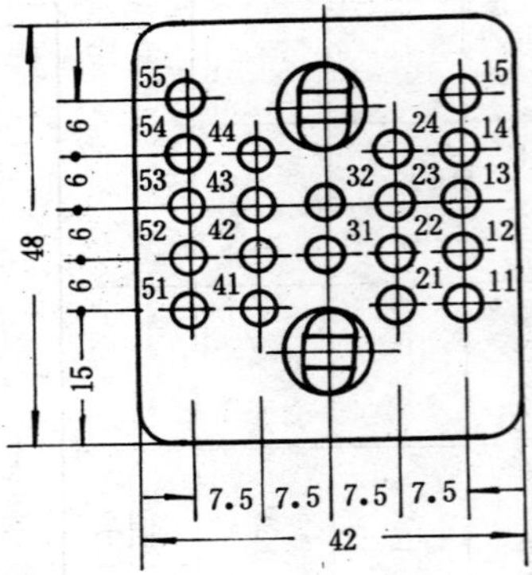

附图1　型别盖孔位图

安全型继电器型别盖孔位表

类　　型	孔位	类　　型	孔位	类　　型	孔位
JWXC－1000	52、11	JWJXC－480	51、15	JRXC－30	54、14
JWXC－7	55、11	JWJXC－H$\frac{125}{0.44}$	55、15	JSBXC－850	55、14
		JWJXC－H$\frac{125}{0.13}$	43、15		
JWXC－1700	51、11	JYXC－660	52、15	JZXC－H62（H18）	53、13
JWXC－2.3	54、11	JYXC－270	53、15	JZXC－H156	53、22
JWXC－$\frac{370}{480}$	52、22	JYJXC－$\frac{220(135)}{220}$	54、15	JZXC－480	55、13
JWXC－H340	52、12	JYJXC－3000（J3000）	51、13	JZXC－0.14（0.56）	54、13
JWXC－H600	51、12	JPXC－1000	51、14	JWXC－2000	55、12
JWXC－$\frac{500}{H300}$	53、12	JDBXC－1100	52、13		

附录 4　安全型继电器接点组编号图

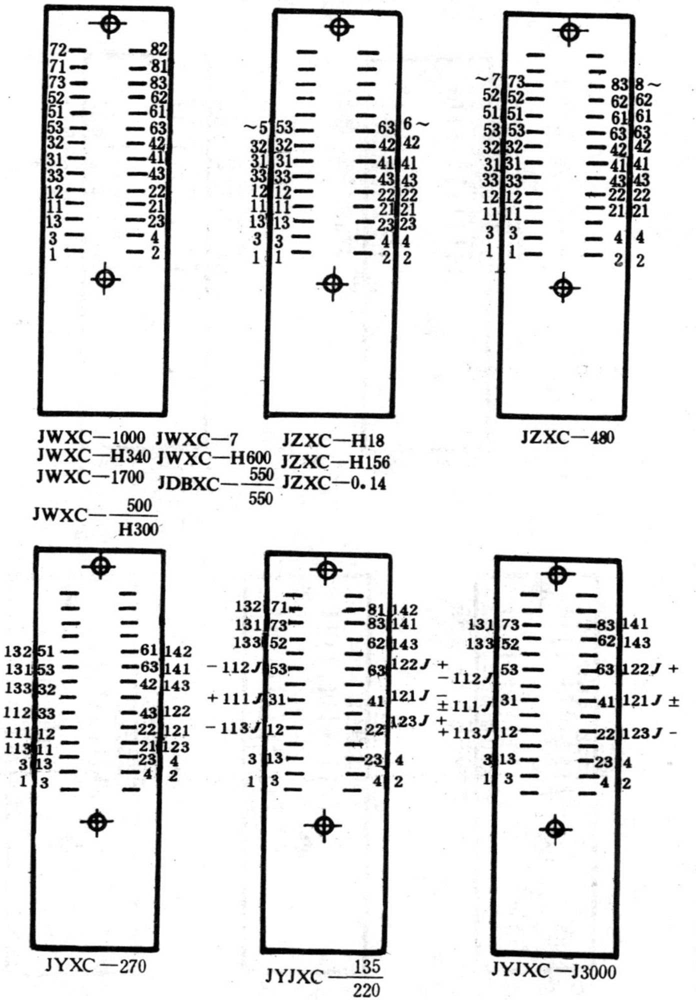

附图 2　①

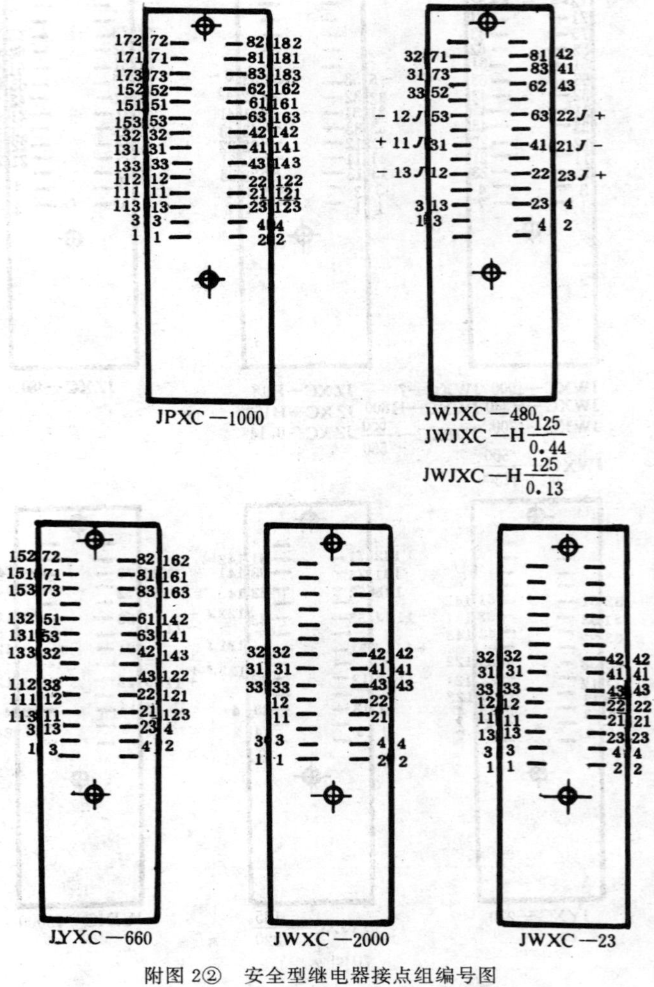

附图 2② 安全型继电器接点组编号图

附录 5　安全型继电器检修测试卡片

厂编号		所编号	

日期	线圈电阻		绝缘电阻 MΩ	检修顺序	电气特性					时间特性				接点特性			永久磁钢剩磁通 Wb	检修者	验收者	修复情况
	前圈 Ω	后圈 Ω			释放值	工作值	反向工作值	转极值		电压缓放		电压吸起	电流缓放	最大电阻 (Ω)	最小压力 N					
								定位	反位	18V	24V	24V	A		加强	普通				
										1	2	3	4							
				前																
				后																
				前																
				后																
				前																
				后																
				前																
				后																
				前																
				后																
				前																
				后																

附录 6　脉冲电路继电器电气特性汇总表

继电器名称	型　号	线圈参数			电气特性				备　注
		线径 mm	匝数	电阻 Ω	过负载值	落下值不小于	工作值不大于	转极值	
交流脉冲	JM_2 旧型	0.27	5100	110	4.5V～12V	0.6V～0.7V～2V	1.5V～1.7V～3.2V		
	JM_2 新型	0.25	3880	110					
直流脉冲	JM_3－0.35	1.1	120	0.35	1400mA	110mA	480mA		通一次反向负荷0.015A后测试；通一次反向负荷0.25A后测试。
	JM_3－30	0.35	1000	30	180mA	14mA	60mA		
	JM_3－42	0.31	1200	42	150mA	11.5mA	50mA		
	JM_3－56	0.29	1400	56	120mA	9.5mA	42mA		
	JM_3－74	0.27	1600	74	100mA	8.5mA	36mA		
	JM_3－110	0.25	2000	110	90mA	7mA	30mA		
	JM_3－260	0.25	3100	260	55mA	4.5mA	19mA		
	JM_3－400	0.2	3750	400	45mA	3.7mA	15.5mA		
	JM_3－800	0.18	5100	800	30mA	2.6mA	11mA		
	JM_3－1800	0.15	7700	1800	21mA	1.8mA	7.6mA		
	JM_3－3500	0.12	11000	3500	17mA	1.3mA	5.5mA		
	JM_3－8000	0.1	15000	8000	12mA	0.9mA	4mA		
	JM_3－74/140	0.2	2000	140				12～15mA	
		0.23	875	74				<35mA	
	JM_3－1800	0.12	7700	1800				3.9～5.2mA	
电码传输	JCZ_1－31	0.35	2600	31		1.3V	5V		
	JCZ_1－48	0.31	3200	48		2V	7V		
	JCZ_1－72	0.29	4000	72		2V	7.5V		
	JCZ_2－2000	0.12	20000	2000		～45V	～75V		

附录 7　脉冲电路继电器接点压力汇总表

继电器类型	前接点压力 不小于　N		后接点压力 不小于　N		轻型接点压力 不小于　N	
	普通型	加强型	普通型	加强型	后接点	前接点
JM_1	0.098 (10)		0.196 (20)			
JM_2	0.098 (10)		0.196 (20)			
JM_3,JM_4	0.147 (15)		0.147 (15)			
JCZ		0.49 (50)		0.49 (50)	0.294 (30)	0.294 (30)

附录 8　脉冲电路继电器接点电阻汇总表

继电器类型	前接点电阻 不大于　Ω	后接点电阻 不大于　Ω	轻型接点电阻 不大于　Ω	
			普通	加强
JM	0.05	0.05		
JCZ			0.03	0.3

附录 9　脉冲电路继电器接点间隙汇总表

继电器类型	普通型接点间隙 mm	加强型接点间隙 mm	轻型接点间隙 mm
JM_2			＞1.1
JM_4			＞1.1
JM_3			0.75～0.9
JCZ		1.5	

附录 10　FD 型电动发码器检修测试卡片

厂编号		所编号	

日期	线圈电阻 Ω				检修顺序	电动机特性					变压器电压V	电码凸轮		接点特性			绝缘电阻 MΩ	检修者	验收者	修复情况
	电动机		变压器			空载启动		负载启动		额定电流 mA	一次	转数	周期	最大电阻 Ω	最小压力 N	对凸轮压力 N				
	高阻	低阻	一次	二次		电压 V	转速 转/分	电压 V	转速 转/分		二次	转/分	秒							
					前															
					后															
					前															
					后															
					前															
					后															
					前															
					后															
					前															
					后															
					前															
					后															
					前															
					后															

260mm　160mm　25mm　125mm　225mm　10mm

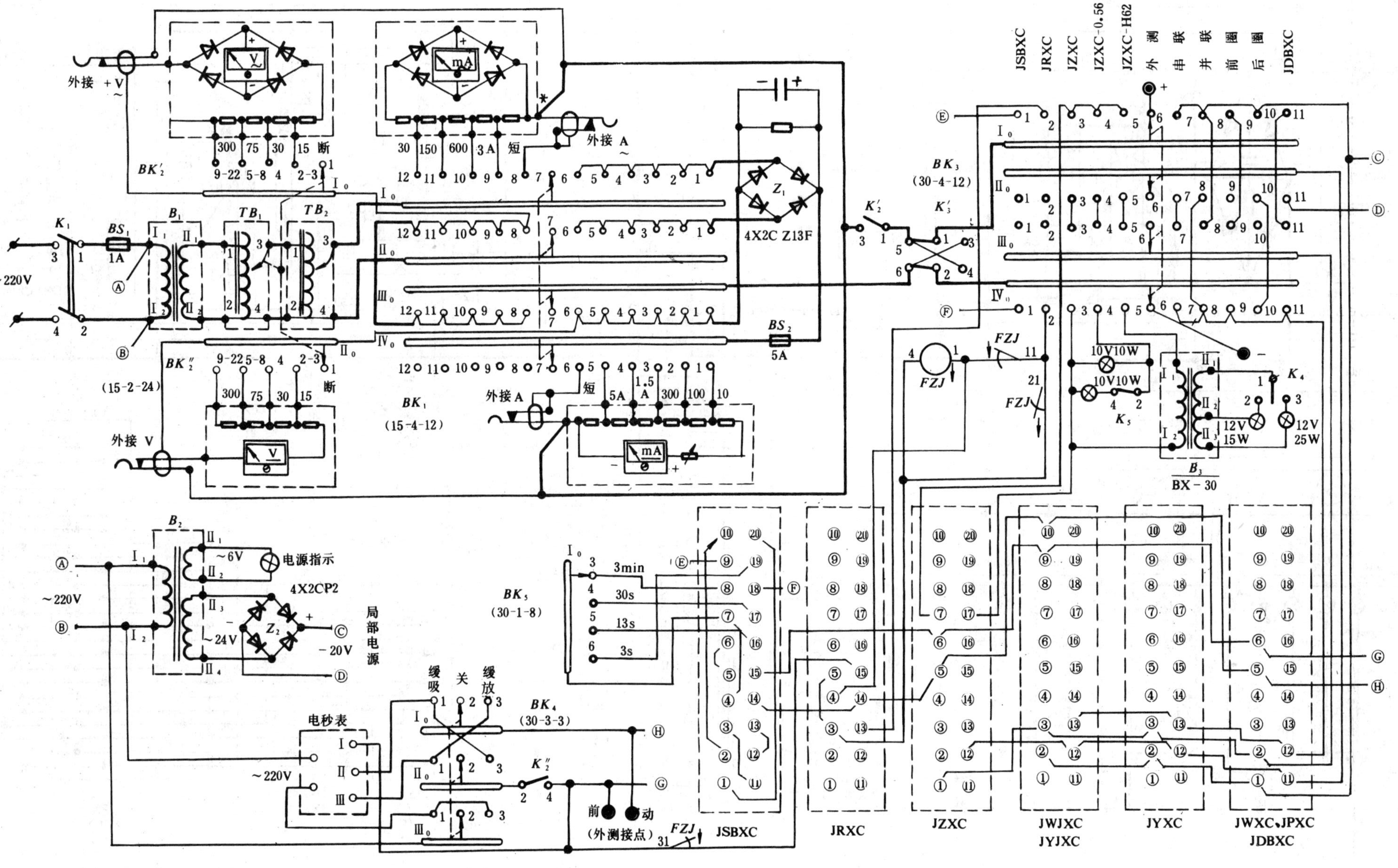

测试线把对号

继电器插板号	20位A型插头号 其它型通用	20位A型插头号 JSBXC型专用
1	1	1
2	11	11
3	2	2
4	12	12
13	3	3
11		4
12		5
23	13	13
21	14	
22	15	
33	4	
31	5	14
32	6	15
53	7	6
51		7
52		8
63	17	16
61		17
62		18
73	9	9
71	10	10
83		19
81		20

图 9—22　插件引出式安全型继电器测试台电路

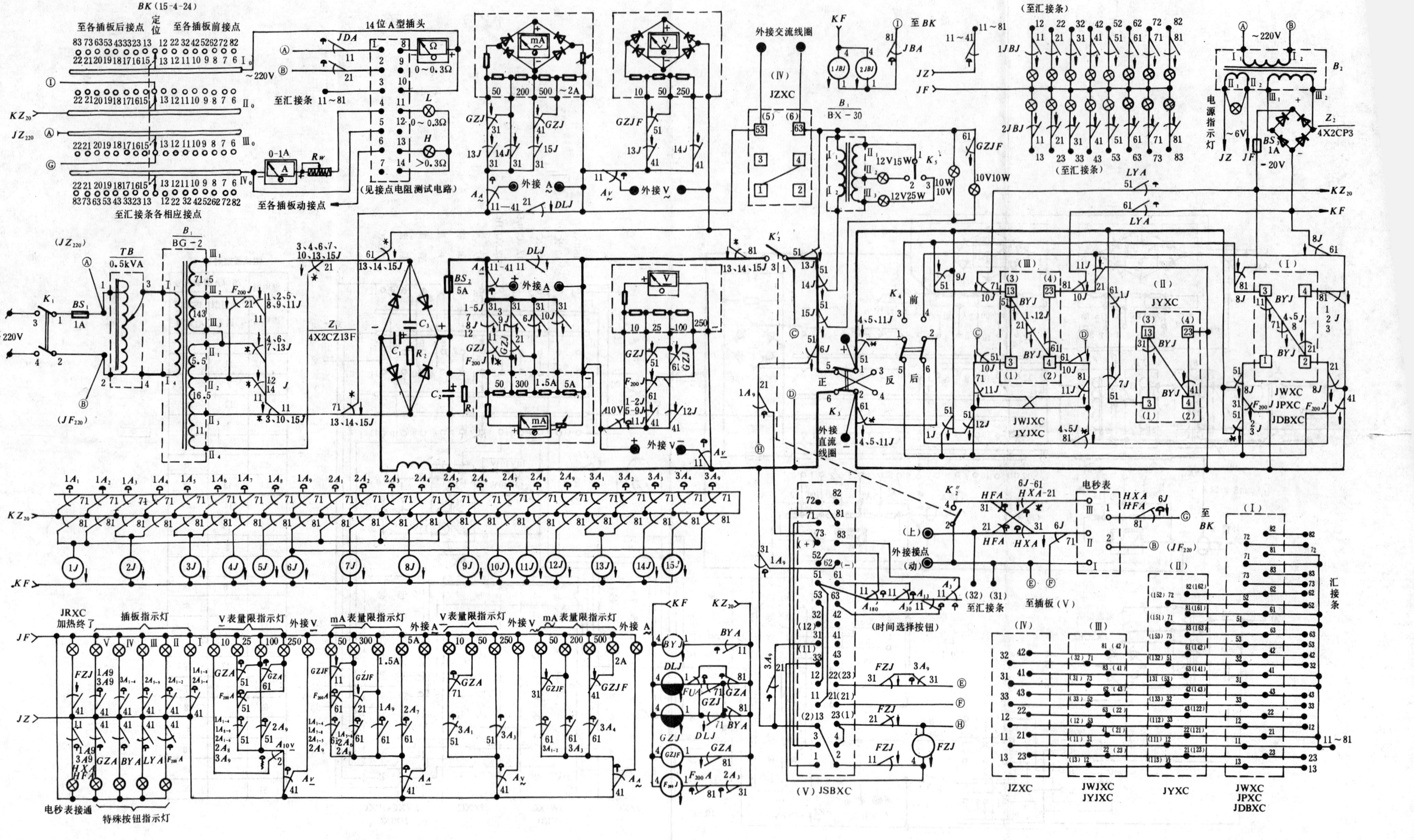

注：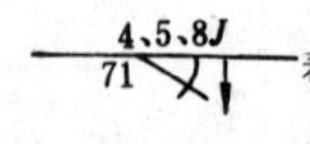表示4J、5J、8J继电器第七组前后接点为并联，实际接线为：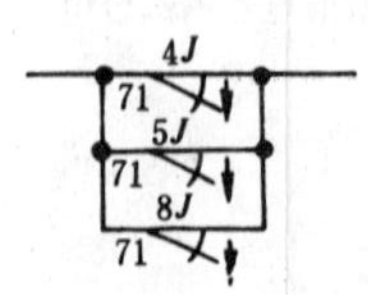

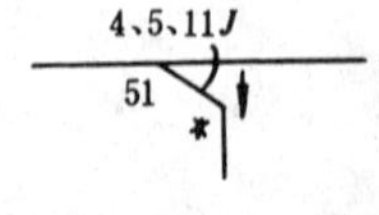表示4J、5J、11J 继电器第五组前后接点为串并联，实际接线为：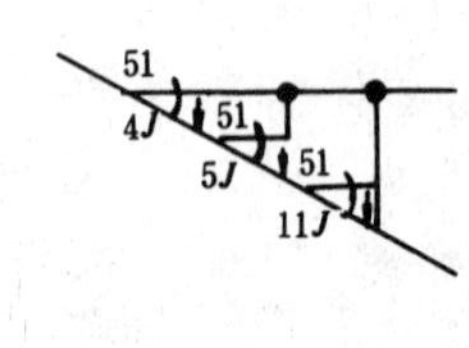

图 9—23　按钮操纵式安全型继电器综合测试台电路

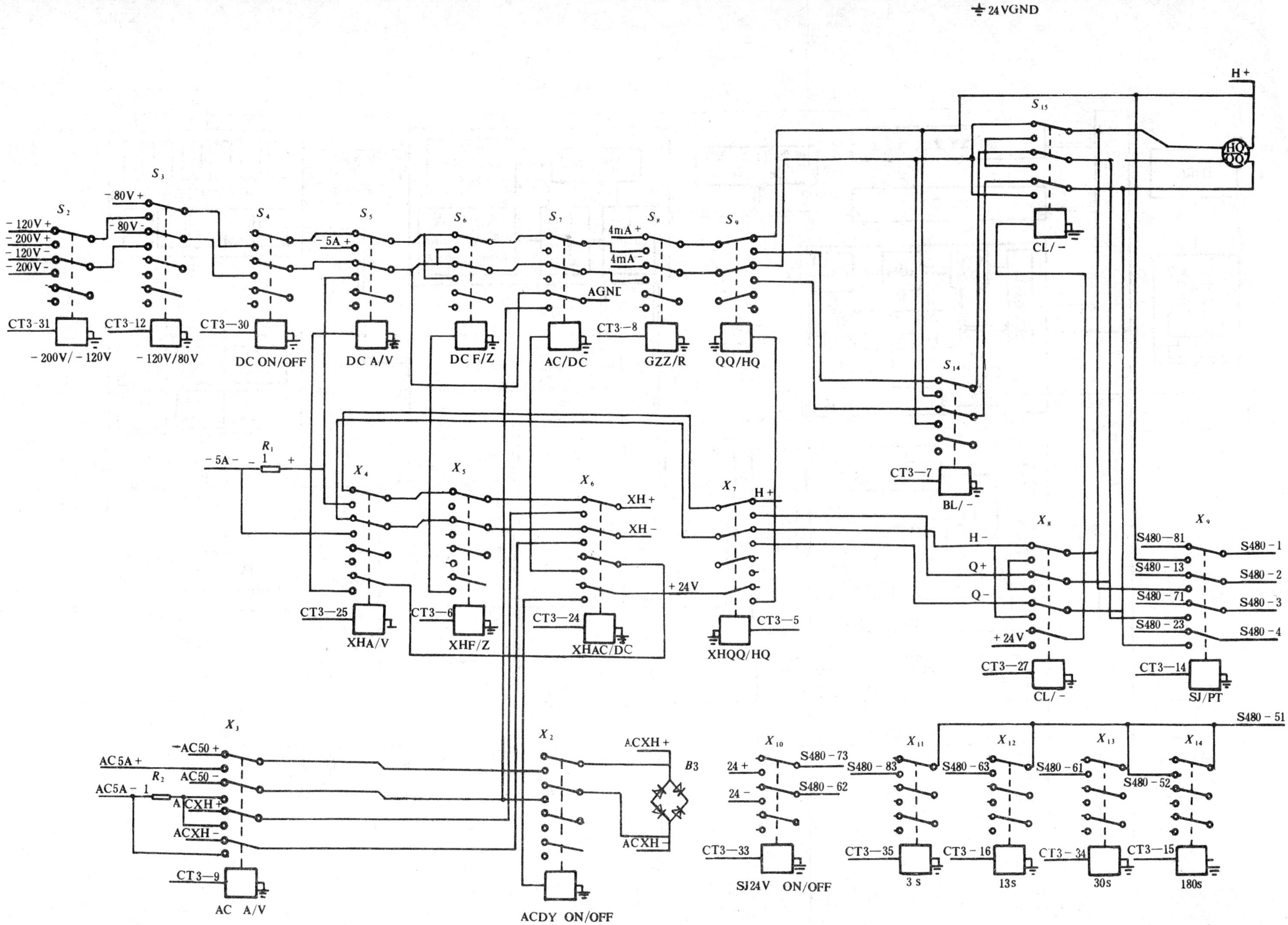

图 9—35 线圈测试转换矩阵

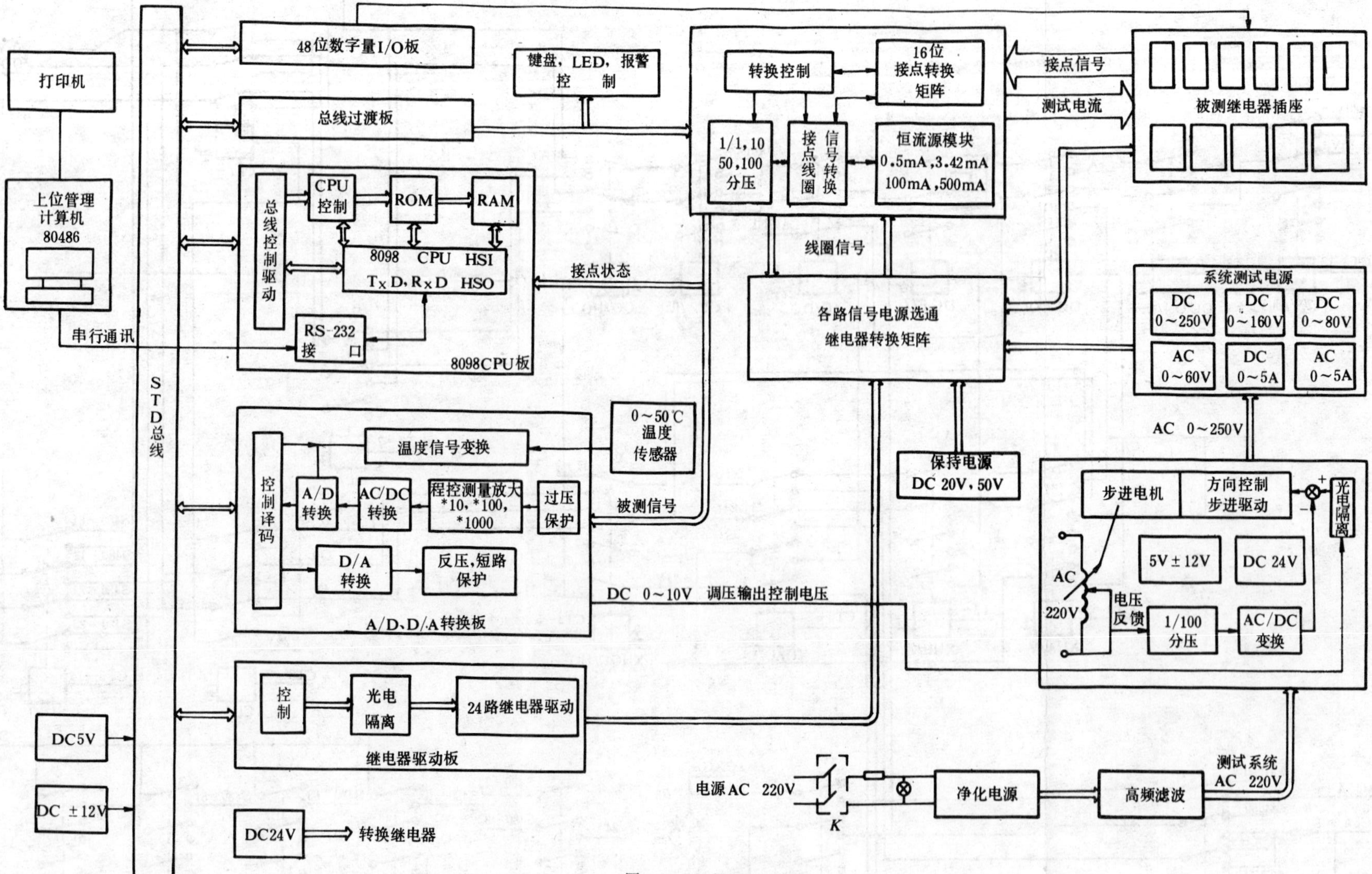

打印机
上位管理
计算机
80486
串行通讯
STD总线
DC5V
DC ±12V
48位数字量I/O板
总线过渡板
总线控制驱动
CPU控制
ROM
RAM
8098 CPU HSI
T_XD, R_XD HSO
RS-232接口
8098CPU板
键盘，LED，报警控制
控制译码
温度信号变换
A/D转换
AC/DC转换
程控测量放大*10,*100,*1000
过压保护
D/A转换
反压,短路保护
A/D、D/A转换板
0~50℃温度传感器
控制
光电隔离
24路继电器驱动
继电器驱动板
DC24V
转换继电器
转换控制
16位接点转换矩阵
1/1,10 50,100分压
接点线圈信号转换
恒流源模块0.5mA,3.42mA 100mA,500mA
接点信号
测试电流
被测继电器插座
线圈信号
接点状态
被测信号
各路信号电源选通继电器转换矩阵
保持电源DC 20V，50V
DC 0~10V 调压输出控制电压
系统测试电源
DC 0~250V
DC 0~160V
DC 0~80V
AC 0~60V
DC 0~5A
AC 0~5A
AC 0~250V
步进电机
方向控制步进驱动
光电隔离
5V±12V
DC 24V
AC 220V
电压反馈
1/100分压
AC/DC变换
电源AC 220V
K
净化电源
高频滤波
测试系统AC 220V

图9—34 系统硬件框图

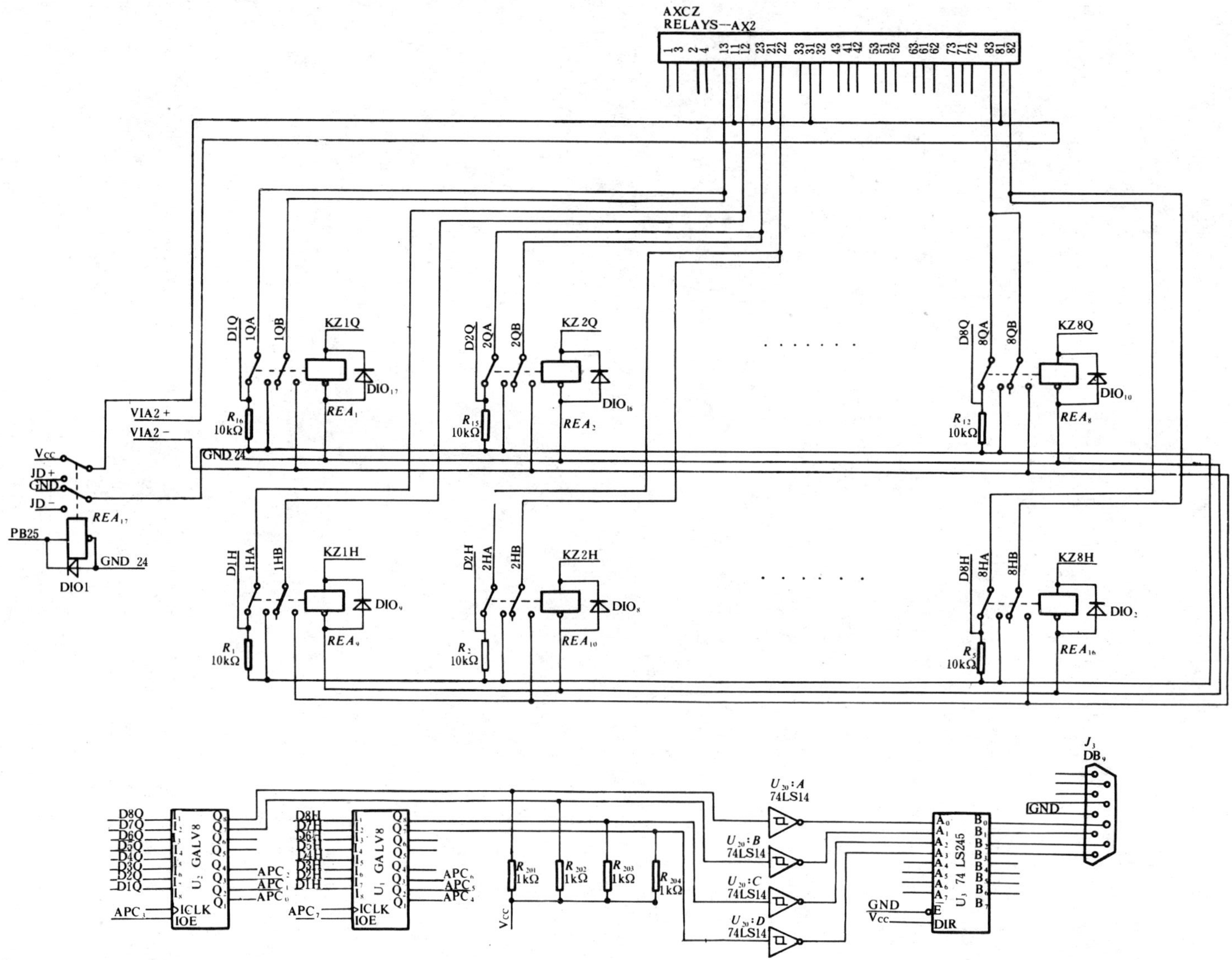

图 9—36　接点测试转换电路